Quantum-Engel-Liebe

Eva-Maria Mora
Michael Mora

Quantum Engel Liebe

Inspiration und Heilung
für liebevolle Partnerschaften

Ansata

FSC
Mix
Produktgruppe aus vorbildlich bewirtschafteten Wäldern und anderen kontrollierten Herkünften

Zert.-Nr. SGS-COC-1940
www.fsc.org

Verlagsgruppe Random House FSC-DEU-0100
Das für dieses Buch verwendete FSC-zertifizierte Papier *Munken Premium* liefert Arctic Paper Munkedals AB, Schweden.

Ansata Verlag
Ansata ist ein Verlag der Verlagsgruppe Random House GmbH

ISBN 978-3-7787-7326-0

Erste Auflage 2007

Redaktion: Dr. Juliane Molitor
Illustration auf Seite 60: Meike Müller, Hamburg
Einbandgestaltung: HildenDesign, München, unter Verwendung einer Illustration von Arndt/Agentur Walter Holl
Herstellung: Helga Schörnig
Gesetzt aus der Berling bei Leingärtner, Nabburg
Druck und Bindung: GGP Media GmbH, Pößneck

Dieses Buch ist in großer Liebe und Dankbarkeit Felix G. und Monique M. gewidmet. Durch ihren persönlichen Verzicht und das Verständnis für unsere Arbeit, gaben sie uns die Zeit und den Raum, die nötig waren um dieses Buchprojekt zu realisieren.

Inhalt

Vorwort 15

Teil 1
Anziehungskraft, Aura und die Auswahl des Traumpartners

Kapitel 1
Das Geheimnis der Anziehungskraft 21

Was beeinflusst unsere Energiefrequenz? 26
Der Blick in den Spiegel 32
Die Frequenz der Liebe 37
Übung: Die Frequenz der Liebe spüren 40
Was Liebe ist – und was nicht 43

Kapitel 2
Die Aura – unser elektromagnetisches Energiefeld . . 46

Authentizität – der Schlüssel zum Erfolg 48
Die Farben der Aura 52
Übung: Analyse der Aurafarben 56
Chakra-Energie und Anziehungskraft 57

Kapitel 3
Ihr persönliches Energieprofil (PEP) 65

Auswertung des persönlichen Energieprofils 68
Die Chakra-Auswertung 74

Kapitel 4
Wie verändere ich mein Energiefeld? 80

Heilung alter Verletzungen 84
Übung: Heilung und Transformation der Vergangenheit 85
Freiheit durch energetische Trennung von einem Ex-Partner 87
Übung: Energetische Trennung vom Ex-Partner mit Erzengel Michael 89
Übung: Energetische Auflösung alter Eheversprechen und Verträge 89
Stärkung der Anziehungskraft durch energetische Reinigung 92
Meditation zur Stärkung der Anziehungskraft 94
Positive Gedanken und Glaubensmuster 96

Übung: Das Gedankentagebuch 98
Die zehn wichtigsten Schritte zur Veränderung der Anziehungskraft 99

Kapitel 5
Wo ist mein Seelenpartner? 101

Was ist eine Zwillingsseele? 102
Was ist ein Monadengefährte? 104
Was ist ein Seelenpartner? 105
Der Mythos von der großen Liebe 106
Warum geht in Partnerschaften nicht immer alles glatt? 108
Karma und Partnerschaften 111
Das Gesetz des Gottesbewusstseins 116
Meditation: Ego-Blei in Gold verwandeln 118

Kapitel 6
Wie wähle ich aus? – Wie werde ich ausgewählt? . . 121

Die Courtship-Tradition der Native Americans 125
Frisch verliebt und jetzt? 132
Die Pyramide der Bedürfnisse 135
Erstellen Sie Ihre eigene Bedürfnispyramide 140
Meditation zur Heilung der eigenen Bedürftigkeit 145
Was bringt der Partner in die Beziehung mit? 147
Meditation mit den Engeln der Liebe und der Klarheit 153

Teil 2
Engel, Energien, Emotionen und Programme

Kapitel 7
Happy End – Sind Sie wirklich happy? 157

Selbsterkenntnis ist der erste Schritt zur Besserung . . 158
Woher kommen Emotionen? 159
Was ist das Filtersystem des Gehirns? 161
Übung: Meine Glaubensmuster 164
Wie beeinflussen Emotionen unser Leben? 165
Wie können wir unsere Gedanken und Emotionen ändern? 169
Checkliste der unerwünschten und unerlösten Emotionen 171

Kapitel 8
Das Opferprogramm 177

Geben und Nehmen im Gleichgewicht 179
Wie halte ich die Liebe frisch? 182
Übung: Die Energie-Pyramide 184
Zeit für sich – Zeit für den Partner 185
Getrennte Schlafzimmer? 187
Heilung und Klärung des Opferprogramms mit Erzengel Chamuel 189

Kapitel 9
Das Richterprogramm 194

Heilung und Klärung des Richterprogramms mit Erzengel Jophiel 196

Kapitel 10
Das »Nicht verzeihen können« – Programm 199

Heilung und Klärung des »Nicht verzeihen können«-Programms mit den Erzengeln Jeremiel und/oder Zadkiel 200

Kapitel 11
Das »Liebe tut weh«-Programm 207

Heilung und Klärung des »Liebe tut weh«-Programms mit Erzengel Raphael 211

Kapitel 12
Die Lösungsformel der Engel für liebevolle Partnerschaften 214

Anwendung der Lösungsformel 217
Wie wirkt die Lösungsformel? 219
Übung zur Energie-Harmonisierung in bestehenden Partnerschaften 220

Teil 3
Kummer, Krisen und Hilfe für Partnerschaften

Kapitel 13
Sexuelles Ungleichgewicht in Beziehungen 225

Was versteht man unter erfüllender Sexualität? 235

Kapitel 14
Bis dass der Tod uns scheidet? 238

Mein Partner versteht mich nicht 240
Wir streiten uns oft 243
Mein Partner misshandelt mich 246
Ich bin eifersüchtig 249
Mein Partner ist eifersüchtig 252
Übung: Dem Partner Liebe schicken 254
Mein Partner betrügt mich 255
Soforthilfe durch Erzengel Uriel 259
Trennung in Freundschaft –
Ist das möglich? 262
Übung: Den Partner loslassen 266
Mein Partner hat mich verlassen 271
Wenn der Tod uns scheidet 276

Vision
Sensibilität, Spiritualität und die Partnerschaft
der Zukunft 282

Anhang 297

Basismeditation 297
Literatur 299
Über die Autoren 301

Vorwort

Die Tatsache, dass Sie dieses Buch in den Händen halten, zeigt, dass Ihnen Ihre Engel geholfen und Ihnen einen Hinweis gegeben haben, wie Sie finden können, wonach sich alle Menschen am meisten sehnen: Liebe. Alle Menschen möchten geliebt werden, auch Sie. Also hat Ihr persönlicher Herzenswunsch ein Energiesignal ins Universum geschickt und dann wie ein Magnet genau das angezogen, was Ihnen jetzt am meisten helfen wird. Wohlgemerkt: Sie ziehen an, was in Ihr Leben kommt, die Engel fungieren lediglich als Gehilfen bei der Erfüllung Ihrer Wünsche.

Wie diese Anziehungskraft funktioniert und wie wichtig sie beispielsweise bei der Suche nach einem Partner ist, wird im ersten Teil dieses Buches erklärt. Da geht es zunächst um das Erkennen des persönlichen Energiefeldes, um die eigene Anziehungskraft und um die universellen Gesetzmäßigkeiten der Quantenphysik, die hier am Werk sind. Zu verstehen, was genau Sie aussenden und welchen Empfänger beziehungsweise möglichen Partner Sie damit ansprechen, ist für jede Form von Partnerschaft von großer Bedeutung. Daher werden wir Ihnen helfen, Ihre eigenen, oft unbewussten Bedürfnisse zu erkennen, die bei der Partnerwahl eine sehr wichtige Rolle spielen. Wir werden Energien für Sie sichtbar machen, die für das menschliche Auge eigentlich unsichtbar sind, aber dennoch große Auswirkungen auf Liebe und Partnerschaft haben.

Auch Engel sind für das menschliche Auge in der Regel unsichtbar, und doch sind sie immer an Ihrer Seite. Höchstwahrscheinlich haben Ihre Engel Sie auch in den Laden geführt, in dem Sie dieses Buch gekauft haben, oder die Menschen in Ihrem Umfeld inspiriert, Ihnen davon zu erzählen und es Ihnen vielleicht sogar zu schenken.

Es spielt überhaupt keine Rolle, ob Sie sich dessen im Moment bewusst sind oder nicht. Wichtig ist zu erkennen, dass Sie mit dem Öffnen dieses Buches auch eine Tür geöffnet haben, die Sie in eine andere Welt führt, nicht etwa in eine Fantasiewelt, sondern vielmehr in die Welt der Energie, die parallel zu dem existiert, was Sie vielleicht Alltagsleben nennen, und die einen enormen Einfluss auf alles hat, was Sie in der sogenannten Realität erleben. In der Welt der Energie wird alles mit anderen Augen gesehen – und eine andere Sprache wird dort auch gesprochen. »Energiesisch« nennen wir das, und wir sprechen es fließend. Mit vielen Meditationen und anhand zahlreicher Fallbeispiele möchten wir es Ihnen leicht machen, diese geheimnisvolle Welt zu verstehen und energetische Zusammenhänge in Partnerschaften zu erkennen. Vieles, was Ihnen vorher möglicherweise unverständlich war oder Kummer bereitet hat, wird dadurch klarer und lichtvoller.

Wir Menschen sind in erster Linie energetische Wesen. Das heißt, dass wir von allen anderen Energien um uns herum beeinflusst werden und dass wir umgekehrt mit unserer Energie Einfluss auf unser Umfeld nehmen. So gesehen macht es wenig Sinn, sich über »die anderen« oder »die Umstände« zu beschweren. Viel besser ist es, die eigene Ausstrahlung und Anziehungskraft zu verändern. Wie das geht, zeigen wir Ihnen in Kapitel 3. Dort erfahren Sie, wie Sie Ihr persönliches Energieprofil erstellen und Ihre Anziehungskraft verändern können. Das hat, wie gesagt, Auswirkungen auf Ihre jetzige Situation, auf jede Form von Beziehung und Partnerschaft und auf alles, was Sie sich für Ihr Leben wünschen.

Laden Sie Ihre Engel ganz bewusst ein, Sie auf der Reise durch dieses Buch mit heilenden Energien und Inspiration zu unterstützen. Eine solche Einladung bezeichnen wir auch als *Teambildung mit den Engeln*. Sie können diese Einladung ganz formlos aussprechen oder sich bewusst über die Engelatmung, ein Gebet oder ein für Sie passendes Ritual mit den Engeln verbinden. Das bleibt ganz Ihnen überlassen. Betrachten Sie die Engel als Botschafter Gottes, als Ihre persönlichen Helfer, als Wegbegleiter oder Mitarbeiter. Auch das bleibt Ihnen überlassen. Jeder Mensch hat einen oder mehrere Schutzengel. Sie können sich aber durchaus zusätzliche Verstärkung aus der geistigen Welt holen, zum Beispiel von Erzengeln, Geistführern, aufgestiegenen Meistern, Krafttieren etc. Sie alle sind Aspekte einer spirituellen Macht, die allem innewohnt und uns alle miteinander verbindet. Die Indianer Nordamerikas, deren Traditionen und Geschichte in diesem Buch ebenfalls eine Rolle spielen, sagen: »Mitakuye Oyasin.« Das bedeutet sinngemäß: »Wir sind alle miteinander verwandt beziehungsweise verbunden.« Die Quantenphysiker drücken dies in ihrer wissenschaftlichen Sprache aus und konnten es in zahlreichen Testversuchen sogar beweisen.

Wenn Sie zu den eher kritischen Zeitgenossen gehören, die erstmal alles anzweifeln, weil sie schon so oft enttäuscht wurden; wenn Sie nach Beweisen suchen oder garantiert haben möchten, dass Ihnen dieses Buch auch wirklich hilft, dann geben Sie sich bitte selbst eine Chance und schließen Sie die Tür diesmal nicht gleich wieder. Es wartet nämlich ganz viel Liebe auf Sie – und Sie haben ein Recht darauf, diese Liebe zu erleben und zu spüren. Denn es gibt nur einen wahren Grund, aus dem Sie in dieses Leben gekommen sind: um Liebe zu erfahren.

Phoenix, Arizona 2006 *Eva-Maria und Michael Mora*

Teil I

Anziehungskraft, Aura und die Auswahl des Traumpartners

KAPITEL 1

Das Geheimnis der Anziehungskraft

Den Tränen nah und völlig verzweifelt kam Ulrike in unsere Praxis und sprudelte los: »Es ist mir schon wieder passiert. Irgendetwas mache ich falsch. Und dabei war es so ein harmonischer Abend …«

Als sie sich endlich wieder beruhigt hatte, erzählte sie von ihrem letzten Versuch, den Mann fürs Leben zu finden. Für sie, die erfolgreiche Software-Managerin, lag es nahe, die Liebe über den Computer beziehungsweise übers Internet zu suchen. Sie verbrachte viele Stunden in den Chatrooms diverser Partner-Vermittlungsdienste und war auch schon öfter fündig geworden. Diesmal war Sebastian aus Süddeutschland der von ihr auserkorene Internet-Lover. Seit drei Wochen waren sie »ein Herz und ein Computer«. Alles Wichtige war bereits besprochen. Er war Single, noch nie verheiratet gewesen und schon seit längerer Zeit auf der Suche nach der Frau fürs Leben. Ulrike fühlte sich mit ihren 39 Jahren überreif für die lang ersehnte Familie. Und diesmal schien alles zu passen. Er hatte ein eigenes Haus, eine gesicherte Position, war Computerfachmann wie sie. Die E-Mails gewannen an erotischer Würze. Der Tag X, an dem endlich Nägel mit Köpfen gemacht werden sollten, rückte immer näher und war endlich da. Sebastian verbrachte ganze vier Stunden auf der Autobahn, aber das war es ihm wert. Sie hatten selbstverständlich Bilder ausgetauscht (das von Ulrike war fünf Jahre alt). Man traf sich in einem feinen Restaurant, etwa zwanzig Minuten von Ulrikes Wohnung im Haus ihrer Eltern entfernt, bestellte Gemüselasagne für Ulrike und überbackene Hähnchenbrust für Sebastian – und Rotwein, zwei Gläser für jeden. Als der Kellner die Teller abräumte, war Ulrike selig. Sie hatte Sebastian alles über sich erzählt – offen und schonungslos. Nicht einmal die unangenehme Geschichte von Martin (eine andere Internet-Bekanntschaft) hatte sie ihm verschwiegen. Auch hatte sie durchblicken lassen, dass sie so bald wie möglich Kinder wollte, und sich sexuell recht aufgeschlossen gegeben. Vor lauter freudiger Erwartung hatte sie kaum noch still sitzen können. Sebastian bezahlte, und dann war eigentlich alles klar. Sie würden zu Ulrikes Wohnung fahren. Er sollte einfach mit seinem Auto hinter ihrem herfahren.

Es war eine regnerische und ziemlich dunkle Novembernacht. Ulrike konnte im Rückspiegel nur die Scheinwerfer von Sebastians Wagen erkennen. Viele Lichter spiegelten sich auf der regennassen Straße. Sie fuhren aus der Stadt hinaus auf die Landstraße, wo es immer dunkler und immer ruhiger wurde. Irgendwann bog Ulrike in die kleine Straße ein, die zum Haus ihrer Eltern führte. Im Rückspiegel waren keine Scheinwerfer mehr zu sehen. Ulrike parkte das Auto.

Ringsum war alles dunkel. Sie ging ins Haus, ließ die Haustür aber einen Spaltbreit offen.

Ulrike legte ein wenig Eau de Toilette auf und schaute aus dem Fenster. Allmählich machte sie sich Gedanken: »Wo bleibt er bloß? Es wird ihm doch hoffentlich nichts passiert sein.« Eine Viertelstunde später versuchte sie es per SMS – keine Antwort. Eine halbe Stunde später war sie drauf und dran, die ganze Strecke noch einmal zurückzufahren. Ein Unfall auf der dunklen Landstraße konnte fatale Folgen haben … Da überkam sie plötzlich dieses widerliche Gefühl, das sie bereits von dem Treffen mit Martin kannte … Oh Gott, das darf doch wohl nicht wahr sein!

Die Liebesnacht, die Hochzeitsträume, ihr Kinderwunsch – sämtliche Träume zerplatzten wie Seifenblasen. Nun war alles klar. Auch Sebastian hatte das Weite gesucht. Er würde nicht mehr kommen, weder in dieser Nacht noch irgendwann anders. All ihre Versuche, ihn noch einmal per E-Mail zu erreichen, scheiterten kläglich.

In dieser Nacht trank Ulrike noch sehr viel Rotwein, denn auch das Treffen mit Internet-Lover Martin und alles, was sich vor zwei Monaten auf einer Autobahn-Raststätte abgespielt hatte, war ihr plötzlich wieder so gegenwärtig, als sei es gestern gewesen.

Sie erinnerte sich, wie sie nach einem langen Spaziergang und ausführlichen Monologen über Ulrikes Lebensplanung noch auf einen Kaffee in das Restaurant der Raststätte gegangen waren. Dort war Martin plötzlich aufgefallen, dass er sein Portemonnaie im Handschuhfach des Autos vergessen hatte. »Bin gleich wieder da«, hatte er gesagt und: »Bestell schon mal ein Eis und einen Kaffee für mich.« Ulrike hatte bestellt und eine Zigarette geraucht. Eis und Kaffee waren gekommen. Das Eis war geschmolzen, der Kaffee war kalt geworden, aber Martin war nicht zurückgekommen. Ulrike hatte zunächst irgendwelchen Ärger mit dem Auto vermutet, aber irgendwann war klar gewesen, dass Martin nicht mehr kommen würde.

Nach diesen letzten Erfahrungen war Ulrike tief verletzt und brauchte eine ganze Weile, bis sie sich außer der Frage »Sind alle Männer Schweine?« noch ein paar andere stellen konnte, nämlich: »Liegt es möglicherweise an mir? Was mache ich falsch? Warum laufen mir die Männer immer weg?«

Als sie endlich bereit war, der Sache auf den Grund zu gehen, erzählten wir ihr etwas über das *Geheimnis der Anziehungskraft*, das auf universellen Gesetzen beruht und somit ein ideales Erklärungsmodell für alle zwischenmenschlichen Beziehungen darstellt. Die Anziehungskraft ist ein *energetisches* und *kein romantisches* Phänomen. Sie unterliegt dem universellen *Gesetz des Magnetismus*. Dieses Gesetz verdeutlicht, wie sich Teilchen im Universum aufeinander zu bewegen, in welcher Beziehung sie zueinander stehen, welche Muster dabei entstehen und auch, warum sich diese Muster zu wiederholen scheinen.

Wie alles im Universum hat auch jeder Mensch eine magnetische Schwingung. Wissenschaftler haben erkannt, dass das, was wir als feste Materie bezeichnen, in Wirklichkeit aus vibrierenden, energetischen Schnüren (engl. *strings of energy*) besteht. Diese Energieschnüre können wir sowohl mit unserem Bewusstsein als auch mit unserem Unterbewusstsein beeinflussen und tun das auch ständig.

Die Erkenntnisse der Quantenphysik (engl. *Quantum-Physics;* daher auch der Titel dieses Buches: *Quantum-Engel-Liebe)* haben gezeigt, dass Materie und Energie interagieren. Menschen, Orte und sogar Dinge, wie beispielsweise dieses Buch, haben eine bestimmte Energiefrequenz, die bewirkt, dass Menschen, die in Resonanz dazu sind, quasi »magisch« davon angezogen werden. Die ausgesendete Energie strahlt durch Raum und Zeit in den Kosmos, und wenn Menschen oder Objekte auf einer ähnlichen Energiefrequenz vibrieren, treffen sich ihre Energiewellen und eine Verbindung entsteht. Dieses Aufeinandertreffen von Energiewellen beziehungsweise Energiefeldern löst etwas aus: angenehme Gefühle wie Fröhlichkeit oder Erheiterung zum Beispiel oder unangenehme Empfindungen, Schmerzen und sogar Depressionen. Die Energiefelder schwingen sich aufeinander ein, und zwar nach dem universellen *Gesetz der Resonanz,* das auch bei vielen Methoden der Energieheilung (beispielsweise bei der Quantum-Engel-Heilung) zum Tragen kommt.

Ob wir wollen oder nicht, wir senden stets bestimmte Energiefrequenzen aus und empfangen gleichzeitig Energiesignale, die auf unserer Wellenlänge liegen. Das Gesetz des Magnetismus und der Resonanz ist natürlich auch wirksam, wenn wir möglichen Partnern begegnen.

Was beeinflusst unsere Energiefrequenz?

Was beeinflusst nun unsere Energiefrequenz und somit die Signale, die wir aussenden?

Wir befinden uns zu jeder Zeit in einem Prozess des Sendens und Empfangens, der jedoch in den meisten Fällen völlig unbewusst abläuft. Die Signale, die wir aussenden, sind eine Mischung aus unseren Überzeugungen, Glaubenssätzen, Einstellungen und momentanen Emotionen sowie aus unseren bisherigen Erfahrungen und Aktivitäten. Unsere Energiewellen schwingen im Universum und kehren in Form von Situationen und Menschen zu uns zurück, weil wir sie anziehen.

Unsere Klientin Ulrike war als Jugendliche sehr pummelig gewesen und deswegen oft gehänselt worden. Im Gespräch mit uns erkannte sie, dass ihre *Angst*, nie einen Mann abzubekommen, mit den Jahren immer größer geworden war. Nachdem sie viele unschöne Erfahrungen mit Männern gemacht hatte, strahlte sie nun eine ängstliche und sehr verzweifelte Energie aus. Diese Energie kann äußerlich oft nicht wahrgenommen werden, aber die entsprechenden Signale werden immer empfangen und vom Gegenüber deutlich registriert. Ulrike sendet diese energetischen Signale aus und wirkt dabei wie eine Alarmanlage, die laut hinausposaunt: »Achtung, bin verzweifelt! Deshalb kralle ich mich jetzt für immer an dir fest.« Damit schreckt sie die Männer natürlich ab, und die Liebe, nach der sie sich so sehnt, bleibt aus.

Vor einigen Jahren nahm ein Mann namens Willi an einem unserer Seminare teil. Die Geschichte, die er über die Suche nach seiner Traumfrau erzählte, hat uns sehr bewegt. Willi war Single um die fünfzig und bereit für eine feste Beziehung. Also versuchte er sein Glück über eine Zeitungsannonce. Er bekam 18 Zuschriften von interessierten Damen und verabredete sich mit jeder von ihnen, immer an einem neutralen Ort und in einem stilvollen Ambiente. Willis Erscheinungsbild ist sehr gepflegt, und er ist ein angenehmer, interessanter Gesprächspartner. Doch nachdem er sich mit allen 18 Kandidatinnen getroffen hatte, musste er feststellen, dass keine von ihnen auch nur annähernd dem entsprach, was er sich ersehnte. Sie waren alle Lichtjahre von seiner Traumfrau entfernt. Willi war tief enttäuscht und fragte sich nun: »Was ziehe ich bloß an?«

Eine Seminarteilnehmerin, die offenbar nicht richtig zugehört hatte, schlug ihm spontan vor, sich von einer Farb- und Stilberaterin neu einkleiden zu lassen, aber natürlich hatte er nicht von seinem Anzug, sondern von seiner Anziehungskraft gesprochen. Er hatte erkannt, dass es an der Energie lag, die er selbst ausstrahlte. Er war der Magnet für all die Damen, die sich auf seine Anzeige hin gemeldet hatten! Er beschloss also, an sich zu arbeiten und in seinem »Inneren aufzuräumen«, wie er es nannte. Er lernte viel über die Heilung von Emotionen und das Auflösen von Glaubensmustern und Programmen. Eines seiner Glaubensmuster war: »Ich bin unattraktiv und alt.« Daher war er der Meinung, gut aussehende, junge Damen seien nicht an ihm interessiert – was ihm durch die Resonanz auf seine Anzeige auch prompt bestätigt wurde.

Zwei Jahre später kam er wieder in eines unserer Seminare, denn er wollte noch weiter an sich und seinen Zielen arbeiten, obwohl sich seine Ausstrahlung schon sehr positiv entwickelt hatte. Und diesmal brachte er seine neue Partnerin mit, eine junge, attraktive Frau, die er vor einem halben Jahr geheiratet hatte. Er hatte seine Traumfrau gefunden, ohne sie aktiv suchen oder erneut eine Anzeige aufgeben zu müssen. Er war lediglich in ein Geschäft gegangen, um sich neu einzukleiden. Sie war »zufällig« in demselben Geschäft gewesen und mit ihm ins Gespräch gekommen. Willi hatte ihr geholfen, ein Geschenk für ihren Bruder auszusuchen, der eine ähnliche Figur hat wie er. Anschließend gingen sie gemeinsam Kaffeetrinken. Sie verstanden sich auf Anhieb und wurden später, wie schon erwähnt, ein Paar.

Willi war in den letzten zwei Jahren durch intensive Heilungsprozesse gegangen und hatte sich sehr verändert. Zum Beispiel hatte er an seinem Selbstwertgefühl gearbeitet und konnte sich nun besser annehmen: Er fand sich endlich liebenswert und begehrenswert. Und damit veränderte sich automatisch auch sein ganzes Umfeld. Er bekam einen neuen Job, einen neuen Firmenwagen und kleidete sich nun auch ganz anders. Die Veränderung der Anziehungskraft fand also von innen nach außen statt. Andersherum funktioniert das leider nicht. Wer glaubt, sein Selbstwertgefühl allein mit modischer Kleidung und dickem Auto steigern zu können, wird zur »Mogelpackung« – und das fällt jedem schnell auf.

Wenn wir uns sehr bewusst mit uns selbst beschäftigen, stellen wir fest, dass wir unmissverständlich und konsequent die Energie aussenden, die unserem Innenleben entspricht und die magnetisch auf unsere Außenwelt wirkt. Ob wir das nachvollziehen können oder nicht: Alles, was wir in unser Leben ziehen – und dazu gehören auch Dinge und Situationen wie Geld oder Geldmangel, ein guter Job oder eine Arbeit, die keinen Spaß macht, und natürlich eine gute Partnerschaft oder eben keine – entspricht der Energie, die wir aussenden. Besonders an der Qualität unserer Partnerschaften spüren wir deutlich und auch mitunter schmerzhaft, was das Gesetz des Magnetismus für uns persönlich bedeutet.

Unsere Freundin Luise war das einzige Kind reicher Eltern, die als Besitzer einer Kleiderfabrik ganz in ihrer Arbeit aufgingen. Luises Mutter war eine richtige Diva, und Luise tat schon als Teenager alles, um in ihre Fußstapfen zu treten. Sie wollte dringend geliebt werden und versuchte stets, alles richtig zu machen (Brave Mädchen-Programm/Opferprogramm, siehe Seite 177 ff.). Der Mann ihrer Mutter war ihr Stiefvater. Ihr leiblicher Vater hatte sich mit Benzin übergossen und angezündet, als Luise drei Jahre alt war. Natürlich verstand sie als Kind nicht, warum ihr Vater plötzlich nicht mehr da war, und fand nur eine Erklärung: »Papa ist nicht mehr da, weil er mich nicht liebt.« Als erwachsene Frau hatte die aparte, sensible Luise kein Glück mit Männern, denn letztlich spiegelte ihr jeder, was das Kind in ihrem Innern immer noch schmerzhaft fühlte und wovon es fest überzeugt war: »Ich bin nicht liebenswert.« Schließlich heiratete sie einen Handwerker, aber die Ehe ging nach kurzer Zeit in die Brüche. Luises Super-Mutter war nicht traurig darüber, denn in ihren Augen war der Schwiegersohn ohnehin nicht standesgemäß gewesen. Luises Ex-Mann nahm sich drei Jahre später das Leben. Und auch ihr gemeinsamer Freund und Trauzeuge wählte ein Jahr später den Freitod.

Kurz vor ihrem 27. Geburtstag hatte Luise einen Nervenzusammenbruch und musste ihr Studium abbrechen. Abschließend versuchte sie, sich immer mehr von der Mutter abzunabeln und zog schließlich zu ihrem neuen Freund nach Norddeutschland, weit weg von dem Ort, wo ihre Eltern lebten. Aber auch hier gab es Probleme. Luise wurde an ihrem Arbeitsplatz tagtäglich von ihrem Chef durch sexuell anmaßende Äußerungen belästigt, wollte und konnte sich aber nicht dagegen wehren (beispielsweise durch eine Anzeige), weil sie befürchtete, der Familienvater würde dann seinen Arbeitsplatz verlieren (Opferprogramm). Sie suchte nach Erklärungen, machte Therapien und gab sich trotzdem selbst die Schuld. Auch ihr neuer Freund war machtlos gegen die Berge von emotionalem Schutt, die sich in ihrem Innern im Laufe der Jahre ansammelten und immer größer wurden. Luise nahm sich im Alter von 39 Jahren selbst das Leben.

Warum haben wir so ein trauriges Beispiel in dieses Buch aufgenommen? Nun, in erster Linie zum Andenken an unsere Freundin, die von uns und unserer Arbeit leider sehr weit entfernt war. Sie bleibt unvergessen in unserem Herzen. An ihrer Geschichte möchten wir unseren Lesern aufzeigen, welche schwerwiegenden Auswirkungen emotionale Verletzungen, Glaubensmuster und Programme auf unsere eigene Anziehungskraft haben können. In Luises Fall scheint es, als sei im Alter von drei Jahren eine energetische Weiche für ihr ganzes weiteres Leben gestellt worden. Immer wieder hat ihre Energie die gleichen Themen angezogen: Selbstmord und Opfer sein. Auch in den Lebensgeschichten anderer Menschen lassen sich Themen und Muster ausfindig machen, die sich immer wiederholen, zum Beispiel Missbrauch oder Alkoholismus. Erkennen Sie bestimmte Muster und Themen in Ihrem eigenen Leben?

In spirituellen Kreisen kursiert die Ansicht, dass alles, was wir erleben, Schicksal oder Karma sei. Mit anderen Worten: Bestimmte Dinge kann man nun mal nicht ändern. Aufgrund unserer intensiven Arbeit mit Engeln und deren heilenden Energien haben wir jedoch die Erfahrung gemacht, dass es auf der Seelenebene zwar durchaus so etwas wie ein Drehbuch für unser Leben gibt, aber dennoch haben alle Menschen auch einen freien Willen. Das bedeutet: Wir können unser Drehbuch ändern. Wir können uns selbst heilen und für uns negative Energien transformieren. Die Engel und die geistige Welt sind uns dabei gern behilflich. Somit können wir aus unserer Sicht auch unser Karma ändern.

Die Forschungsergebnisse der Quantenphysik bieten uns dafür sogar einen theoretischen Hintergrund. In den Studien wird beschrieben, dass wir uns zu jeder Zeit in einem Stadium der unendlichen Möglichkeiten befinden, die wir selbst beeinflussen. Das ganze Universum ist ständig in Bewegung, und jede noch so kleine Veränderung, zum Beispiel der Flügelschlag eines Schmetterlings, kann große Veränderungen auslösen.

Der Blick in den Spiegel

Wenn wir uns mehr Liebe für unser Leben wünschen, müssen wir zunächst einen Blick in den Spiegel werfen – nämlich auf uns selbst –, um herauszufinden, welche liebevollen (oder nicht liebevollen) Energien wir unbewusst kreieren. Das Gesetz des Magnetismus ist neutral, auch wenn es scheinbar erbarmungslos Menschen und Situationen in unser Leben bringt, die wie Spiegel sind, vor denen wir die Augen lieber verschließen würden.

Eine der wichtigsten Grundvoraussetzungen für eine liebevolle Partnerschaft ist die Fähigkeit, folgende Fragen ehrlich zu beantworten:

- Wie liebevoll gehe ich mit mir selbst um?
- Fühle ich mich liebenswert?
- Versuche ich meinen Partner zu manipulieren?
- Was ist meine Motivation für diese/eine Partnerschaft?

Solange Sie sich selbst nicht mögen, annehmen und so lieben, wie Sie sind, können Sie nicht erwarten, dass andere Menschen dies tun. Unter diesen Umständen ist es anderen nämlich praktisch unmöglich, Sie zu lieben. Und Ihnen wird es ebenfalls schwerfallen, Ihren Partner oder Ihre Partnerin wirklich zu lieben und so anzunehmen, wie er oder sie ist. Das heißt nicht unbedingt, dass es gar nicht erst zu Partnerschaften kommen kann, wohl aber, dass beide Partner Probleme mit ihrem Selbstwertgefühl haben und sich das gegenseitig immer wieder spiegeln werden. In solchen Beziehungen wird der eine Partner versuchen, sein schwaches Selbstwertgefühl durch Unterdrückung und Kontrolle des anderen aufzumöbeln, und oft kommt es zu einem Machtkampf, der nur noch mehr Verletzungen verursacht und mit Liebe rein gar nichts zu tun hat.

Wenn es jedoch gelingt, dem Partner erfolgreich zu vermitteln, dass er unter allen Umständen liebenswert ist, kann eine Partnerschaft sogar zur Heilung jener emotionalen Verletzungen führen, die das mangelnde Selbstwertgefühl ursprünglich verursacht haben.

Menschen, die im sogenannten Opferprogramm feststecken, haben die Tendenz, sich möglichst immer nett zu verhalten, egal, wie schlecht der Partner oder eine andere Person sie auch behandelt.

Das alternde Fotomodell Lisa ist hierfür ein klassisches Beispiel. Ihr Freund Alex – Privatdetektiv von Beruf – spielte zu Hause oft den großen Helden und ließ seine Aggressionen an ihr aus. Sie besänftigte ihn mit ihren Kochkünsten und indem sie ihn massierte und in jeder Hinsicht verwöhnte. Er dankte es ihr mit Verachtung und nächtlichen Sauftouren. Er kam oft viele Nächte nicht nach Hause, ohne ihr zu sagen, wo er gewesen war. Lisa weinte manchmal so viel, dass sie oft mit verquollenen Augen zu ihren Fototerminen kam, die übrigens immer seltener wurden. Sie steigerte ihren Zigarettenkonsum, magerte immer mehr ab, weil sie glaubte, dadurch attraktiver zu werden, und wartete jeden Abend ängstlich auf ihren Freund. Würde er heute nach Hause kommen? Wenn er nicht kam, war sie nicht etwa wütend, sondern beschloss, in Zukunft noch netter zu ihm zu sein (Manipulation). Schließlich opferte sie ihre gesamten Ersparnisse, um ihm zum Geburtstag ein nagelneues Motorrad zu kaufen. Alex hatte sich eine Rennmaschine gewünscht, einen Einsitzer, mit dem er dann gleich allein nach Südfrankreich in Urlaub fuhr.

Auch in Lisas Fall gilt das Gesetz des Magnetismus. Aufgrund ihrer frühkindlichen Erfahrungen hatte sie die tief sitzende *Angst, nicht geliebt zu werden*. Lisas beruflich erfolgreiche Eltern hatten sehr hohe Anforderungen an sie und ihre drei Geschwister gestellt. Die Atmosphäre in ihrem Elternhaus war permanent von Leistungsdruck und Konkurrenzkampf geprägt gewesen. Um die Aufmerksamkeit der Eltern zu bekommen, mussten sich die Kinder stets besonders anstrengen und herausragende Leistungen erbringen. Lisa hatte schon früh versucht, sich ins Rampenlicht zu drängen, damit sie unter ihren Geschwistern überhaupt wahrgenommen wurde. Und als sie dann erwachsen war, projizierte sie die enorme Erwartungshaltung ihrer Eltern auf den Rest der Welt. Wirklich wohl fühlte sie sich nur bei ihren Fototerminen vor der Kamera, denn in diesen Momenten erlebte sie eine kurzfristige Steigerung ihres Selbstwertgefühls. Alles, was sie für ihre jeweiligen Partner tat, tat sie aus Geltungsdrang und Angst vor Zurückweisung. Obwohl man ihr Verhalten oberflächlich betrachtet durchaus als lieb und hilfsbereit bezeichnen konnte, war die grundsätzliche energetische Schwingung immer die Gleiche: Lisa fühlte sich ungeliebt und wenig beachtet.

Lisa hat ein tiefes Bedürfnis nach Liebe, aber sie geht nicht liebevoll mit sich selbst um und macht daher zwangsläufig immer wieder die Erfahrung, dass ihre Partner sie ebenfalls nicht liebevoll behandeln. Solange Lisa keine Selbstliebe entwickelt, wird ihre Energie unweigerlich unglückliche Partnerschaften, Ablehnung sowie einen Mangel an Liebe und Erfüllung in alle Bereiche ihres Lebens ziehen. Das zeigt sich bei ihr auch in Geldmangel, Arbeitslosigkeit, gesundheitlichen Problemen, unerfülltem Kinderwunsch, einer gescheiterten Ehe und weiteren Trennungen – auch von Alex.

Die unbewusste emotionale Energie ist maßgeblich für das verantwortlich, was wir anziehen.

In Zusammenhang mit dem Gesetz der Anziehungskraft wollen wir noch einmal deutlich machen, dass immer die grundlegende, unterschwellige Energie, die ausgesendet wird, für die entsprechende Resonanz verantwortlich ist. Das heißt: Die bewusste Intention, Affirmation, Absicht oder Motivation, mit der wir etwas tun, bringt nicht die gewünschten Ergebnisse, wenn sie konträr zu unseren Glaubensmustern und unserer emotionalen Energie ist.

In den bisher angeführten Fallbeispielen wurde unter anderem aus Angst vor Verlust oder Zurückweisung, aus mangelnder Selbstliebe und Schuldgefühlen heraus gehandelt. Die Resonanz war immer entsprechend, und deshalb sind diese Energien ganz klar für die negativen Ergebnisse verantwortlich.

Die Engel erklären alle Situationen, auch Erkenntnisse aus der Quantenphysik, immer in ganz einfachen Worten und Bildern. Zum Thema unterschwellige Energien und Anziehungskraft gaben sie uns folgendes Bild:

Stell dir vor, dein Leben ist wie ein großer Kochtopf. Darin kocht die Suppe deines Lebens. Auf dem Boden des Topfes befindet sich eine dicke, schwarze Kruste, weil zu irgendeinem Zeitpunkt mal etwas angebrannt ist. Manchmal geschieht das Anbrennen ganz unbemerkt und plötzlich, symbolisch für schmerzhafte Erfahrungen, die alle Menschen im Laufe ihres Lebens machen. Oft wird versucht zu retten, was noch zu retten ist. Man füllt Wasser auf, gibt Gewürze dazu, nimmt Sahne und weitere Zutaten. Doch egal, was man tut – die Suppe schmeckt nicht, das Angebrannte schmeckt immer durch. Man findet auch nach mehrmaligem Anpreisen keine Abnehmer dafür.

Dazu fiel uns das alte deutsche Sprichwort ein: »Die Suppe, die du dir eingebrockt hast, musst du auch selbst wieder auslöffeln.« Stimmt das? Ist Durchhalten wirklich die Lösung?

Wir verstehen, dass einem bei all dem auch ganz einfach der Appetit vergehen kann, der Appetit auf Partnerschaften zum Beispiel. Viele Menschen sind so verzweifelt, dass sie sagen: »Bevor ich wieder an so einen gerate, will ich lieber gar keinen Partner.«

Mithilfe der Engel kann es gelingen, die angebrannte Kruste sanft und gründlich aus dem Topf zu entfernen, das heißt, die Energie so zu verändern, dass alles, was danach in den Topf kommt, wieder schmeckt. Wie die Engel helfen, erfahren Sie unter der Überschrift »Lösungsformel der Engel für liebevolle Partnerschaften« ab Seite 214.

Die Frequenz der Liebe

Bei einem Radio ist es ganz einfach. Wenn wir nicht mögen, was gesendet wird, suchen wir – mittlerweile per Knopfdruck – einfach einen anderen Sender oder stellen das Radio ganz aus. Das Radio ist in unserem Fall ein Mensch, der Signale aussendet. Er ist sich dessen, was er aussendet, aber nicht bewusst, und mögliche Disharmonien erkennt er nur an der Art, wie die jeweiligen Empfänger auf seine Signale reagieren. Wie sehen diese Reaktionen aus? Sie können zum Beispiel darin bestehen, dass die Mitmenschen den Betreffenden irgendwie ändern wollen, ihn kritisieren, heftig mit ihm streiten, ihm Vorwürfe machen, ihn angreifen, ihn verletzen und sich, wenn all das nichts nützt, komplett von ihm abwenden.

Wenn hingegen die Frequenz der Liebe ausgesendet wird und auf einen Empfänger trifft, der darauf ausgerichtet ist, besteht die Reaktion in Harmonie, Glück, Wohlbefinden, Fröhlichkeit, Lachen, Frieden und ähnlichen angenehmen

Empfindungen. Doch wo und wie finden wir die Frequenz der Liebe?

Die meisten Menschen suchen im außen danach. Sie suchen nach etwas, das sie glücklich machen soll, aber es ist in Wirklichkeit Liebesersatz: mehr Geld, Statussymbole, Erfolg im Beruf, Urlaub, Drogen und so weiter.

Und die ganz Mutigen suchen direkt nach einem Menschen, der die Aufgabe hat, sie für immer und ewig glücklich zu machen. Diese Versuche scheitern immer, denn so kann es nicht funktionieren! Da könnten wir genauso gut Radieschen säen und darauf warten, dass eines Tages ein Kirschbaum erblüht. Kein noch so idealer Partner kann uns glücklich machen und uns Liebe geben, solange wir nicht selber auf der Frequenz der Liebe schwingen und entsprechende Signale aussenden.

Wenn wir diese einfache Erkenntnis umsetzen würden, könnten wir uns viel Kummer und Leid ersparen. Überlegen Sie mal, wie viel Geld auf der Welt ausgegeben wird für Partnervermittlungsdienste, Schönheitsoperationen und all die anderen kleinen oder größeren Hilfsmittel auf dem Weg zum »Traumpartner«. Und wenn wir den dann endlich gefunden haben, bezahlen wir höchstwahrscheinlich weiter – mit unserer Energie und nicht selten mit unserer Gesundheit. Wir opfern uns auf, investieren alles, was wir haben, erdulden unmögliche Umstände und halten aus, bis wir nicht mehr können – immer in der Hoffnung, endlich Liebe zu bekommen.

Also zurück zum Anfang. Wie war das doch gleich mit den Gesetzen der Resonanz, des Magnetismus und der Anziehungskraft? Wenn wir selbst klare Signale der Liebe aussenden, ziehen wir dann auch Liebe an? Die Antwort ist eindeutig: Ja! Auch wenn Sie Ihren Traumpartner schon gefunden haben – in keiner Partnerschaft, die wir kennen, herrscht Dauerharmonie. Es ist normal, dass wir immer wieder in Situationen geraten, in denen wir nicht sehr liebevoll mit uns selbst und/oder unserem Partner umgehen. Das hat dann meistens auch mit mangelnder Selbstliebe zu tun. Wenn wir uns über uns selbst ärgern, wird unser Partner uns schon spiegeln, wie blöd, fett oder uninteressant wir sind.

Es gibt mehrere Möglichkeiten, sich wieder auf die Frequenz der Liebe einzuschwingen und die universellen Gesetze für sich nutzbar zu machen, aber zunächst geht es immer darum, Liebe in sich selbst zu finden und eventuelle Hindernisse auf dem Weg der Liebe zu transformieren.

Eine wichtige Voraussetzung für das Senden und Empfangen von Liebe besteht darin, die Angst aufzulösen, die meist mit schmerzhaften Erfahrungen verbunden ist. Wir wissen, auch aus der Quantenphysik, dass Energie nicht einfach verschwindet und dann weg ist. Nehmen wir einmal ein einfaches Beispiel. Wie verwandelt sich H_20, also Wasser, in Eis oder Wasserdampf? Indem wir Energie zuführen bzw. wegnehmen, das heißt, es erhitzen oder abkühlen.

Wenn die Energie der Angst in Resonanz mit einer sehr hohen Energie geht, verändert sie ihre Schwingung und sie wird transformiert. Bei den hohen Energien, mit denen wir arbeiten, handelt es sich in erster Linie um göttliche Energien beziehungsweise um die Energien der Engel und Erzengel, auf deren Aufgaben wir an anderer Stelle noch näher eingehen werden.

Wer jetzt sofort mit Hilfe der Engel die Frequenz der Liebe spüren möchte, kann die folgende Übung machen oder auch später noch einmal darauf zurückkommen.

Übung: Die Frequenz der Liebe spüren

Am Schluss des Buches (Seite 297 f.) finden Sie eine Basismeditation. Sie wird Ihnen helfen, sich besser entspannen zu können. Ein tiefer Entspannungszustand – und somit ein anderer Bewusstseinszustand – ist Voraussetzung für die erfolgreiche Durchführung aller Übungen und Meditationen, die wir in diesem Buch vorstellen. Es ist sicher auch hilfreich, die Texte vorab langsam auf Kassette zu sprechen und abzuspielen, sobald die Tiefenentspannung erfolgt ist.

Wenn es darum geht, Ängste und Hindernisse zu transformieren, schlagen die Engel vor, sich den Himmel vorzustellen. Die Wolken am Himmel symbolisieren alle möglichen Ängste, während die Sonne für die Liebe steht.

Schließen Sie die Augen. Atmen Sie mehrmals tief ein und aus, entspannen Sie sich und rufen Sie Ihre Engel – Nehmen Sie sich dafür so viel Zeit, wie Sie brauchen.

Betrachten Sie nun mit Ihrem geistigen Auge Ihren derzeitigen »Liebeshimmel«. Gibt es dort Wolken? Sind sie dunkel oder hell? Stürmt, regnet oder hagelt es? Zucken Blitze durch den Himmel? Ist es Nacht oder Tag? Scheint die Sonne? Ist es zu warm, zu kalt oder genau richtig?

Wenn Sie sich beim Anblick Ihres »Liebeshimmels« nicht sehr wohlfühlen, bitten Sie Ihre Engel um Hilfe und lassen sich zu einem Tag zurückbringen, an dem Sie sich richtig wohl- und geliebt gefühlt haben. Das kann ein Tag in diesem Leben sein oder in einem früheren – Nehmen Sie sich auch dafür Zeit.

Wenn Sie in diesem Tag angekommen sind, schauen Sie sich Ihren Liebeshimmel noch einmal an. Falls doch noch dunkle Wolken aufziehen, bitten Sie die Engel, diese nun aufzulösen. Die Sonne scheint jetzt angenehm warm, und der Himmel ist klar. Sie fühlen sich leicht und frei.

Legen Sie sich in Ihrer Vorstellung ganz entspannt in einen Liegestuhl und ruhen Sie sich aus. Bitten Sie noch mehr Engel und Erzengel, zu Ihnen zu kommen, und spüren Sie, wie Sie immer ruhiger werden. Die Engel bringen Ihnen Geschenke, machen Musik und gehen ganz liebevoll mit Ihnen um. Ein großer weißer Engel hat einen Spiegel dabei. Er bittet Sie nun, in diesen Spiegel zu schauen und besonderes Augenmerk darauf zu legen, wie schön Sie sind. So wie die Blumen, die Bäume und die Tiere sind auch Sie ein wunderschönes Geschöpf Gottes.

Nehmen Sie wahr, wie aus Ihrem Herzen ganz viel Licht strahlt – noch heller als die Sonne am Himmel. Spüren Sie, wie sich dieses Licht in Ihrem ganzen Körper ausdehnt und wie sich ein Gefühl der Akzeptanz, der Harmonie und der Selbstliebe einstellt. Der Engel sagt Ihnen, dass Sie als Teil der göttlichen Schöpfung liebenswert und perfekt sind – genau so, wie Sie sind. Es gibt keinen Irrtum in der göttlichen Schöpfung. Genau so, wie Sie sind, werden Sie geliebt – von Ihren Eltern, von allen anderen Menschen, von Ihren Engeln und von Gott. Sie sind wunderschön, einzigartig und liebenswert.

Gehen Sie in Ihrer Vorstellung noch näher an den Spiegel heran und sehen Sie sich selbst in die Augen. Sehen Sie, wie Ihnen das Licht aus Ihren eigenen Augen entgegenstrahlt, und sagen Sie laut zu sich selbst: »Ich liebe dich von ganzem Herzen.«

In dem Moment tritt Ihr Spiegelbild aus dem Spiegel heraus, nimmt Sie in den Arm und sagt: »Ich liebe dich auch.«

Spüren Sie die innere Ruhe und die Liebe, die sich nun in jeder Zelle Ihres Körpers ausbreitet. Wie ein Echo klingt und schwingt es durch Ihren ganzen Organismus: »Ich liebe dich. Ich liebe dich. Ich liebe dich.«

Hören Sie, wie die Engel Musik dazu machen. Nehmen Sie wahr, wie die Vögel am Himmel ein Lied für Sie singen, und kehren Sie dann allmählich von Ihrer inneren Reise zurück in Ihr Wachbewusstsein. Fühlen Sie nun, wie die Frequenz der Liebe in Ihrem ganzen Wesen schwingt.

Wenn Sie noch nicht ganz bereit waren, diese Übung zu machen und die Frequenz der Liebe zu spüren, kann das mehrere Gründe haben: Vielleicht möchten Sie einfach weiterlesen. Oder Sie sind noch nicht so sicher, wie das mit den Engeln funktioniert. Oder Sie haben beim letzten Mal, als Sie vermeintlich die Frequenz der Liebe spürten, keine guten

Erfahrungen gemacht und die Erinnerung daran war unangenehm beziehungsweise schmerzhaft. Geht es Ihnen fast so, als seien Sie gegen Liebe allergisch? Der Magen krampft, Schweiß tritt auf Ihre Stirn, Sie fühlen sich unwohl. Auch das ist uns wohlbekannt, und aus unserer Sicht ist es im Moment völlig in Ordnung. Wenn Sie möchten, können Sie die Ursachen dieser Symptome später selbst heilen.

Was Liebe ist – und was nicht

Wir glauben, dass man Liebe nicht wirklich mit Worten beschreiben kann, denn jeder Versuch, dies zu tun, mündet in eine subjektive Darstellung, die etwas Unendliches und Unvergängliches limitiert. Nach unserem Verständnis ist Liebe die stärkste göttliche Kraft im ganzen Universum. Liebe ist die Energie, die dafür verantwortlich ist, das alles nach einem göttlichen Plan läuft – im Einklang mit den universellen Gesetzen der Natur. Liebe ist das, was Leben entstehen lässt, was das Leben lebenswert macht, wonach wir uns alle sehnen und wofür wir sogar bereit sind zu sterben. Und was bedeutet Liebe für Sie?

Es wurden schon viele Versuche unternommen, Liebe zu beschreiben, auch humorvolle. Kennen Sie die kleinen »Liebe ist ...«-Illustrationen? Ein glücklich aussehendes Pärchen mit passendem Spruch, das man manchmal in Zeitschriften abgebildet findet? »Liebe ist, wenn er ihr Blumen bringt«, steht da beispielsweise oder: »Liebe ist, wenn sie ihm sein Lieblingsessen kocht.« Haben Sie so etwas schon mal ausgeschnitten, weil Sie sich besonders davon angesprochen fühlten?

Liebe hat viele Ausdrucksformen, aber nicht immer können wir sie so zum Ausdruck bringen, wie wir es möchten oder wie es sich unser Partner vielleicht wünscht. Auch das will geübt sein.

Abgesehen von all den Dichtern und Künstlern, die sich von der Liebe inspirieren ließen, und von den Philosophen, die über sie nachgedacht haben, hat auch so mancher Wissenschaftler versucht, sie zu erforschen und zu beschreiben. Kann man Liebe auch unter dem Elektronenmikroskop erkennen? Im Prinzip ja.

Gregg Braden und andere Wissenschaftler haben die menschliche DNS, unseren genetischen Code, untersucht und dabei revolutionäre Entdeckungen gemacht. In seinem Buch *The God Code. Das Geheimnis in unseren Zellen* schreibt Braden, dass in unserer DNS und somit in jeder einzelnen Zelle unseres Körpers ein göttlicher Code einprogrammiert ist. Mit anderen Worten: Alle Menschen tragen die Gotteskraft in jeder einzelnen Zelle ihres Körpers. Was heißt das?

Die Gotteskraft ist für uns gleichbedeutend mit der Kraft der Liebe, die in ihrem Ursprung schöpferisch und wunderbar ist. Die Energie der Liebe und die göttlichen Energien schwingen in der gleichen Frequenz. Wir sind göttliche Wesen, und die Energie der Liebe fließt und wirkt durch uns.

Man kann Liebe fühlen. Und man kann deutlich sehen, wenn sich zwei Menschen lieben – an ihrem Lächeln, an ihrer Köpersprache und daran, dass sie strahlen. Am schönsten ist es, wenn die Liebe rein und klar ist.

Göttliche Liebe ist rein und klar. Auch die Engel und Erzengel senden diese Frequenz der reinen Liebe aus, die wir meinen, wenn wir im Kontext dieses Buches von Liebe sprechen. Wenn unser Trinkwasser rein und klar ist, ist es nicht nur gut verträglich, sondern sogar heilsam – und lebenswichtig ist es ohnehin. Genauso ist es mit der Liebe. Doch wie beim Wasser kann es auch bei der Liebe zu Verunreinigungen und Veränderungen kommen. Der Fluss der Liebe kann blockiert werden oder sogar ganz versiegen ... Darüber erfahren Sie später noch mehr.

Lassen Sie uns zum Abschluss dieses Kapitels noch mit einem weitverbreiteten Missverständnis aufräumen: Liebe hat nichts mit Schmerz, Kummer oder Krankheit zu tun. Phänomene wie Liebeskummer, Liebesschmerz oder Liebeskrankheit treten nur bei einem Mangel an Liebe auf. Kennen Sie den Spruch »Liebe heilt alle Wunden«? Liebe in ihrer Reinform ist in der Tat das Allheilmittel für alle Krankheiten – ohne jede unangenehme Nebenwirkung!

KAPITEL 2

Die Aura – unser elektromagnetisches Energiefeld

»Warum ziehe ich immer den gleichen Typ Mann oder Frau an?« Das ist eine Frage, die uns Klienten im Zusammenhang mit Partnerschafts- und Beziehungsproblemen besonders häufig stellen. Die energetischen Gründe hierfür lassen sich einfach erklären. Im letzten Kapitel haben wir bereits erfahren, dass wir Energiewellen aussenden, die im außen reflektiert werden, woraufhin sich genau das manifestiert, was wir – meist unbewusst – angezogen haben.

Diese Energiewellen oder Signale senden wir auf mehreren Kanälen gleichzeitig – mit jeder Bewegung, jedem Blick, jedem Gedanken, jedem Gesichtsausdruck und dem Klang unserer Stimme. Schon im Mutterleib reagiert ein Kind auf die Stimme der Mutter und ist sehr empfänglich für diese Frequenz, mit der es in direkter Resonanz ist. Wenn Kinder später beispielsweise von ihrer Mutter angeschrien werden, zuckt oft ihr ganzer Körper zusammen, denn die Worte und noch mehr die damit verbundenen Energiewellen werden ebenso massiv und schmerzhaft empfunden wie Schläge. Wenn Kinder hingegen harmonische Schlaflieder von ihrer Mutter vorgesungen bekommen, reagieren sie darauf wie auf Streicheleinheiten: Sie fühlen sich sicher und können entspannen. Die Resonanz des Klangs ist messbar und spielt auch bei der Partnerwahl eine wichtige Rolle. Achten Sie einmal auf Ihre eigene Stimme und auf die Stimmen der Menschen in Ihrem Umfeld. Was empfinden Sie, wenn Sie unterschiedliche Menschen sprechen hören?

Aber auch wenn wir schweigen und scheinbar bewegungslos dasitzen, schickt unser Körpersystem permanent Energiewellen aus, auf die unsere Umwelt entsprechend reagiert. Dabei spielt es keine Rolle, ob sich der Empfänger am selben Ort befindet oder am anderen Ende der Welt. Dies können wir uns auch bewusst zunutze machen, indem wir Energiewellen der Liebe ganz gezielt zu einer bestimmten Person senden, um beispielsweise eine Fernheilung durchzuführen. Das bedeutet natürlich nicht, dass jemand bewusst Energiewellen zu einer bestimmten Person senden soll, damit diese sich in ihn oder sie verliebt. Das wäre versuchte Manipulation, hätte nichts mit der Frequenz der Liebe zu tun und würde sicher nicht zum gewünschten Ergebnis führen. Denn auch in diesem Fall wäre die unterschwellig ausgesendete Energie wieder »Ich bin nicht liebenswert« und muss deshalb etwas erzwingen – so wie die Schwestern von Aschenputtel, die sich ihre Füße »passend« zurechtschnitten, statt sich einfach auf den passenden Schuh zu freuen.

Authentizität – der Schlüssel zum Erfolg

Die sicherste Methode, den passenden Schuh beziehungsweise Partner zu finden, besteht darin, in seiner eigenen Kraft zu sein und das zu tun, was man schon immer von ganzem Herzen tun wollte. Das setzt natürlich voraus, dass man sich traut zu tun, was von den Eltern, den Nachbarn oder der Gesellschaft vielleicht nicht für »normal« gehalten wird, zum Beispiel mit Engeln zu kommunizieren, extrem hohe Berge zu erklimmen, künstlerisch tätig zu sein, und so weiter. Wir alle wurden jahrelang geprägt und programmiert, um einer bestimmten Norm zu entsprechen. Nehmen Sie sich die Zeit und finden Sie heraus, wer Sie wirklich sind und was Sie am liebsten tun. Wenn Sie das dann auch wirklich tun, üben Sie eine unwiderstehliche Anziehungskraft auf den passenden Partner aus, dem Sie unweigerlich begegnen werden. Sie sind außerdem authentisch und können daher auch nicht beliebig ausgewechselt werden. Wenn Sie hingegen nicht tun, was Ihnen wirklich entspricht, ist es sehr wahrscheinlich, dass Sie sich einen Schuh anziehen, der Ihnen Probleme oder Schmerzen bereitet oder den Sie leicht verlieren können. Das folgende Beispiel soll Sie inspirieren, Sie selbst zu sein:

Andreas war im Ruhrgebiet aufgewachsen. Seine Eltern hatten ein Reihenhaus und viele gutbürgerliche Glaubensmuster, die Andreas schon als Kind missfielen. Im Gegensatz zu seinen Geschwistern fühlte er sich immer anders als die anderen Kinder. Er war eher ein Einzelgänger und ging zum Spielen gern in den Wald. Auf Anraten seiner Eltern machte er später eine Banklehre, brach sie jedoch nach weniger als einem Jahr wieder ab, unter anderem, weil er es hasste, Anzüge und Krawatten zu tragen. Auch in seinen romantischen Beziehungen hatte er wenig Glück, denn die meisten Frauen in seinem Alter waren ihm viel zu oberflächlich. Er träumte von einem ganz anderen Leben. Als er 22 war, beschloss er, auf Weltreise zu gehen und zu finden, wonach er suchte: einen Ort ohne Regeln und Zwänge, wo er frei sein konnte. Nachdem er mehrere Länder bereist hatte, ließ er sich schließlich in Hawaii nieder. Doch nicht das touristische Strandleben faszinierte ihn, sondern die Regenwälder und Vulkane. Er fand einen Ort, wo er sich zu Hause fühlte, kaufte sich von seinen Ersparnissen ein Stück Land und baute ein Baumhaus darauf. Seine nächsten Nachbarn wohnten etwa zwanzig Kilometer weit weg. Andreas liebte sein neues Leben. Endlich hatte er gefunden, was ihm entsprach. (Dass er damit auf das Unverständnis seiner Ursprungsfamilie stieß, können Sie sich sicher gut vorstellen). Fünf Jahre verbrachte er allein in der Natur und manchmal wünschte er sich eine passende Partnerin und später gern auch Kinder. Er dachte jedoch nicht allzu viel darüber nach, denn es gab immer eine Menge zu tun. Wenn es zum Beispiel viel geregnet hatte, musste er sein Baumhaus ausbessern. Alle zwei Monate machte er sich auf den Weg in den etwa 50 Kilometer entfernten Ort, wo er unter anderem Werkzeug kaufen konnte. Als er wieder einmal dort war, hörte er, wie sich zwei Leute in vertrautem Ruhrpott-Deutsch unterhielten. Er drehte sich um und erkannte seinen Jugendfreund Stefan und dessen Schwester Sylvia, die sich auf den Weg gemacht hatten, ihn im Dschungel zu besuchen. Die Überraschung war perfekt und die Freude groß. Stefan und Sylvia blieben etwa vier Wochen und als Stefan schließlich zurückfahren wollte, konnte Sylvia sich nicht trennen. Sie hatte sich in Andreas verliebt und auch er war völlig überwältigt von seinen Gefühlen für Sylvia. Nie zuvor hatte er eine Frau getroffen, die wie er das einfache Leben liebte. Sylvia und Andreas wurden ein Paar, haben inzwischen zwei Kinder und sind sehr glücklich.

Wir empfehlen Ihnen nicht, in den Regenwald auszuwandern, um Ihren Traumpartner zu finden – es sei denn, dies wäre schon immer Ihr Herzenswunsch gewesen. Im Gegenteil: Ein Fehler, der häufig gemacht wird, besteht darin, auf andere glückliche Paare zu schielen und nachzumachen, was diese offenbar zum Glück geführt hat, oder, noch schlimmer, den Partner eines anderen Menschen für sich gewinnen zu wollen. Das klappt nicht, ebenso wenig wie Ihnen die eingelaufenen Schuhe von jemand anderem jemals wirklich passen werden. Wir kennen viele Frauen, die sich immer wieder in bereits verheiratete Männer verlieben. Ihre Aussicht auf eine glückliche Partnerschaft ist sehr gering. Meist bleiben sie die Geliebte, die ewige Nummer zwei, die Weihnachten stets allein verbringt. Dahinter steht in den meisten Fällen die Angst vor wirklicher Nähe, die aufgrund emotionaler Verletzungen entstanden ist. Die unbewusst ausgesendete Energie zieht also jemanden an, der einem nicht wirklich nahkommen kann, weil er bereits vergeben ist.

Seien Sie also lieber authentisch und leben Sie Ihr eigenes, angstfreies Leben. Dann ziehen Sie durch Ihr Energiefeld wie ein Magnet den passenden Partner an.

Woraus besteht dieses elektromagnetische Energiefeld, das auch Aura genannt wird? Es wird von Energiewellen beziehungsweise Energieschnüren gebildet, die unser Körpersystem aussendet. Das Körpersystem kann man sich wie eine dieser russischen Schachtelpuppen (Matroschka) vorstellen. In deren Innerem befindet sich jeweils eine etwas kleinere, aber sonst gleich aussehende Puppe. Das heißt bezogen auf unser Körpersystem: Der physische oder materielle Körper (das ist der Körper, den wir anfassen können und den wir sehen, wenn wir in den Spiegel schauen) ist vom mentalen Körper umgeben und dieser wiederum vom emotionalen und vom spirituellen Körper. Dieses Energiefeld wird sowohl von unseren ganz persönlichen Mustern, Emotionen und Gedanken geprägt, als auch von äußeren Einflüssen und Fremdenergien. Unser Körpersystem reagiert auf elektrische Impulse und funktioniert dabei wie ein Prisma, durch welches das Licht von innen nach außen gestrahlt wird. Gebrochen wird dieses Licht in Abhängigkeit davon, welche Energien sich gerade in unserem Körpersystem befinden.

Das Energiefeld hat in der Regel einen Durchmesser von einigen Metern, kann aber durch verschiedene Bewusstseinstechniken noch weiter ausgedehnt werden. Wenn wir sehr angstvoll sind, zieht es sich zusammen. Daher haben ängstliche Menschen auch nur sehr wenig Ausstrahlung. Mit zunehmender Sensibilität kann man spüren, wie jemand in unser Energiefeld eintritt, wenn er in unsere Nähe kommt. Aurasichtige bezeichnen unser Energiefeld als schillernde, in vielen Farben pulsierende Lichterscheinung, ständig wechselnd und doch in ganz persönlichen Farben strahlend.

Dieses elektromagnetische Feld, das auch als Aura bezeichnet wird, strahlt also Licht aus. Warum redet man Weihnachten oft von strahlenden Kindergesichtern und leuchtenden Augen? Weil das von den Kindern ausgestrahlte Licht in dieser Situation deutlich zu sehen ist. Sowohl die Energie der Freude als auch die der Liebe vibriert mit einer hohen Frequenz und sehr schnell. Je reiner das Körpersystem ist – und gerade bei Kindern ist es noch sehr rein –, desto mehr Licht wird ausgestrahlt und umso stärker ist die Anziehungskraft!

Andere reagieren auf das Licht beziehungsweise auf die Lichtwellen, die wir in unterschiedlichen Spektren und für das menschliche Auge nicht immer sichtbaren Farben ausstrahlen – auf unsere Aura. Mit Hilfe der sogenannten Kirlian- oder Aurafotografie kann dieses elektromagnetische Energiefeld sogar sichtbar gemacht werden.

Die Farben der Aura

Wir haben gehört, dass in jede einzelne Zelle eines jeden menschlichen Körpers lichtvolle göttliche Energien einprogrammiert sind. Wie kommt es nun, dass auf den Aurafotografien unterschiedlicher Personen alle möglichen Farben zu sehen sind, von denen wir manche als sehr schön und anziehend empfinden, während andere geradezu abstoßend wirken?

Das liegt daran, dass jede als Farbe wahrgenommene Energiewelle eine entsprechende Botschaft transportiert. Häufig wählen Menschen unbewusst sogar die Farben ihrer Kleidung so aus, dass sie den Farben ihrer Aura entsprechen und die dazu passende Botschaft verstärkt zum Ausdruck bringen. Das heißt allerdings nicht, dass wir durch das Tragen eines bestimmten Kleidungsstückes automatisch eine farblich entsprechende Energiewelle ausstrahlen. Kleidungsstücke können aber durchaus Auswirkungen auf unsere Emotionen haben, und diese emotionalen Energien werden dann als Wellen ausgesendet, die wiederum als Farben wahrgenommen werden können.

Achten Sie einmal darauf, welche Farben Sie, Ihr Partner und Ihre Freunde in ihrer Freizeit am liebsten tragen. Gehen Sie bitte spielerisch mit den nachfolgenden Farbinterpretationen um und stempeln Sie Ihre Mitmenschen nicht kategorisch ab. Wenn Sie ganz genau wissen wollen, was die Aurafarben eines Menschen zu einem ganz bestimmten Zeitpunkt bedeuten, fragen Sie die Engel.

Aurafarbe	**Bedeutung**
Rot	klärende, kraftvolle Energie; Sexualität, Aktivität, Freude; Ausdruck des göttlichen Willens; zerstört alte Formen und schafft Neues
Orange	analysiert Situationen; prozessorientiert, kreativ; Genussmensch

Gelb	intelligent, kopfgesteuert, mitunter stur; Durchhaltevermögen, Klarheit Organisationstalent; an schönen Dingen und gutem Aussehen interessiert
Grün	Harmonie, Liebe, Heilung, inneres Wachstum; naturverbunden, mitfühlend; reist gern, unternehmungslustig
Hellblau	liebevolle, weise Energie; Wunsch, als spiritueller Lehrer tätig zu werden; Fähigkeit, Informationen aus dem Universum weiterzuleiten
Indigoblau	Hingabe; Idealismus, aber auch Fanatismus; spirituell interessiert; wissend, telepathisch begabt
Blau-Grün	Energie unterstützt die Verbindung zur Seele; Tiefe, Nachdenklichkeit
Grün-Violett	Eine der stärksten Farbkombinationen. Wenn die Person in Balance ist, hat sie die Fähigkeit, transformierend und heilend tätig zu werden
Violett	Intuition, Spiritualität; Wunsch und Fähigkeit, schwere Energien auf eine höhere Schwingungsebene zu bringen; Gefühlsmensch
Violett, Weiß und Lavendelfarben	sensibel, sehr hohe Energie; Hinweis auf eine Verbindung mit Meister-Lehrern

Magenta	außergewöhnlich kreativ; kann gut manifestieren und Dinge in die Tat umsetzen
Pink	hohe Energie der Liebe und des Mitgefühls
Weiß	Reinheit, Farbe des Lichtkörpers; Erleuchtung, göttliche Energie; starke Anziehungskraft
Silber	kosmische Farbe der Bewusstheit und des höheren Wissens
Gold	Kombination aus allen Farben und Möglichkeiten; Verbindung zur Gottesenergie; Bewusstsein der eigenen Göttlichkeit
Kupfer	Schwingung und Energieniveau sind hoch; energetischer Schutz
Braun	Wunsch, exakt zu sein; Wunsch nach Klärung und Reinigung von fremden bzw. krankmachenden Energien
Grau	Weisheit
Schwarz	Angst, Unterwürfigkeit, wenig Selbstwert, wenig Energie; Trauer, Rückzug

Interessanterweise verändern sich die Farben der Aura je nach Situation und Stimmung. Daher ist jeder von uns so eine Art wandelndes Chamäleon.

Wir reagieren prompt, wenn jemand unserem Empfinden nach keine gute Ausstrahlung hat. Auch wenn wir gar nicht so genau wissen, warum das so ist – wir spüren es sofort!

Übung: Analyse der Aurafarben

In dieser Übung analysieren Sie die Farben in der Aura Ihres Partners mit Hilfe von Erzengel Raziel.

- Stellen Sie sicher, dass Sie kein störendes Kleidungsstück tragen und auch sonst nicht abgelenkt werden können. Setzen Sie sich bequem auf einen Stuhl. Ihr Partner sitzt Ihnen gegenüber. Atmen Sie einige Male tief durch die Nase ein und durch den Mund aus.
- Entspannen Sie sich und atmen Sie weiter tief ein und aus. Laden Sie nun Ihre Schutzengel, die Schutzengel Ihres Partners sowie Erzengel Raziel ein und bitten Sie all diese Engel, Ihnen zu helfen.
- Bitten Sie Raziel, er möge Ihr Drittes Auge öffnen und erweitern, so dass Sie die Energiewellen des Lichts in der Aura Ihres Partners wahrnehmen können.
- Lassen Sie sich ein wenig Zeit und nehmen Sie dann wahr, welche Farben dieses Licht hat.
- Lassen Sie die Primärfarbe so auf sich wirken, als würden Sie in eine Wolke eintauchen. Spüren Sie die Farbe.
- Fragen Sie dann nach der Botschaft, die Ihr Partner mit dieser Farbe aussendet.
- Gehen Sie nun alle anderen Farben, die Sie wahrnehmen, einzeln durch.
- Wenn Sie hauptsächlich dunkle und violette Töne wahrnehmen, können Sie davon ausgehen, dass eine energetische oder spirituelle Transformation stattfindet oder stattfinden sollte.

- Bitten Sie daher um eine gründliche Reinigung der Aura Ihres Partners und um die Entfernung möglicher Fremdenergien.
- Danach bitten Sie Erzengel Raziel noch einmal, Ihnen die Aurafarben zu zeigen. Tauchen Sie in diese Farben ein und fragen Sie nach der Botschaft, die sie aussenden.
- Nehmen Sie sich Zeit für diese Übung (etwa zwanzig Minuten). Atmen Sie bei jeder neuen Farbe tief ein und pusten Sie die vorherige Energie ganz aus, bevor Sie in eine neue Farbe eintauchen.

Wenn Sie Botschaften bekommen haben, stellen Sie Ihrem Partner liebevolle Fragen wie: »Kann es sein, dass du dich … fühlst? Kann es sein, dass du Angst vor … hast?« Wählen Sie aus Gründen des Respekts und der Liebe immer die Frageform »Kann es sein, dass …?«

Chakra-Energie und Anziehungskraft

Das Wort *Chakra* kommt aus dem Sanskrit und bedeutet wörtlich »Rad« oder »Kreis«. Chakren sind feinstoffliche Energiezentren, sozusagen die Sinnesorgane unserer Seele. Sie liegen im Grenzbereich zwischen dem physischen Körper und den ihn umgebenden feinstofflichen Körpern und stellen eine Art Tor für die Energie dar, die von außen in unsere Aura eindringt beziehungsweise von dort nach außen abgestrahlt wird. Es gibt eine ordnende Intelligenz, ein Bewusstsein, das die schwingenden Energiewellen des Lichts im jeweiligen

Chakra bündelt und so verdichtet, dass Aurasichtige sie als Farbe wahrnehmen können.

Wir haben viele dieser Energietore, aber die wichtigsten sind die sieben Hauptchakren entlang der vertikalen Körperachse. Man kann sich ein Chakra wie den sich schnell drehenden Propeller eines kleinen Sportflugzeuges vorstellen. Je schneller er sich dreht, desto weniger deutlich kann man die einzelnen Propellerblätter erkennen. Sie sehen dann eher transparent aus, und man kann quasi durch die Materie hindurchsehen. Auch die gereinigten menschlichen Chakren wirken transparent. Ein gut funktionierendes Chakra dreht sich im Uhrzeigersinn. Es nimmt Energien auf, transformiert sie und leitet sie sofort an die entsprechenden Stellen im Organismus weiter. Wenn ein Chakra blockiert ist, ist auch der Energiefluss im menschlichen Körper eingeschränkt. Das Chakra kann dann keine Energien aufnehmen, sondern stößt sie ab.

Unterdrückte Emotionen blockieren die entsprechenden Chakren, was zur Folge hat, dass diese verstopfen und sich allmählich verformen. Ihre Drehung wird unregelmäßig oder geht in die falsche Richtung (gegen den Uhrzeigersinn). Die Energie strömt nach außen und der Stoffwechsel ist gestört. Dann spricht man von einem geschlossenen Chakra beziehungsweise von einem Chakra, das die Energien von außen nicht aufnehmen kann. Das führt, je nachdem, welches Chakra blockiert ist, zu ganz spezifischen Problemen.

Das erste Chakra – Wurzelchakra
Ich finde keinen Mann. Und wenn ich einen finde, hat er kein Geld.

Die Energiewellen des Lichts, die durch das erste Chakra am unteren Ende der Wirbelsäule ausgesendet werden, werden in der Farbe Rot wahrgenommen.

Die mit diesem Chakra verbundenen Themen sind Karriere, Finanzen, Heim, Familie und materielle Sicherheit.

Wenn nur wenige dieser roten Energiewellen ausgesendet werden, wenn also das erste Chakra blockiert ist, kann beispielsweise auch nur wenig Geld ins Leben des betreffenden Menschen gezogen werden. Die Angst, ungeliebt zu sein oder verlassen zu werden, fehlende Zuversicht und mangelndes Durchsetzungsvermögen sind oft für eine Blockade des ersten Chakras verantwortlich.

Um überhaupt einen Partner anziehen zu können, und möglichst noch einen, der nicht in finanziellen Schwierigkeiten ist, müssen die Energien im ersten Chakra frei fließen und die ausgesendeten Signale müssen klar und positiv sein. Dazu gehört natürlich auch, dass die Ursachen für die Energieblockaden auf der emotionalen Ebene geheilt werden.

Wenn Sie in erster Linie an materieller Sicherheit interessiert sind, werden Sie aus Ihrem gereinigten ersten Chakra verstärkt entsprechende Signale aussenden und schließlich eine Beziehung mit dem passenden Partner eingehen.

Wenn es um die energetische Reinigung und Harmonisierung dieses Chakras geht, können Sie Erzengel Sandalphon um Hilfe bitten (siehe CD *Quantum-Engel-Heilung*).

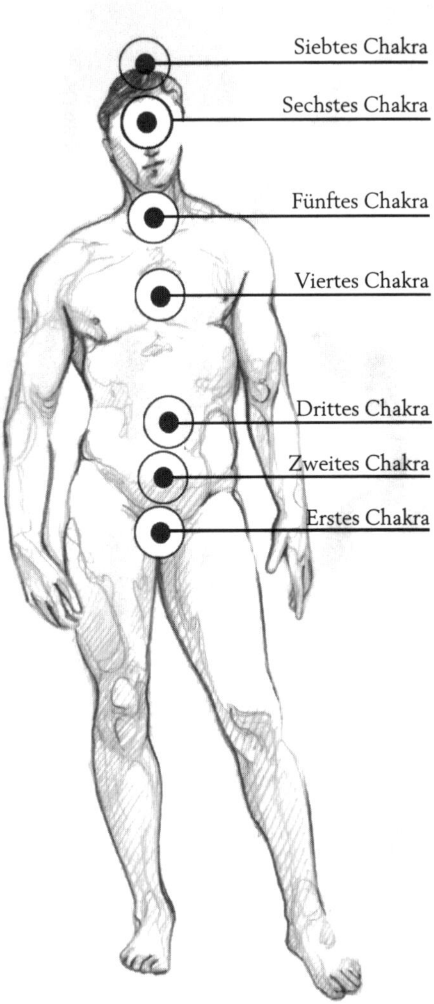
Siebtes Chakra
Sechstes Chakra
Fünftes Chakra
Viertes Chakra
Drittes Chakra
Zweites Chakra
Erstes Chakra

Die Chakren

Das zweite Chakra – Sakralchakra

Mein neuer Freund ist auch Alkoholiker, genau wie der alte.

Das zweite Chakra liegt etwa zwei Zentimeter über dem ersten und unterhalb des Bauchnabels. Die Energiewellen des Lichts, die von hier ausgesendet werden, werden in der Farbe Orange wahrgenommen.

Das mit diesem Chakra verbundene Thema ist Abhängigkeit (von Drogen, Alkohol, Essen, Sex und so weiter).

Wenn dieses Chakras blockiert ist, haben Sie möglicherweise selber Probleme mit allen möglichen Abhängigkeiten und es ist sehr wahrscheinlich, dass Sie einen Partner anziehen, der ebenfalls ein Suchtproblem hat (Drogen, Alkohohl, Essen, Sex usw.).

Wenn es um die energetische Reinigung und Harmonisierung dieses Chakras geht, können Sie die Erzengel Gabriel und Raphael um Hilfe bitten.

Das dritte Chakra – Solarplexus

Meine Freundin klammert. Sie will mich genauso kontrollieren wie meine Mutter früher.

Das dritte Chakra liegt knapp oberhalb des Bauchnabels. Die Energiewellen des Lichts, die von hier ausgesendet werden, nehmen wir in den Farben Gelb oder Goldgelb wahr.

Die Themen des dritten Chakras sind Macht und Kontrolle.

Eine Blockade äußert sich in der Angst, kontrolliert zu werden, oder auch in dem Bedürfnis, Macht und Kontrolle auszuüben. Wenn Sie ein gestörtes Verhältnis zu Macht und

Ohnmacht haben, werden Sie entsprechend orientierte Menschen magnetisch anziehen.

Wenn es um die energetische Reinigung und Harmonisierung dieses Chakras geht, können Sie die Erzengel Michael, Raphael und Uriel um Hilfe bitten.

Das vierte Chakra – Herzchakra

Immer werde ich von meinen Partnern enttäuscht und verletzt.

Die Energiewellen des Lichts, die durch das vierte Chakra ausgesendet werden, nehmen wir in den Farben Grün und Rosa wahr. Bei diesem Energiezentrum – es liegt mitten auf der Brust – geht es um die Themen Liebe und Liebesfähigkeit.

Wenn Sie einen Partner anziehen wollen, der Sie wirklich liebt, müssen Sie sich zunächst selber lieben. Vergebung und Mitgefühl für sich und andere führt dazu, dass man liebevolle Menschen anzieht wie ein Magnet.

Wenn es um die energetische Reinigung und Harmonisierung dieses Chakras geht, können Sie die Erzengel Raphael und Chamuel um Hilfe bitten (siehe auch »Schutzengel-Heilung des Herzens« auf der CD zu diesem Buch).

Das fünfte Chakra – Kehlkopfchakra

Mein Mann lässt mich nie zu Wort kommen. Immer muss alles nach seinem Willen gehen.

Das fünfte Chakra sitzt auf Höhe des Kehlkopfes, und die von dort ausgestrahlten Energiewellen des Lichts werden in den Farben Hellblau beziehungsweise Grünblau wahrgenommen.

Die Themen dieses Chakras sind: Selbstausdruck, Kommunikation, die Wahrheit sagen, um Hilfe bitten und Kreativität.

Wenn Sie in Ihrer Partnerschaft nie zu Wort kommen und vielleicht auch schon in der Schule immer still und ängstlich waren, ist mit großer Wahrscheinlichkeit Ihr fünftes Chakra blockiert.

Lassen Sie sich von den Erzengeln Chamuel und Zadkiel helfen, wenn es darum geht, dieses Chakra wieder zu aktivieren und zu heilen. Widmen Sie sich künstlerischen Projekten oder anderen Formen des Selbstausdrucks, die im Einklang mit Ihrer inneren Wahrheit stehen. Lernen Sie, Ihre eigenen Wünsche zu äußern, denn dadurch werden Sie Menschen mit gleichen Interessen anziehen.

Das sechste Chakra – Drittes Auge

Meine neue Freundin spinnt. Sie hört Stimmen und sieht Engel.

Die Energiewellen des Lichts, die aus dem sechsten Chakra strömen, nehmen wir in der Farbe Dunkelblau oder Indigo wahr. Das sechste Chakra – auch Drittes Auge genannt – liegt zwischen den Augenbrauen auf der Stirn.

Die Themen dieses Chakras sind Hellsichtigkeit und Spiritualität.

Wenn Sie hellsichtige Menschen in Ihr Leben ziehen, heißt das nichts anderes, als dass Sie selber ein sehr spiritueller Mensch sind. Arbeiten Sie mit Meditationen und Visualisierungen. Dann werden Ihre Ängste vor diesem Thema verschwinden und Ihre eigene natürliche Hellsichtigkeit wird zum Vorschein kommen.

Bitten Sie Erzengel Raziel, Ihnen bei der Öffnung, Klärung und Reinigung dieses Chakras behilflich zu sein.

Das siebte Chakra – Kronenchakra

Mein Partner interessiert sich nicht für Esoterik.

Das siebte Chakra wird auch Kronenchakra genannt und liegt unmittelbar über dem Scheitel. Die Energiewellen des Lichts aus diesem Chakra werden normalerweise in der Farbe Violett wahrgenommen, doch wenn es sich öffnet, strahlt es in den Farben Gold und Weiß.

Das siebte Chakra öffnet sich, wenn Menschen einen bestimmten Bewusstseinstand erreicht haben, wenn sie wissen, dass sie in Wirklichkeit eins sind mit Gott. Sollten Sie dieses Bewusstsein haben und das entsprechende Licht ausstrahlen, werden Sie auf ganz natürliche Weise einen Partner anziehen, der ebenfalls den spirituellen Weg gewählt hat. Dies kann bedeuten, dass sich Ihr derzeitiger Partner weiterentwickelt und auch für diese Thematik öffnet, oder aber, dass Sie eine neue Partnerschaft eingehen, die Ihnen und Ihrem Entwicklungsstand entspricht.

Bitten Sie Erzengel Metatron um Hilfe bei der Öffnung, Reinigung und Heilung dieses Chakras für sich und Ihren Partner.

KAPITEL 3

Ihr persönliches Energieprofil (PEP)

Möchten Sie wissen, welche Energien Sie persönlich ausstrahlen und wie Sie auf einen zukünftigen oder aktuellen Partner wirken?

Dann haben Sie jetzt Gelegenheit, Ihr persönliches Energieprofil zu erstellen.

Lesen Sie sich jeden der folgenden Sätze in Ruhe durch und prüfen Sie, ob und in welcher Intensität er auf Sie zutrifft. Seien Sie ganz ehrlich, denn nur dann können Sie ein genaues Ergebnis erzielen. Im nächsten Kapitel wird deutlich, warum die Auswertung Ihres persönlichen Energieprofils so bedeutsam und hilfreich für Sie sein kann.

Ein Tipp: Schreiben Sie nicht in dieses Buch, damit Sie Ihr Energieprofil zu einem späteren Zeitpunkt noch einmal ermitteln können. Kopieren Sie die auf Seite 69 f. abgebildete Tabelle, die Sie zur Auswertung brauchen, oder fertigen Sie eine entsprechende Zeichnung an.

Vergeben Sie die Punkte wie folgt:
voll zutreffend – *4 Punkte*
zutreffend – *3 Punkte*
manchmal zutreffend – *2 Punkte*
weniger zutreffend – *1 Punkt*
gar nicht zutreffend – *0 Punkte*

1. Ich fühle mich unausgewogen.
2. Ich fühle mich stark und voller Energie.
3. Ich habe Probleme im Berufsleben.
4. Ich bin glücklich mit meinem Partner und meiner Familie.
5. Ich habe Angst, verlassen zu werden/allein zu bleiben.
6. Mein Sexualleben ist sehr erfüllend.
7. Ich habe finanzielle Sorgen.
8. Ich fühle mich wohl in meinem Zuhause.
9. Ich habe Schuldgefühle.
10. Ich habe eine gute Vorstellungskraft.
11. Ich fühle mich abhängig (zum Beispiel von Zigaretten, Drogen, Sex, Alkohol und so weiter).
12. Ich bin optimistisch.
13. Ich fühle mich gehemmt.
14. Ich kann meine Gefühle gut zeigen.
15. Ich fühle mich unwohl in meinem Körper.
16. Ich treibe regelmäßig Sport.
17. Ich fühle mich machtlos.
18. Ich bin oft vergnügt.
19. Ich bin ein Workaholic.
20. Ich bin mir meiner Talente und Begabungen bewusst.

21. Ich habe Angst vor Kontrolle.
22. Ich habe Respekt vor mir selbst.
23. Ich fühle keine Verbindung zwischen Liebe und Sexualität.
24. Ich bin extrovertiert.
25. Ich habe Angst verletzt zu werden.
26. Ich fühle mich geliebt.
27. Ich bin in Partnerschaften oft enttäuscht worden.
28. Ich gehe auf andere zu.
29. Ich kann schlecht verzeihen.
30. Ich sehe in jedem das Gute.
31. Ich habe Angst loszulassen.
32. Ich habe großes Mitgefühl.
33. Ich habe Schwierigkeiten, meine Wünsche zu äußern.
34. Ich bin ausgeglichen.
35. Ich bin ängstlich und schüchtern.
36. Ich bin ein guter Redner.
37. Ich spreche sehr leise.
38. Ich lebe im Moment.
39. Ich kann schlecht um Hilfe bitten.
40. Ich bin zuverlässig.
41. Ich bin übersensibel.
42. Ich bin charismatisch.
43. Ich habe Angst vor Erfolg.
44. Ich habe Zugang zur Quelle allen Wissens.
45. Ich bin undiszipliniert.
46. Ich habe Verbindung zu vergangenen Leben.
47. Ich hänge an materiellen Dingen.

48. Ich habe keine Angst vor dem Tod.
49. Ich treffe ungern Entscheidungen.
50. Ich bin offen für das Kosmische.
51. Ich bin oft frustriert.
52. Ich habe Gottvertrauen.
53. Ich bin oft müde.
54. Ich bin intuitiv.
55. Ich habe Angst vor allem Übernatürlichen.
56. Ich kann mit Engeln kommunizieren.

Auswertung des persönlichen Energieprofils

Sie brauchen ein großes Blatt Papier, einen Stift und eventuell einen Taschenrechner.

Legen Sie das Blatt längs und zeichnen Sie eine Tabelle mit zwei Spalten darauf. Die linke Spalte überschreiben Sie mit **A**, die rechte mit **B**. Schreiben Sie nun die Zahlen 1 bis 56 (für die 56 Sätze) in beide Spalten, und zwar immer abwechselnd: Die ungeraden Zahlen, also 1, 3, 5, 7 und so weiter, kommen im Spalte A, die geraden, also 2, 4, 6, 8 und so weiter, in Spalte **B** (siehe Abbildung). Vergeben Sie Ihre Punkte nacheinander (Punkte für Satz 1, Punkte für Satz 2, und so weiter) und notieren Sie sie abwechselnd in Spalte A oder B.

Heben Sie die Tabelle bitte auf, Sie werden sie später noch brauchen!

Addieren Sie die Punkte nun separat in der jeweiligen Spalte. Welche Punktzahl ist höher? Die in Spalte A oder die in Spalte B?

A	B
1.	2.
3.	4.
5.	6.
7.	8.
9.	10.
11.	12.
13.	14.
15.	16.
17.	18.
19.	20.
21.	22.
23.	24.
25.	26.
27.	28.
29.	30.
31.	32.
33.	34.
35.	36.

A (Fortsetzung)	B (Fortsetzung)
37.	38.
39.	40.
41.	42.
43.	44.
45.	46.
47.	48.
49.	50.
51.	52.
53.	54.
55.	56.

Wenn die Punktzahl in Spalte B (also bei den Sätzen mit geraden Nummern) deutlich höher ist als die in Spalte A (Sätze mit ungerader Nummer), haben Sie generell eine positive Ausstrahlung und wirken entsprechend auf Ihre Mitmenschen. Die Wahrscheinlichkeit, dass Sie eine wunderbare Beziehung haben oder einen neuen Partner finden können, ist auf jeden Fall groß. Sollte es umgekehrt sein (deutlich höhere Punktzahl in Spalte A), werden Sie vermutlich in vielen Bereichen Ihres Lebens auf negative Resonanz stoßen, auch und vielleicht sogar besonders in den Bereichen Liebe und Partnerschaft. Das können Sie ändern!

Zur genauen Auswertung ziehen Sie bitte die Punktzahl, die Sie in Spalte A erzielt haben, von der ab, die bei Ihnen in Spalte B steht. Punkte für Sätze mit ungeraden Nummern zählen also als *Minuspunkte.* Das Ergebnis ist ihr persönliches Energieprofil (PEP).

PEP über 100 bis 90

Sie sind liebevoll und zuversichtlich, und das strahlen Sie auch aus. Sie haben gelernt, gut mit sich selbst umzugehen. Dadurch ist Ihr Leben friedvoller und harmonischer geworden. Die Menschen, die bereits in Ihrem Leben sind und die Sie immer noch anziehen, spiegeln Ihnen, wie sehr Sie geliebt werden. Es fällt Ihnen leicht, die Engel um Hilfe zu bitten, wenn es darum geht, auch Ihre restlichen Herzenswünsche zu erfüllen. Machen Sie hierzu auch die Chakra-Auswertung (siehe Seite 74 f.).

PEP 90 bis 75

Das persönliche Energieprofil der meisten Menschen liegt zwischen 90 und 75. Sie befinden sich also in guter Gesellschaft. Ihre Ausstrahlung und damit Ihre Anziehungskraft sind von Ihrer jeweiligen Tagesform abhängig. Manchmal läuft alles nach Ihren Vorstellungen, und dann bricht wieder der Himmel über Ihnen zusammen. Ihre Selbstliebe gerät öfter in Vergessenheit. Gehen Sie daher noch achtsamer mit sich um. Es gibt wahrscheinlich auch einige unverarbeitete Erlebnisse, die Ihr Energiefeld und Ihre Anziehungskraft für die Liebe schwächen und Ihre jetzige Partnerschaft beziehungsweise Ihre Partnersuche negativ beeinflussen. Machen Sie auch die Chakra-Auswertung. Sie wird Ihnen helfen, Ihre Schwachstellen aufzuspüren.

PEP 75 bis 55

Obwohl Sie sich sehr anstrengen, scheint es Ihnen fast nicht möglich, Glück in der Liebe zu finden beziehungsweise sich mit Ihrem jetzigen Partner liebevoll auszutauschen. Wer in Partnerschaften immer wieder enttäuscht wird, fragt sich natürlich oft: »Was mache ich falsch?« Ihre Selbstzweifel werden stärker, und Sie haben immer größere Angst, verletzt zu werden. Die Energien, die Sie ausstrahlen, vermitteln die Botschaft: »Lass mich bloß in Ruhe. Ich habe die Nase voll von Partnerschaften.« Es ist wahrscheinlich, dass Sie allein leben oder in einer bestehenden Partnerschaft erhebliche Kommunikationsstörungen haben.

Mit Hilfe der Chakra-Auswertung werden Sie Ihre Hauptthemen sicher besser verstehen können. Auch die Meditationen zur Heilung des Herzens sowie Maßnahmen zur energetischen Reinigung sind in Ihrem Fall empfehlenswert. Bitten Sie die Engel um Hilfe.

PEP 55 bis 20

Dieses Energieprofil macht deutlich, dass Sie fast überall auf negative Resonanz stoßen. Es könnte sein, dass Sie ziemlich unglücklich sind, weil es Ihnen vermutlich weder beruflich noch privat oder finanziell wirklich gut geht. Ihr Energieprofil zeigt, dass Sie unsicher sind und viele Ängste haben. Möglicherweise kommen auch noch gesundheitliche Probleme hinzu.

Tiefe emotionale Verletzungen – auch durch Partnerschaften – haben ihre Spuren hinterlassen. Für Sie ist es sehr wichtig, sich im Moment ausschließlich um sich selbst zu kümmern. Vergessen Sie einmal alles andere. Sie brauchen Ihre Energie dringend für sich selbst.

Wenn Sie die anschließende Chakra-Auswertung machen, werden Sie feststellen, dass die meisten dieser feinstofflichen Energiezentren bei Ihnen gestört sind. Bitten Sie die Engel um Hilfe und machen Sie jeden Tag Übungen zur energetischen Reinigung und Heilung, zum Beispiel die Chakra-Reinigung mit den Erzengeln (siehe CD *Quantum Engel Heilung*), die Schutzengel-Heilung des Herzens (siehe CD *Quantum Engel Liebe*) und die Meditation zur Stärkung der Anziehungskraft (siehe Kapitel 4, Seite 94).

Wenn Sie einen Partner haben, wäre es auch für ihn oder sie gut, diese Übungen zu machen. Wenn Sie sich einen Partner wünschen, sollten Sie noch warten. Lassen Sie sich zunächst noch mehr Zeit für Ihre eigene Heilung.

PEP unter 20

Wenn Sie mit Ihrem persönlichen Energieprofil unter 20 Pluspunkten liegen oder gar im Minusbereich, wirken Ihre Energien auf liebevolle Menschen abstoßend. Sie machen einen schwierigen und problembehafteten Eindruck und werden gemieden, obwohl Sie ganz besonders viel Liebe gebrauchen könnten. Anziehend wirken Sie hingegen auf so genannte

Energie-Vampire. Das sind Menschen, die stets auf der Suche nach Opfern sind. Seien Sie auf der Hut vor Ausbeutung und Missbrauch aller Art.

Bevor Sie eine Partnerschaft eingehen oder den Versuch unternehmen, Ihren jetzigen Partner zu ändern, sollten Sie dringend therapeutische Hilfe in Anspruch nehmen. Die bekommen Sie im Idealfall von einem erfahrenen Quantum-Engel-Heiler, der Sie mit Hilfe der Engel behandelt und Ihnen zeigt, wie Sie sich selbst helfen und zu Ihrer eigenen Kraft zurückfinden können – zurück zur Frequenz der Liebe.

Die Chakra-Auswertung

Nehmen Sie sich nun noch einmal Ihre Tabelle vor. Ziehen Sie horizontale Trennungsstriche über beide Spalten, und zwar unter die laufenden Nummern 7 und 8, 15 und 16, 23 und 24, 31 und 32, 39 und 40, 47 und 48 sowie unter 55 und 56.

Sie erkennen eine Unterteilung in sieben Bereiche, die Sie von 1 bis 7 durchnummerieren können. Die Bereiche entsprechen den sieben Hauptchakren. Wo Sie die meisten Punkte haben, strahlen Sie die meiste Energie aus. Dort liegen Ihre Stärken (B) beziehungsweise Schwächen (A).

Anhand der Punktzahlen in Spalte A (ungerade) können Sie leicht erkennen, in welchem Bereich es Probleme gibt. Das heißt, das entsprechende Chakra ist gestört. Energetische Reinigung und emotionale Heilung der Ursachen mit Hilfe der Engel ist empfehlenswert.

Schauen Sie sich auch die Aussagen an, die Sie in den betreffenden Bereichen gemacht haben. Das sind die Botschaften, die Sie Ihren Mitmenschen übermitteln. Und die reagieren entsprechend darauf.

Auswertung des persönlichen Energieprofils von Petra

Petra war richtig glücklich mit ihrem PEP. Sie erzielte 97 Punkte, und in der Tat kann sie von sich behaupten, in einer glücklichen Partnerschaft zu leben, ihren Beruf mit Spaß und Erfolg zu machen und keine finanziellen Probleme zu haben. Sie leitet einmal in der Woche einen Meditationsabend und hat sehr nette Bekannte, die sie ihre Engel-Freunde nennt. Ihr hat es geholfen, die Chakra-Auswertung zu machen, denn es zeigte sich, dass sie im zweiten Abschnitt doch ein paar Minuspunkte gesammelt hatte: einen bei Satz 9 und gleich drei bei Satz 15. Das machte Ihr deutlich, dass ihre Energien im zweiten Chakra unausgewogen waren. Da sie nun ganz genau wissen wollte, was ihr Probleme machte, schaute sie sich Satz 15 noch einmal an: *Ich fühle mich in meinem Körper unwohl.* Petra bestätigte, dass dies den Nagel auf den Kopf traf. Nach der Geburt ihrer Tochter Jessica (4) hatte sie immer mehr zugenommen. Mittlerweile brachte sie ganze 15 Kilo mehr Gewicht auf die Waage als vor der Schwangerschaft. Das belastete sie sehr, denn alle Versuche abzunehmen, die sie in den letzten Jahren unternommen hatte, waren gescheitert. Die Engel arbeiteten daraufhin mit ihr und lösten die emotionale beziehungsweise energetische Ursache für ihr Übergewicht auf. Es stellte sich heraus, dass im zweiten Chakra tiefe Ängste vor Verlust steckten, die durch die traumatische Geburt ausgelöst worden waren. Jessica musste mit Not-Kaiserschnitt geholt werden. Nach der Heilung, bei der die Erzengel Gabriel und Raphael geholfen hatten, konnte sich Petra von ihren Ängsten und Schuldgefühlen lösen. Ihr Gewicht normalisierte sich, und darüber freute sich auch ihr Ehemann.

Auswertung des persönlichen Energieprofils von Gerlinde

Gerlinde erzielte 78 Punkte und hatte sofort das Gefühl, nicht perfekt zu sein. Dabei geht es ihr im Prinzip sehr gut. Sie hat zwei fast erwachsene Kinder, ihr Mann ist Arzt, und sie leben in einem schönen Haus am Stadtrand. Wir erklärten ihr noch einmal, dass das persönliche Energieprofil lediglich ein Hilfsmittel zur Selbstanalyse ist und dass es sich verändern lässt, ähnlich wie ein Aurafoto. Sie war erleichtert.

Bei genauer Betrachtung ihrer Auswertung fiel auf, dass Gerlinde bei den Sätzen 17, 33 und 39 besonders viele Minuspunkte gesammelt hatte. Sie las diese Sätze noch einmal: *Ich fühle mich machtlos. Ich habe Schwierigkeiten, meine Wünsche auszudrücken. Ich kann schlecht um Hilfe bitten.* Bei Gerlinde waren das dritte und das fünfte Chakra energetisch gestört, und das zeigte sich auch in ihrem Familienleben. Gerlinde versuchte als Hausfrau und Mutter perfekt zu sein, weil ihr Mann recht dominant war. Er sah es als sein gutes Recht an, sich als Versorger der Familie zu Hause von seiner Frau bedienen zu lassen. Gerlinde war genau wie ihre Mutter nie berufstätig gewesen. Doch im Laufe der Jahre stellten sich Selbstzweifel und Minderwertigkeitskomplexe bei ihr ein. Erst durch die Heilbehandlung mit den Engeln erkannte sie, dass die Ursachen für ihre energetischen Störungen schon in der Kindheit entstanden waren. Sie hatte nie gelernt, ihre eigenen Wünsche zu äußern, und war ganz im sogenannten »Brave Mädchen-Programm« aufgewachsen. Von da an machte sie fast täglich ihre Chakra-Reinigung und trennte sich energetisch von allen Menschen, die ihr buchstäblich die Energie raubten. Dazu gehörte besonders ihr Mann. Als er für ein halbes Jahr ins Ausland ging, um ein SOS-Kinderdorf mit aufzubauen, nutzte Gerlinde die Zeit zur intensiven Selbstheilung und erlaubte sich endlich, das zu tun, wovon sie insgeheim schon lange geträumt hatte. Sie eröffnete ein Café, in dem sie selbst gebackenen Kuchen servierte, und hatte viel Spaß und großen Erfolg damit. Als ihr Mann zurückkam, wunderte er sich zunächst über seine »neue« Frau, war aber auch sehr stolz auf sie.

Auswertung des persönlichen Energieprofils von Natascha

Natascha erzielte 60 Punkte. Darüber war sie ebenso wenig erfreut wie über alles andere, was in ihrem Leben schieflief. Zum Beispiel war sie immer noch sauer auf ihren Ex-Mann, der sie sitzen gelassen und ein Verhältnis mit ihrer eigenen Schwester angefangen hatte. Das konnte und wollte Natascha nicht verzeihen. Sie sann auf Rache und war tief verletzt. Ihre eigene Energie wirkte absolut zerstörerisch auf ihr

Umfeld und war ein Magnet für Gerichtsverfahren, Alkohohlprobleme und Autounfälle. Erst als eine schwere Leberstörung bei ihr diagnostiziert wurde, war Natascha allmählich bereit umzudenken. Von den Engeln hatte sie lange Zeit nichts wissen wollen. Als ihre Oma verstarb und in einem Traum zu ihr sprach, öffnete sie sich für mögliche Hilfe aus der geistigen Welt. Es dauerte insgesamt 14 Monate, bis sie gelernt hatte zu verzeihen – sich selbst, ihrer Schwester und ihrem Ex-Mann. Mit Hilfe des Erzengels Raphael machte sie eine Entgiftungskur – sowohl auf der emotionalen Ebene als auch körperlich – und fühlte sich danach viel besser. Auch der Umzug in eine andere Stadt und die neue Arbeitsstelle taten ihr sehr gut. Bei einer Weihnachtsfeier in der neuen Firma lernte sie einen sehr interessanten Mann kennen, mit dem sie viel gemeinsam hat.

Auswertung des persönlichen Energieprofils von Steffan

Steffan kam auf Empfehlung seiner Schwester Heidi in unsere Praxis. Heidi hatte an unserem Ausbildungsseminar in Quantum-Engel-Heilung teilgenommen und uns dringend um Hilfe für ihren Bruder gebeten. Steffan erzielte nur 30 Punkte in seinem persönlichen Energieprofil, und dafür gab es viele Gründe: Er hatte den frühen Tod seiner Mutter nie verarbeitet und einen gescheiterten Selbstmordversuch hinter sich. Er war lethargisch, sein Lebensmut fast am Nullpunkt. Auch war ihm nicht bewusst, dass er ein Magnet für Fremdenergien aus der negativen geistigen Welt war. Die Stimmen, die er in seinem Kopf hörte, machten sich über ihn lustig und redeten ihm Schuldgefühle ein. Er war insgesamt in einer sehr schlechten Verfassung. Nach der ersten Behandlung spürte Steffan zwar einen deutlichen Unterschied zu vorher, aber es ging zunächst nur sehr langsam bergauf. Doch mit Hilfe seiner Schwester, die ihn mehrere Monate lang behandelte und von der er viel lernte, fand er schließlich den Weg zurück zu seiner eigenen Heilung. Er nahm eine Aushilfstätigkeit im Tierheim an, was ihn zusätzlich stabilisierte, und auch seine Chefin Susanne (ein wahrer Erdenengel) half ihm, einen neuen Sinn im Leben zu finden.

KAPITEL 4

Wie verändere ich mein Energiefeld?

Wir erschaffen unsere Realität mit unserem Bewusstsein. Das haben Sie sicher schon oft gehört und vielleicht glauben Sie es sogar, aber wissen Sie auch, wie dieses Erschaffen genau vor sich geht?

Unser Bewusstsein ist für unser persönliches Energiefeld verantwortlich, und dieses besteht, wie wir bereits erfahren haben, aus elektromagnetischer Energie. Auf der subatomaren Ebene können wir uns diese Energie als winzig kleine Teilchen vorstellen, in denen bestimmte Informationen gespeichert sind, und genau um diese Informationen geht es hier. Wir senden sie aus und projizieren sozusagen einen Film in die Welt – einen dreidimensionalen Film, den wir für die Wirklichkeit halten. Die Schauspieler, die in diesem Film mitspielen, haben wir dort hineingezogen, und sie spielen ihre Rollen perfekt, nämlich genau so, wie wir es im Drehbuch zu unserem Film festgelegt haben.

Wie ziehen wir unsere »Schauspieler« an? Das Licht strahlt aus uns hinaus, wobei unser gedanklicher Fokus wie eine Linse fungiert, die entweder undeutlich oder sehr klar zum Ausdruck bringt, was wir – bewusst oder unbewusst – in unserem Film haben möchten. Ob unser Leben eher einem romantischen Liebesfilm gleicht, einem nervenaufreibendem Actionfilm oder einem nie endenden Drama liegt natürlich vor allem an unserem Drehbuch, sprich: an unseren Gedanken, Emotionen, Glaubensmustern und Programmen.

Zusammenfassend kann man sagen, dass drei Dinge für unsere Ausstrahlung und unser Energiefeld entscheidend sind:

- Licht – ausgestrahlte, elektromagnetische Energien
- der persönliche Film – Emotionen, Glaubensmuster, Programme
- die Linse – gedanklicher Fokus/Körpersystem und Chakrasystem als Prisma, durch welches das Licht von innen nach außen gestrahlt wird

Wenn sich ein Mensch schlapp und energielos fühlt oder gar krank ist, strahlt er nicht genügend Licht aus. Seine Anziehungskraft auf licht- und liebevolle Menschen ist geschwächt. Dieser Mensch ist für seinen Traumpartner so gut wie unsichtbar, und wenn er schon einen Partner hat, wird er von diesem in seinen Bedürfnissen nicht wahrgenommen. Dieser geschwächte Zustand geht auf selbst erschaffene Umstände und Erfahrungen zurück, die wiederum ein Resultat des persönlichen Films aus Emotionen, Glaubensmustern und Programmen sind. Darüber, woher diese Emotionen, Glaubensmuster und Programme kommen und wie sie verändert werden können, erfahren Sie mehr in Teil 2 dieses

Buches (ab Seite 155). An dieser Stelle möchten wir Ihr Augenmerk lediglich auf einen ganz wichtigen Aspekt lenken: Sie können Ihr Energiefeld nicht verändern, sprich: nichts Neues anziehen, solange Sie noch am Alten festhalten.

Nur indem Sie sich von alten Emotionen und Energien trennen, schaffen Sie Platz für Neues.

Drei Dinge möchten wir Ihnen bewusst machen:

- Wenn Sie etwas verändern wollen, arbeiten Sie gegen Ihre eigenen Programme oder, um in unserem Bild zu bleiben, gegen das bisherige Drehbuch Ihres Lebensfilms.
- Sie werden es nicht leicht haben, weil Sie natürlich noch von den alten Energien umgeben sind.
- Sie müssen gegen Ihre unbewusste Angst vor Veränderungen ankämpfen.

Eine der größten, ganz natürlichen Ängste ist die Angst vor dem Neuen und Ungewohnten. Haben Sie schon einmal festgestellt, dass Sie zu neunzig Prozent immer die gleichen Lebensmittel im selben Geschäft kaufen? Dass Sie Lieblingsessen, Lieblingsbeschäftigungen und Lieblingsschmusedecken haben? Auch hier laufen unbewusste Programme ab.

Wenn Sie die Angst vor Veränderung jedoch überwinden und wirklich Raum für Neues schaffen möchten, können Sie schon heute damit beginnen. Lassen Sie alte Energien ganz bewusst los, indem Sie alle Schränke, den Keller und die Garage gründlich ausmisten. Trennen Sie sich von alten Schuhen und Kleidungsstücken, von Briefen, Papierkram und Büchern, die Sie nie mehr lesen werden, von geerbten Gegenständen und Geschenken (sie tragen die energetischen Muster ihrer Vorbesitzer). Kaufen Sie Lebensmittel ein, die Sie noch nie probiert haben, verändern Sie Ihren Haarschnitt, tun Sie Dinge, die Sie nie zuvor gemacht haben. Schon wenn Sie diesen Prozess in Gang setzen, beginnt sich Ihre Ausstrahlung zu verändern und es entsteht Platz für Neues.

Irgendwann, wenn all Ihre Klarheit und Ihre Energie zu Ihnen zurückkehrt, werden Sie in der Lage sein, Ihr Licht wie einen Laserstrahl zu fokussieren, um eindeutige Botschaften auszusenden, mit denen Sie garantiert die gewünschte Resonanz erzielen.

Dabei spielen allerdings auch Ihre Gedanken eine wichtige Rolle. Sie sind sozusagen die Linse, die Ihr Licht bündelt und verstärkt. Wenn wir unseren Fokus auf etwas richten, das wir erreichen möchten, und zum Beispiel sagen: »Ich wünsche mir einen liebevollen Partner«, dürfen wir nicht hinzufügen: »Hoffentlich kommt er auch.« In dem Moment, in dem wir etwas »hoffen«, bringen wir nämlich auch die Befürchtung ins Spiel, dass das Gewünschte eventuell auch nicht eintreffen könnte. Und wenn dieses Signal stärker ist als die eigentliche Botschaft, macht es diese wirkungslos. Wenn wir im Restaurant eine Pizza bestellen, »hoffen« wir schließlich auch nicht, dass das Essen kommt, sondern gehen ganz sicher davon aus. Diese Sicherheit strahlen wir als klares Signal aus, und solche klaren Signale sind auch für unsere Partnerschaften von entscheidender Bedeutung.

Heilung alter Verletzungen

Fast alle Menschen haben irgendwann traurige und schmerzvolle Erfahrungen in Partnerschaften gemacht. Sie wurden von einem geliebten Menschen vielleicht nicht verstanden, nicht ernst genommen, beleidigt, im Stich gelassen, verlassen, ignoriert, zurückgewiesen, verraten, betrogen, verurteilt, manipuliert, finanziell ruiniert, verwundet, missbraucht, misshandelt, terrorisiert. Die Liste ließe sich sicher noch fortsetzen (siehe Liste Seite 172 ff.). Dabei wünschen sich alle Menschen nichts sehnlicher, als geliebt zu werden.

Sie haben also wenig davon, wenn Sie über Ihre Eltern, den Partner oder andere Personen schimpfen, die Ihnen was auch immer in der Vergangenheit angetan haben. Das macht Sie nur zum Opfer – was andere Täter schon von Weitem spüren, denn von dieser Energie werden sie garantiert angelockt. Wenn Sie solche Menschen nicht als quälende Lebenspartner, ausbeutende Arbeitgeber oder terrorisierende Nachbarn anziehen wollen, sollten Sie die Wunden, die Ihnen in der Vergangenheit zugefügt wurden, so schnell wie möglich heilen und damit Ihr Energiefeld wirklich transformieren. Das gilt übrigens auch für bestehende Partnerschaften. Auch dort ändert sich nur etwas, wenn Sie beschließen, kein Opfer mehr zu sein, sich selbst genug zu lieben und die alten Verletzungen zu heilen.

Übung: Heilung und Transformation der Vergangenheit

Stellen Sie sicher, dass Sie ungestört sind. Legen Sie sich ganz entspannt und bequem hin. Vielleicht haben Sie leise Musik aufgelegt oder es ist ganz still.

Atmen Sie ein paar Mal tief ein und aus – und entspannen Sie sich noch mehr. Es wird immer ruhiger und ruhiger. Sie nehmen wahr, wie Ihr Herz ganz ruhig schlägt und Ihr ganzer Körper entspannt ist.

Rufen Sie nun Ihren Schutzengel und bitten Sie ihn, Sie an einen Ort zu bringen, wo Ihnen geholfen werden kann.

Stellen Sie sich nun vor, dass Sie sich an einem Ort befinden, wo Zeit und Raum nicht existieren, an einem Ort, wo Sie sich den Film Ihres Lebens noch einmal in aller Ruhe anschauen können. Dieser Ort sieht aus wie eine große Bibliothek, in der Tausende von Filmrollen gelagert werden.

Bitten Sie nun Ihren Engel, die Filmrollen mit Ihnen zu bearbeiten und Szenen auszuschneiden, die schmerzhaft und traurig für Sie waren. Sie brauchen sich nicht in allen Einzelheiten daran zu erinnern. Beschließen Sie einfach, das bisherige Drama in einen Liebesfilm mit Happy End zu verwandeln.

Schauen Sie den Engeln bei der Arbeit zu. Sie haben goldene Scheren und schneiden damit die unglücklichen Szenen aus Ihrem Leben. Anschließend werden Sie von den Engeln zu einem Liegestuhl geführt, in dem Sie es sich gemütlich machen können.

Die Engel geben Ihnen einen Kopfhörer und eine himmlische Cyberspace-Brille mit eingelassenen Bildschirmen. Während Sie sich im Liegestuhl entspannen, schauen Sie sich den bearbeiteten Film Ihres Lebens noch einmal an. Lassen Sie sich einfach berieseln. Alles geht leicht und einfach, denn an diesem Ort existiert Zeit einfach nicht. Alle unschönen Ereignisse Ihres Lebens sind jetzt harmonisch, liebevoll und so, wie Sie es sich immer gewünscht haben. Auch die kleinsten Teilchen in Ihrem Energiekörper-System wurden neu informiert. Ihr Bewusstsein hat sich verändert und somit auch Ihre Realität.

Die Engel stellen sicher, dass Sie sich in diesem Prozess gut fühlen. Jeder negative Gedanke, jede negative Emotion ist nun verwandelt. Sie fühlen sich gestärkt, sicher und geheilt. Sie empfinden ganz viel Liebe für sich selbst. Sie werden von nun an nur schöne Erlebnisse aus Ihrer Vergangenheit und Gegenwart in Erinnerung haben. Die positiven Schwingungen dieser Erlebnisse stimmen Sie fröhlich und gut gelaunt.

Die Engel helfen Ihnen nun aus dem Stuhl und bringen Sie ganz langsam wieder zurück. Bedanken Sie sich für ihre Hilfe und seien Sie sich jetzt wieder ganz Ihres physischen Körpers bewusst. Sie fühlen sich leichter und freier. Ihre Ausstrahlung ist positiv und liebevoll. Ihre Augen strahlen.

Sie können einen Teil dieser Übung wiederholen, indem Sie sich zum Beispiel abends vor dem Schlafengehen vorstellen, dass die Engel Ihnen den Kopfhörer und die himmlische Cyberspace-Brille aufsetzen, wo der schöne Film Ihres Lebens gespielt wird. Sie können sich diesen Film ansehen, so oft Sie möchten. Er wird sich immer positiv auf Ihr Bewusstsein und Ihr Unterbewusstsein auswirken. Sollten Sie trotz allem eine neue, für Sie negative Erfahrung machen oder eine traurige Nachricht erhalten, lassen Sie sich von den Engeln einfach wieder an den Ort ohne Zeit und Raum bringen, in den himmlischen Schneideraum, wo auch die neuen negativen Ereignisse aus dem Film Ihres Lebens geschnitten werden. Bleiben Sie positiv!

Freiheit durch energetische Trennung von einem Ex-Partner

Karin (42) ist seit zehn Jahren Single und alleinerziehende Mutter von Sohn Marcus. Jahrelang hegte sie tiefen Groll gegen ihren Ex-Mann, der sie wegen seiner Sekretärin verlassen hatte. Karin konnte keinen neuen Partner finden und gab zu, auch sexuell frustriert zu sein. Die Engel erklärten ihr, warum: *Karin, du bist immer noch »energetisch« mit ihm verheiratet.* Karin staunte über diese Aussage und verstand nicht sofort, was damit gemeint war. Die Engel erklärten, zwischen ihr und ihrem Ex-Mann gäbe es immer noch sogenannte ätherische Energie-Schnüre, die meist unbewusst ausgesendet werden. Diese Schnüre befinden sich im Energiekörper beider Personen und bewirken eine gegenseitige energetische Beeinflussung. Karins wohlhabender Ex-Mann fühlte sich schuldig, und sie konnte ihm nicht verzeihen. Karin bestand weiterhin auf hohe Unterhaltszahlungen und zapfte ihren Ex-Mann unbewusst auch energetisch an. Sie konnte ihn einfach nicht loslassen. Die Engel beschrieben die dicken, dunklen Energie-Schläuche, über die Karin noch mit ihrem Ex-Mann verbunden war. Im ersten Chakra (Basischakra) waren sie besonders stark. Laut Aussage der Engel war diese Verbindung auch die Ursache für Karins chronische Unterleibsbeschwerden und dafür, dass sie selbst keine sexuelle Energie ausstrahlte, die einen neuen Freund oder Intimpartner hätte anziehen können. Die Engel erklärten ihr außerdem, dass der Ehevertrag, den sie und ihr Mann auf der geistigen Ebene abgeschlossen hatten (bei der kirchlichen Trauung), trotz richterlichen Scheidungsspruchs nie aufgelöst worden war. Auf der Herzebene hatte Karin alle Liebe auf ihren Sohn Marcus projiziert. Er war in den letzten zehn Jahren ihr Ersatzpartner gewesen. Von Karins Herzchakra gingen Energieschläuche aus, die sich an ihren Sohn klammerten – voller Angst, auch er könne sie eines Tages verlassen.

Die Engel erklärten ihr, dass sie dadurch die Entwicklung ihres Sohnes (17) negativ beeinflusse, denn auch sein Energiekörper signalisierte: »Ich bin nicht frei. Ich habe schon eine Partnerin.« Dies hatte bisher bewirkt, dass er – im Gegensatz zu anderen Jungs in seinem Alter – keine Liebesbeziehung mit einem Mädchen aus der Schule eingehen konnte. Karin wurde nachdenklich und verstand die Aussagen der Engel. Sie wollte gesund und frei für einen neuen Partner sein, und natürlich wollte sie auch dem Glück ihres Sohnes nicht länger im Weg stehen. Sie war bereit, sich von den Engeln helfen zu lassen, und zwar mit den folgenden beiden Übungen.

Übung: Energetische Trennung vom Ex-Partner mit Erzengel Michael

Versetzen Sie sich in einen tiefen Entspannungszustand, atmen Sie ruhig und gelassen und bitten Sie Erzengel Michael, zu Ihnen zu kommen, indem Sie zum Beispiel sagen: »Erzengel Michael, bitte komm zu mir. Ich brauche deine Hilfe.«

Er kommt sofort und oft in Begleitung vieler anderer Engel. Bitten Sie ihn, mit seinem blauen Lichtschwert alle ätherischen Schnüre zu Ihrem Ex-Partner zu durchtrennen. Seien Sie sich bewusst, welche negativen Auswirkungen diese Verbindungen für Sie und/oder Ihren Partner hatten oder noch haben. Lassen Sie sich Zeit für diese Übung und bitten Sie Erzengel Michael, auch die Ursachen für diese negativen energetischen Verbindungen zu transformieren und für immer aufzulösen.

Zum Schluss bitten Sie Erzengel Michael, Sie und Ihren Ex-Partner mit der universellen göttlichen Energie zu verbinden, die Ihnen beiden Kraft gibt. Bitten Sie ihn, Ihren Energiekörper ebenso zu versiegeln wie den Ihres Ex-Partners, und bedanken Sie sich für seine Hilfe.

Übung: Energetische Auflösung alter Eheversprechen und Verträge

Seien Sie sich bewusst, dass diese Übung die negativen energetischen Verbindungen zu all Ihren Ex-Partnern beenden wird. Die Energien alter Verträge und Versprechen werden durch diese Übung transformiert.

Schließen Sie die Augen und ruhen Sie sich aus. Bitten Sie Ihren Schutzengel, Ihnen bei dieser Übung zu helfen, und rufen Sie auch Erzengel Metatron zur Hilfe.

Sie werden immer entspannter und ruhiger und sind jetzt bereit, in Ihrer Vergangenheit aufzuräumen. Die Engel führen Sie durch einen langen Gang. Immer weiter gehen Sie in Begleitung der Engel diesen Gang entlang. Sie spüren, dass Sie dieser Gang auch immer weiter in Ihre Vergangenheit führt. Die Zeit verliert immer mehr an Bedeutung. Mit jedem kleinen Schritt können Sie Jahre, Jahrzehnte und Jahrhunderte durchschreiten. Die Engel leuchten mit ihrem strahlenden Licht den Weg, während Sie immer weiter zurückgehen – zum Ursprung all Ihrer Inkarnationen.

Wenn Sie das Gefühl haben, dort angekommen zu sein, visualisieren Sie einen großen goldenen Schreibtisch. Sie sehen sich selbst als Seele an diesem Schreibtisch sitzen und beobachten, wie Sie den Plan für all Ihre Leben entwerfen und aufschreiben. Erzengel Metatron steht Ihnen dabei zur Seite.

Da fällt Ihr Blick auf einen Stapel Verträge, von denen Sie wissen, dass sie abgelaufen sind. Es sind Verträge, die Sie irgendwann mit Ex-Partnern und anderen Menschen abgeschlossen haben und die Ihnen in ihrer jetzigen Form nicht mehr dienlich sind. Vielleicht erkennen Sie die Namen der Vertragspartner, aber vielleicht wissen Sie auch einfach nur, dass es Zeit ist, diese alte Ablage aufzuräumen.

Sie können die Engel nun bitten, einen ganz bestimmten Vertrag auf diesen Stapel zu legen, damit er vernichtet werden kann. Neben dem Schreibtisch steht ein großer Schredder, dem Sie die alten Verträge zur Vernichtung übergeben können.

Nun atmen Sie tief ein und aus und sagen: »*Kraft meines freien, göttlichen Willens erkläre ich die Verträge mit all meinen Ex-Partnern hiermit für beendet. Ich löse die Vertragsverhältnisse fristlos auf und befreie mich von allen Versprechen, Schwüren und Gelübden – seien sie aus diesem oder aus früheren Leben.*«

Nun fegen die Engel die Papierschnipsel zusammen, die von den Verträgen übrig geblieben sind, und werfen sie in einen großen Transformator. Dort werden sie für alle beteiligten Personen transformiert und sind von nun an neutral.

Nehmen Sie nun wahr, wie sämtliche Energien, die Sie an diese Verträge gebunden hatten, Ihr Körpersystem verlassen. Wie von einem Magnet werden sie zu ihrem Ursprung zurückgezogen und in ihrer Wirkung neutralisiert.

Sie können den Unterschied deutlich spüren. Es fühlt sich an, als sei eine alte Last von Ihnen genommen worden. Sie wissen: Es ist abgeschlossen und für immer vorbei.

Nun reichen Ihnen die Engel ein Zertifikat, auf dem Ihr Name und das Wort *Freiheit* steht. Freudig nehmen Sie es entgegen und lassen sich dann von den Engeln in einem himmlischen Gefährt zurückbringen. Sie fühlen sich frei, erleichtert und beschwingt. Und sind dankbar. Diese Energien strahlen Sie von nun an aus – für alle sichtbar und fühlbar.

Stärkung der Anziehungskraft durch energetische Reinigung

Über das aus unserer Sicht sehr wichtige Thema der energetischen Reinigung wird kaum gesprochen, obwohl es sowohl bei der Partnersuche als auch in bestehenden Partnerschaften eine große Rolle spielt (siehe Beispiel René und Robert, Seite 243).

Unsere Klientin Claudia (34) war Ärztin und sehr gut aussehend. Sie gab viel Geld für Kleidung und Kosmetik aus und war seit zwei Jahren wieder auf der Suche nach einem Mann fürs Leben. Als Urlaub buchte sie grundsätzlich teure Single-Reisen auf die Seychellen und die Malediven – immer in der Hoffnung, endlich ihrem Traumprinzen zu begegnen und bald wieder glücklich zu sein. Jedes Mal wenn sie den Speisesaal des jeweiligen Hotels betrat, drehten sich viele Männer nach ihr um, aber nie bekam sie wirklich Anschluss. Und wenn sie am Ende zwar sonnengebräunt, aber immer noch einsam wieder nach Hause fuhr, war sie frustriert. Auch sie fragte sich: »Woran liegt es bloß, dass sich kein Mann an mich rantraut?«

Die Engel erklärten Claudia zu ihrer Überraschung, dass sie in Wirklichkeit gar nicht allein sei. Ihr langjähriger Freund Manfred war bei einem Motorradunfall ums Leben gekommen und auch nach seinem Tod nicht von Claudias Seite gewichen. Wie die Engel ihr deutlich machten, hatte Manfred einfach nicht begriffen, dass er tot war. Also blieb er weiterhin in Claudias Nähe beziehungsweise in ihrer Aura, um sie zu trösten und auf sie aufzupassen. Claudia weinte, als sie das hörte, denn Manfred war ihre große Liebe gewesen. Sie hatte vorgehabt, ihn nach Abschluss ihres Studiums zu heiraten und eine Familie mit ihm zu gründen. Um den schmerzlichen Verlust dieses geliebten Menschen zu überwinden, hatte sich Claudia nach dem tragischen Unfall sieben Jahre lang ganz auf ihre Arbeit in der Klinik konzentriert. Sie wollte anderen Menschen helfen und ihren eigenen Schmerz vergessen. Erst auf der Hochzeit ihrer Schwester hatte sie wieder angefangen, über die Gründung einer eigenen Familie nachzudenken.

Die Engel machten Claudia weiterhin klar, dass sie aufgrund ihrer Trauer wie ein Magnet auf die Seelen von Verstorbenen wirkte und dass sich auch in der Klinik einige der sogenannten orientierungslosen Seelen an sie geheftet hatten. Dann halfen sie ihr, sich von Manfred zu verabschieden und sich auch von den anderen Seelen energetisch zu trennen. Claudia war erleichtert und konnte nun endlich wieder lachen. »Kein Wunder, dass andere Männer einen großen Bogen um mich gemacht haben«, sagte sie. »Manfred war ziemlich eifersüchtig.« Claudia achtet seitdem darauf, ihre Aura regelmäßig energetisch zu reinigen. Ihre Ausstrahlung und damit auch ihre Anziehungskraft haben sich völlig verändert. Das fiel auch ihrem Kollegen Uwe auf. Der Stationsarzt traute sich endlich, Claudia zum Essen einzuladen. Er war schon lange in sie verliebt gewesen, aber bislang immer nur heimlich, denn »irgendetwas« hatte ihn stets davon abgehalten, Claudia seine Gefühle mitzuteilen …

Meditation zur Stärkung der Anziehungskraft

Nehmen Sie sich Zeit und sorgen Sie dafür, dass Sie nicht gestört werden. Schließen Sie die Augen und atmen Sie ein paar Mal tief ein und aus.

Es ist Ihr Wunsch, Ihre Anziehungskraft zu stärken und Ihr Licht hell erstrahlen zu lassen. Laden Sie also Ihre Schutzengel, die Engel der Schönheit, die Engel der Liebe und die Engel der Heilung ein und bitten Sie diese Engel, Sie zu dem heilenden Wasserfall zu führen, wo Ihr Wunsch in Erfüllung gehen kann …

Sie stehen nun vor dem Wasserfall und bemerken, dass Sie einen schweren Rucksack auf dem Rücken tragen und in den Taschen Ihrer Kleidung viele Gegenstände, die magnetisch angezogen haben, was Ihnen in der Vergangenheit nicht gefallen hat. Legen Sie also den Rucksack ab und leeren Sie Ihre Taschen. Übergeben Sie den Engeln der Heilung alles, was darin war.

Legen Sie sich nun in das grüne Gras. Machen Sie es sich bequem und ruhen Sie sich aus. Sie haben einen langen Weg hinter sich.

Nehmen Sie wahr, wie das Gras fluoreszierend leuchtet. Es ist nämlich gar kein richtiges Gras, sondern eine Schicht aus heilender Energie, die von der Erde ausstrahlt. Die Engel bieten Ihnen an, blockierende Energien, Glaubensmuster und Programme mit Hilfe dieser Erdenergie zu transformieren. Dazu gehören auch alle Energien der Disharmonie, des Streits und des Kummers, die Sie bislang in Partnerschaften erfahren haben. Die Engel räumen in all Ihren emotionalen und energetischen Schubladen auf und entfernen sämtliche Anhaftungen. Auch die Erde selbst fühlt sich sehr kraftvoll an – wie ein starker Magnet, der alle negativen Energien aufsaugt, reinigt und als heilende, positive Energien wieder an Sie zurückgibt. Lassen Sie sich Zeit mit diesem Prozess. – Es fühlt sich gut an, als wäre eine große Last von Ihnen abgefallen. Im Hintergrund hören Sie nun deutlich das Rauschen des Wasserfalls. Sie möchten sich erfrischen und noch mehr reinigen. Die Engel helfen Ihnen beim Aufstehen und führen Sie zum Wasserfall. Die Temperaturen sind angenehm warm und auch das Wasser selbst fühlt sich angenehm an. Es ist ganz weich, und Sie merken, dass auch dieses Wasser etwas Besonders ist. Es ist ein Elixier der Reinigung, der Heilung und der Liebe.

Treten Sie nun unter den Wasserfall und lassen Sie das Energie-Wasser über Ihren physischen Körper laufen. Es prickelt angenehm auf der Haut, und die einzelnen Wassertropfen glitzern in der Sonne. Der ganz feine Wasserdampf, der nun entsteht, dringt jetzt auch in Ihren Körper ein. Nun können Sie diese wundervolle Energie wie ein Schwamm in sich aufsaugen. Sie reinigt und harmonisiert all Ihre Chakren und Ihre ganze Aura. Alles, was bisher wie eine dichte Schicht über Ihrem wahren Wesen lag und Ihr wahres Licht verdunkelt hat, löst sich nun komplett auf. Sie tanken Kraft und schauen sich nun Ihre Zellen an. Sie strahlen und leuchten in einem wunderschönen göttlichen Licht und schenken Ihnen ein ganz neues Körpergefühl, ein ganz neues Lebensgefühl. Ihr Herz schlägt ruhig und kraftvoll.

Nun, nachdem Sie ganz gereinigt und vollkommen erfüllt sind von Ihrer eigenen wundervollen Energie, wird Ihnen bewusst, wie schön und liebenswert Sie sind. Die Engel reichen Ihnen nun ein Handtuch und helfen Ihnen, sich damit abzutrocknen. Gleichzeitig versiegeln sie Ihre Aura und bauen einen Schutzschild um Sie herum auf. Dann reichen sie Ihnen ein besonderes Gewand. Es ist ganz fein und hat die spezielle Eigenschaft, Ihre inneren Werte und Qualitäten zu stärken und im außen zu spiegeln.

Jetzt strahlen Sie regelrecht, und die Energie der Liebe, der Zuversicht, des Glücks und der Harmonie ist deutlich in Ihrer Aura zu erkennen. Ihre besonderen Energiewellen werden in das ganze Universum ausgesandt und treffen dort auf die Menschen, die Ihnen entsprechen und nur darauf warten, in Ihr Leben zu kommen. Diese Menschen kennen Ihre Herzenswünsche und werden Sie genau so lieben, wie Sie sind.

Lassen Sie sich nun von den Engeln wieder ins Wachbewusstsein zurückbringen.

Positive Gedanken und Glaubensmuster

So wie Qualität und Menge der Nahrungsmittel, die Sie zu sich nehmen, darüber entscheiden, wie Sie aussehen, haben Ihre Gedanken Einfluss auf Ihre Emotionen und die Energien, die Sie ausstrahlen. Wir wollen Ihnen am Beispiel von Kelly deutlich machen, wie Sie Ihre Ausstrahlung durch die Kraft Ihrer Gedanken positiv verändern können.

Kelly (29) war irritiert über ihr Liebesleben. Sie sah gut aus und hatte keine Schwierigkeiten, Männer kennenzulernen. Schon zu ihrer Schulzeit hatte sie viele Verehrer gehabt. Anfänglich lief auch immer alles ganz prima, doch spätestens nach drei, vier Monaten entpuppten sich ihre Traummänner immer als das genau, was sie auf gar keinen Fall wollte: Nicht nur verloren sie das Interesse an ihr, sondern benahmen sich ihr gegenüber auch unfair und gemein. Oft stand Kelly vor dem Spiegel und dachte: »Es wäre sicher besser, noch ein paar Kilo abzunehmen. Vielleicht bin ich ja wirklich eine Nervensäge. Vielleicht sollte ich meine Nase operieren lassen.« Sie war unglücklich und bat die Engel, ihr die Ursache für ihre Misere zu zeigen.

Die Engel machten ihr deutlich, dass ihr Selbstwertgefühl seit ihrem sechsten Lebensjahr gestört war und sie jeden Tag unbewusst zahlreiche negative Gedanken aussandte, die nur Kritik und Desinteresse als Resonanz hervorriefen. Unterschwellig war Kelly leicht depressiv und traurig, und das Licht, das sie ausstrahlte, war schwach und verschwommen. Die Engel halfen ihr, die Ursachen für ihr mangelndes Selbstwertgefühl zu heilen und ermutigten sie, von nun an auf alle selbstkritischen Gedanken zu achten und diese sofort durch liebevolle Gedanken zu ersetzen. Kelly führte ein Gedankentagebuch und achtete auch darauf, Kritik von anderen nicht mehr einfach zu akzeptieren.

Sehr bald fühlte sie sich besser, und schon sechs Monate später lernte sie einen liebevollen, attraktiven Mann kennen. Äußerlich hatte Kelly sich nicht verändert. Sie war nicht dünner geworden, und ihre Nase hatte sie auch nicht operieren lassen. Doch sie lächelte viel, strahlte regelrecht, und ihre Augen leuchteten wie der funkelnde Diamant, den sie nun als Zeichen ihrer Verlobung am Finger trug. Jahre später fand sie beim Umzug das Gedankentagebuch, das ihr damals geholfen hatte, sich selbst zu lieben und ihre Anziehungskraft zu verändern.

Die meisten Menschen sind sich ihrer Gedanken nicht bewusst. Wenn Sie geliebt werden wollen, sollten Sie unbedingt darauf achten, welche Gedanken, das heißt, welche Energiesignale Sie aussenden. So wie Ihr physischer Körper oder auch Ihr Parfüm einen angenehmen oder eher unangenehmen Duft verbreitet, senden auch Ihre Gedanken angenehme oder eher unangenehme »Duftstoffe« aus. Was denken Sie über sich selbst?

Übung: Das Gedankentagebuch

Achten Sie besonders auf alle negativen Gedanken, die Sie über sich selbst oder Ihren Partner haben. Notieren Sie diese jeweils auf der linken Seite Ihres Buches und lassen Sie die gegenüberliegende Seite frei. Machen Sie diese Übung etwa eine Woche lang und lesen Sie Ihre Gedanken anschließend noch einmal durch. Gibt es Gedanken, die immer wiederkehren? Erkennen Sie Glaubenssätze und Muster?

Schreiben Sie nun auf die rechte Seite jeweils einen Satz, der die umgekehrte Bedeutung des entsprechenden Satzes auf der linken Seite hat, also positiv ist. Vermeiden Sie den Gebrauch von Wörtern wie *nicht* oder *kein,* also alle negativen Formulierungen, denn die werden von Ihrem Unterbewusstsein überhört. Formulieren Sie eindeutig positiv. Zum Beispiel:

Ich fühle mich hässlich.	Ich fühle mich attraktiv.
Ich bin nicht liebenswert.	Ich verdiene es glücklich zu sein.
Ich gerate immer an den Falschen.	Ich bin ein Magnet für meine große Liebe.

Bitten Sie die Engel um Unterstützung. Vereinbaren Sie, dass alle negativen Gedanken und Glaubensmuster über sich selbst (oder Ihren Partner) gelöscht und die entsprechenden Energiesignale in positive Signale umgewandelt werden. Machen Sie dazu eine kleine Meditation.

Sobald Ihnen negative Gedanken auffallen, können Sie auch einfach rufen: »Liebe Engel, bitte löschen!« Denken Sie neue, liebevolle Gedanken, und die Resonanz, die Sie bekommen, wird dem entsprechen.

Die zehn wichtigsten Schritte zur Veränderung der Anziehungskraft

1. Teambildung mit den Engeln (siehe Vorwort)
2. Übungen zur Selbstliebe und Akzeptanz (siehe Kapitel 1)
3. Das Gedankentagebuch (siehe oben)

4. Reinigung der Energiefeldes (siehe Kapitel 4)
5. Verzeihen und Loslassen von Schuld (siehe Kapitel 4)
6. Energetische Trennung von negativen Partnerschaften (siehe Kapitel 4)
7. Auflösung alter Verträge und Versprechen (siehe Kapitel 4)
8. Heilung alter Verletzungen (siehe Kapitel 4)
9. Transformation der Emotionen und Programme (siehe Teil 2)
10. Ausrichtung und Fokus auf die Frequenz der Liebe (siehe Kapitel 1)

KAPITEL 5

Wo ist mein Seelenpartner?

Die Überzeugung, dass es den einen, den einzig wahren Partner, den Richtigen oder die Richtige geben muss, scheint unausrottbar – auch wenn sie, ganz rational betrachtet, eher ins Reich der Märchen und Fabeln zu gehören scheint. Dort gibt es den Traumprinzen, auf den die Traumprinzessin nur lange genug warten muss, in allen möglichen Ausführungen. Er kommt meistens auf einem weißen Pferd angeritten und befreit die Auserwählte aus ihren miserablen Lebensumständen (Aschenputtel), und sogar wenn sie eigentlich schon tot ist, kann er sie noch retten (Schneewittchen). Alles wird gut. Es gibt immer ein Happy End. Kinofilme, die diese Art von Märchen geschickt auf die heutige Zeit übertragen (zum Beispiel »Pretty Woman«) füllen die Kassen. Die Traumhochzeit und das lebenslange Glück – das gibt es in Büchern, im Kino und im Fernsehen, und das soll auch unsere Realität werden, denn wir haben es verdient. Oder etwa nicht?

Nehmen wir mal an, mit unserer Selbstliebe und unserer Anziehungskraft sei so weit alles in Ordnung. Wir haben gelernt, dass wir keine Schönheitsoperationen brauchen, denn wir wollen ja um unser selbst willen geliebt werden. Fehlt also nur noch der Traumprinz. Und der heißt in spirituellen Kreisen Seelenpartner, Zwillingsflamme (Dualseele) oder Monadengefährte. Unter Monade versteht man ein Energiefeld mit unzähligen Bewusstseinpunkten. Der individuelle Bewusstseinspunkt (Monadenpunkt) ist der oberste Punkt unseres gesamten Wesens, das »Ich Bin«. (Brian Grattan: *Mahatma I & II*, Abbildung S. 354)

Doch woran erkennen wir, ob jemand wirklich unser Seelenpartner ist? Und können wir eventuell mehr als einen davon haben, denn vom letzen »Seelenpartner« sind wir womöglich schon geschieden. Und was ist das überhaupt, ein Seelenpartner, eine Zwillingsflamme oder ein Monadengefährte?

Was ist eine Zwillingsseele?

Jede Monade besteht aus unzähligen Bewusstseinseinheiten. Sie erschafft zwölf Seelen, und jede Seele bringt ihrerseits wieder zwölf Seelenausdehnungen hervor, die sich im Universum inkarnieren. Die menschliche Seele ist also eine von zwölf Ausdehnungen derselben Seele. Zur Vereinfachung kann man sich eine Monade wie eine Energiewolke vorstellen, die aus einer Ansammlung von vielen Wassertröpfchen bzw. Energieteilchen besteht. Die menschliche Seele (eigentlich Seelenausdehnung) kann man sich wie einen dieser Wassertropfen vorstellen, und zwar mit einem vorwiegend weiblichen und einem vorwiegend männlichen Teil, ähnlich wie das Ying/Yang-Zeichen.

Diese beiden Teile werden Zwillingsseelen oder Zwillingsflammen genannt. Eine Trennung erfolgt ähnlich wie bei der Teilung einer Eizelle bei eineiigen Zwillingen in Zwillingsembryonen, und die weitere Entwicklung findet unabhängig voneinander statt. Eine enge energetische Verbindung bleibt jedoch immer bestehen, unabhängig davon, wo sich die Zwillinge aufhalten. Es ist möglich, dass ein Zwilling in einem physischen Körper inkarniert, während der andere in der geistigen Welt bleibt oder auf einem anderen Planeten inkarniert.

Jeder Zwilling hat immer sowohl weibliche als auch männliche Energien. Sie in Balance zu halten ist eine der Aufgaben auf dem weiteren Entwicklungsweg durch zahlreiche Inkarnationen in einem weiblichen oder einem männlichen Körper.

Mit der energetischen Anziehung zwischen zwei Menschen lässt sich auch das Phänomen der Homosexualität erklären. Dass ein physischer Körper weibliche beziehungsweise männliche Geschlechtsmerkmale hat, heißt noch lange nicht, dass der Bewohner (Seelenausdehnung) dieses Körpers überwiegend weiblich beziehungsweise männlich ist. In den meisten homosexuellen Partnerschaften ist deutlich zu erkennen, wer aus energetischer Sicht überwiegend weiblich beziehungsweise männlich ist.

Es kommt jedoch sehr selten vor, dass jemand eine Beziehung mit seiner Zwillingsseele eingeht. Auf der spirituellen Ebene besteht generell kein Interesse an einer solchen Verbindung, nicht zuletzt, weil sie die eigene Weiterentwicklung enorm erschweren würde. Die Anwesenheit einer Zwillingsseele verstärkt alle noch vorhandenen negativen Muster um ein Vielfaches – und das wäre für viele Menschen zu schmerzhaft und kaum auszuhalten. Von »Zwillingsflamme« spricht man auch deshalb, weil man bis zur Wiedervereinigung mit ihr alle Negativität transformiert haben sollte, denn sonst könnte man in der Intensität der Begegnung regelrecht »verbrennen«. Die magnetische Anziehung einer »gereinigten« Zwillingsflamme wäre so kraftvoll, dass die Einzelnen in so einer Partnerschaft wahrscheinlich ihre eigene Identität verlieren würden. Ihre Energiefelder würden quasi miteinander verschmelzen. Diese Form der Einswerdung ist auf der höchsten spirituellen Ebene sicherlich erfüllend, doch solange ein Mensch die Meisterschaft noch nicht erreicht hat, ist sie für den normalen menschlichen Alltag aus unserer Sicht nicht erstrebenswert.

Was ist ein Monadengefährte?

Die Wahrscheinlichkeit, einem Monadengefährten, das heißt, einer Person aus der gleichen Seelenfamilie zu begegnen, ist wesentlich größer. Eine Monade erzeugt, wie oben schon gesagt, zwölf Seelen, und jede dieser Seelen bringt wiederum zwölf Seelenausdehnungen beziehungsweise Primärseelen hervor, die sich in der physischen Welt inkarnieren können. Es gibt also theoretisch einhundertvierundvierzig Möglichkeiten, einer Person zu begegnen, die aus derselben Seelenfamilie stammt, wobei nicht alle Ausdehnungen einer Seele gleichzeitig auf der Erde inkarniert sind. Man muss allerdings auch verstehen, dass Zwillingsflammen oder Seelenausdehnungen aus derselben Monade völlig unterschiedlich sein können. Alter, Geschlecht, Kulturkreis, Hautfarbe, Religion und Sprache kommen als Erkennungsmerkmale eines Monadengefährten nicht infrage. Es ist auch möglich, dass zwei Monadengefährten überhaupt kein körperliches Interesse aneinander haben und dass sie sich im persönlichen Umgang eher wie »Hund und Katze« benehmen. Die Anziehungskraft, die sie aufeinander ausüben, wird dennoch immer sehr groß sein. Eine Partnerschaft werden sie jedoch eher auf der spirituellen Ebene als auf der physischen Ebene führen.

Was ist ein Seelenpartner?

Eine Seelenpartnerschaft kommt zustande, wenn zwei Menschen, die eine Seelenverbindung haben, eine Beziehung eingehen. Vielleicht waren sie schon in vergangenen Leben zusammen, vielleicht aber auch nicht. Es ist wahrscheinlich, dass sie sich gleich bei der ersten Begegnung erkennen oder plötzlich Liebe füreinander empfinden, obwohl sie sich in der jetzigen Inkarnation noch nie begegnet sind. Auch kommt es vor, dass sie sich bereits beim ersten intimen Zusammentreffen so vertraut sind, als wären sie schon fünfzig Jahre verheiratet. Seelenpartner müssen aber nicht zwangsläufig auch Liebespartner sein. Auch Geschwister, Eltern, Freunde oder sogar Tiere sind oft Seelenpartner und die Verbindung mit ihnen bleibt nicht selten ein Leben lang bestehen. In jedem Fall ist ein Seelenpartner ein Spiegel, der uns zeigt, woran wir noch arbeiten müssen. Oft haben Seelenpartner auch eine gemeinsame Aufgabe oder einen heiligen Dienst zu erfüllen (beispielsweise haben Maria und Joseph die Verantwortung für Jesus Christus übernommen). Es ist übrigens möglich, mit mehreren Seelenpartnern eine Partnerschaft einzugehen und diese auch wieder zu beenden. Häufig wird Seelenpartnerschaft aber auch mit karmischer Partnerschaft verwechselt. Und schließlich ist die Tatsache, dass man einmal einen Seelenpartner gefunden hat, keine Garantie dafür, dass die Beziehung in ihrer irdischen Form für immer bestehen bleibt.

Der Mythos von der großen Liebe

Es ist natürlich verständlich, dass viele Menschen auf der Suche nach der großen Liebe und dem »perfekten« Partner sind, aber wir finden, man sollte sich nicht in erster Linie darum kümmern, ob derjenige nun die Zwillingsseele, der Monadengefährte oder der Seelenpartner ist. In jeder Partnerschaft werden wertvolle Erfahrungen gemacht, die zur spirituellen Weiterentwicklung beitragen. Machen Sie also nicht den

Fehler, sich selbst oder Ihren Partner zu verurteilen, wenn Ihre bisherigen Beziehungen augenscheinlich schiefgelaufen sind. Die Engel empfehlen, sich das Leben lieber wie einen Hindernislauf vorzustellen, bei dem verschiedene Hürden genommen werden müssen, bis man schließlich ans Ziel gelangt. Und jede einzelne Hürde ist wichtig! Auch eine schwierige Beziehung oder eine gescheiterte Ehe kann eine solche Hürde sein. Viele Menschen, die in unglücklichen Beziehungen sind, halten insgeheim nach ihrem Seelenpartner Ausschau, weil sie glauben, mit ihm würde alles viel einfacher. Sie verstehen nicht, dass der jetzige Partner genau der Richtige ist, denn er bietet ihnen die Chance, Angst, Enttäuschung, Misstrauen, Hass, Opferprogramme und alle Aspekte des menschlichen Egos zu transzendieren und zu heilen, und zwar auf allen Ebenen – physisch, mental, emotional und spirituell. Der Ursprungsschmerz, der sich sowohl auf der körperlichen Ebene als auch auf der psychischen Ebene zum Ausdruck bringt, geht auf die Überzeugung oder das Glaubensmuster zurück, von Gott und voneinander getrennt zu sein. Die Geschichte von Adam und Eva ist die Urgeschichte aller Zwillingsflammen. Sie durften ein harmonisches Leben im Paradies führen, bis sie aus dem Zustand der Perfektion vertrieben wurden. Infolgedessen haben sie in vielen Inkarnationen Kummer und Leid erfahren. Sie wurden von der Kirche als Sünder bezeichnet, sie fühlten sich schuldig, und manche würden sagen, sie haben es nicht anders verdient, weil sie ungehorsam waren (wir nennen das urteilen über sich selbst und andere »Richterprogramm«). Dies alles basiert auf der Annahme eines strafenden Gottes, die wir nicht teilen, denn für uns ist Gott gleichbedeutend mit Liebe. In vielen dramatischen Liebesgeschichten, die wir aus unserer Praxis kennen, scheint unterschwellig die Energie der Selbstbestrafung eine Rolle zu spielen, die meist auf folgenden Glaubensmustern beruht: »Ich bin schuldig, Ich bin ein Sünder, Ich bin der Liebe nicht würdig, Ich habe es nicht verdient geliebt zu werden.« Bitte prüfen Sie Ihre eigenen Glaubensmuster, damit Sie nicht unbewusst ein Drama kreieren. Sie haben ein Recht auf Liebe!

Wir wissen nicht, welche Schuldgefühle oder Glaubenssätze in weltbekannten Liebesdramen eine Rolle gespielt haben, aber sie scheinen nicht den Eindruck vermitteln zu wollen, die große Liebe sei etwas Erstrebenswertes. Auch wenn es den Anschein hat, als seien Liebende wie Romeo und Julia oder Tristan und Isolde Zwillingsseelen oder Seelenpartner gewesen, enden ihre Geschichten in Leid, Tragik oder Tod.

Warum geht in Partnerschaften nicht immer alles glatt?

Warum gibt es in Partnerschaften so viele Hürden und Hindernisse zu überwinden? Bei jeder Begegnung mit dem Partner findet ein Energieaustausch statt. Und weil jeder Mensch in seinem Energiefeld viele Ecken und Kanten hat, die sich auf ungute Weise verhaken können, ist dieser Energieaustausch nicht immer harmonisch. Das menschliche Energiefeld besteht aus vielen kleinen Teilchen, von denen manche eben auch zackig sind oder scharfe Ränder haben oder unterschiedliche energetische Ladungen. Wenn diese Teilchen aufeinandertreffen, entsteht Reibung. Dann kommt es beispielsweise vor, dass sich eine Situation oder ein Gespräch erhitzt und in Form eines Streits energetisch entlädt.

Ein Austausch von Energie findet übrigens nicht nur zwischen Menschen statt, sondern auch in anderen Situationen. Wenn wir essen, nehmen wir die Energie der Pflanzen oder des Tieres in unser Energiefeld auf. Wenn wir an einem Ort sind, wo man lacht oder sich freut, nehmen wir eine andere Energie auf, als an einem Ort, wo viel Leid geschieht. Jeder Kontakt mit anderen Energieteilchen beeinflusst uns. (Legen Sie an dieser Stelle ruhig mal eine kleine Denkpause ein und finden Sie heraus, mit wem oder was Sie im energetischen Austausch stehen und wie Ihr Leben dadurch beeinflusst wird.) Leben ist in der Tat ein ständiges Geben und Nehmen von Energie, ohne dass wir uns darüber immer bewusst sind.

Hinzu kommt, dass sich Menschen im Laufe der Jahre verändern. Der Partner, den Sie heute haben, ist nicht mehr derselbe, den Sie irgendwann einmal kennengelernt haben. Und jeder Mensch verändert sich auch durch den jeweiligen Partner innerhalb einer Partnerschaft. Oft hört man dann vom Partner oder von langjährigen Freunden: »Früher warst du aber ganz anders.« Das Gleiche passiert oft auch zwischen Menschen und Hunden, die sich mit der Zeit immer ähnlicher werden. Wenn man sich selbst immer wieder auf der Energieebene betrachten würde, könnte man sehr deutlich beobachten, wie sich die Energieteilchen und auch die Zellen unseres Körpers kontinuierlich erneuern. Wir sind also tatsächlich »anders als früher«.

Auf diese Weise lässt sich auch erklären, warum Kinder jung halten: weil wir im energetischen Austausch mit ihnen stehen und weil ein Teil der jungen, schnell schwingenden Energieteilchen in unsere Energiewolke übergeht und unsere eigenen Energieteilchen in Wallung bringt. Darum ist auch Lachen »ansteckend«. Und was passiert, wenn wir regelmäßigen Kontakt zu Engeln haben? Auch hier kann man davon ausgehen, dass sich ein Teil unserer Energiewolke mit jener der Engel mischt beziehungsweise, dass sich durch die hohe Schwingungsebene der »Engelteilchen« unsere eigenen energetischen »Teilchen« verändern.

Unsere Seele – der göttliche Teil von uns – strebt immer zurück zur Ganzheit. Die sogenannten Hindernisse auf dem Weg zu dieser Ganzheit (zur Einheit mit Gott oder auch zur Meisterschaft) dienen dazu, neue Erfahrungen zu nutzen, um die eigenen Ecken und Kanten besser zu erkennen, die auch als das menschliche Ego bezeichnet werden können. Das menschliche Ego ist alles, was nicht Gottesbewusstsein ist, also alle negativen Emotionen, Glaubensmuster und Programme. Wenn diese transformiert sind, verändert sich der Bewusstseinszustand. Dann bleibt nur noch der göttliche Teil in uns, und der ist reine, bedingungslose Liebe – das, wonach wir uns wirklich sehnen!

Kein Partner kann uns reine, bedingungslose Liebe geben, wenn diese Liebe nicht unser und auch sein Bewusstseinszustand ist. Es liegt nicht daran, dass wir an den Falschen geraten sind. Im Gegenteil, der »Falsche« hilft uns, unsere roten Knöpfe so lange zu drücken, bis wir die Ursache dieser Emotion (roter Knopf) transformiert haben. Wenn wir uns von ihm trennen, bevor dies geschehen ist, wird der nächste Partner die gleiche Knopfdrücker-Funktion übernehmen. Den Schlüssel für eine liebevolle Partnerschaft haben wir nämlich selbst in der Hand!

Wenn sich unser Bewusstseinszustand verändert hat und wir uns weiterentwickelt haben, unser Partner dies aber so nicht getan hat und auch nicht tun will, ist eine Trennung wohl unvermeidlich. Wenn wir die Hürden jedoch gemeinsam genommen haben, wird auch die Partnerschaft weiter bestehen. Es ist, als wären in dem gemeinsamen Prozess alle Ecken und Kanten abgeschliffen worden. Jetzt kann man als Partner noch enger zusammenrücken.

Karma und Partnerschaften

Manche Menschen verwechseln das Zusammentreffen mit einem vermeintlichen Seelenpartner oder einer Zwillingsseele, der oder die eine große Anziehungskraft auf sie ausübt, mit einer karmischen Begegnung. Das passiert leicht, da karmische Partnerschaften ebenfalls auf sehr starken Verbindungen beruhen, die oft in mehreren gemeinsamen Inkarnationen entstanden sind.

Unter »Karma« versteht man die Auswirkung der eigenen Handlungen in verschiedenen Inkarnationen. Sie können es auch mit einem »seelischen Bankkonto« vergleichen. Wir beginnen dieses Leben mit einer Vorgeschichte, der wir uns nicht bewusst sind. Andererseits wissen wir, dass uns Hypnose und Rückführungen durchaus Zugang zu früheren Leben ermöglichen.

Viele unserer Emotionen und Programme sind lange vor unserer Geburt entstanden. Es kann zum Beispiel sein, dass Sie ein großes Minus auf Ihrem seelischen Bankkonto haben, weil Sie mehreren Personen durch negative Handlungen in der Vergangenheit (Verurteilung, Verlassen von Familienmitgliedern, Vergewaltigung, Missbrauch, Hass, Mord etc.) etwas schuldig geblieben sind. Die Seele aber strebt, wie wir wissen, nach Ganzheit, Harmonie und Liebe und will die »alten Schulden« unbedingt begleichen, damit sie diesen himmlischen Zustand wieder erreichen kann. Also sucht sie die Begegnung mit der betreffenden Person aus der Vergangenheit. Ein früherer »Täter« wird großes Interesse daran haben, seine karmischen Schulden zu begleichen, während ein früheres »Opfer« in der neuen Partnerschaft idealerweise lernt zu lieben und zu verzeihen und das Opferprogramm so endlich zu transformieren. Solche karmischen Partnerschaften findet man in fast allen Familien, langjährigen Freundschaften und auch in Arbeitsverhältnissen.

Ein gutes Beispiel ist das unserer Klientin Stefanie, die als Assistentin der Geschäftsführung in einem großen High-Tech-Unternehmen tätig war. Gleich nach dem Studium hatte sie sich dort beworben und war unter Hunderten ausgewählt und zu einem Vorstellungsgespräch eingeladen worden. Schon beim ersten Gespräch mit ihrem zukünftigen Chef hatte sie das Gefühl, ihn schon länger zu kennen. Beide waren sich auf Anhieb sympathisch, und Stefanie wurde eingestellt. Der Terminkalender des erfolgreichen Unternehmers war randvoll, und Stefanie hatte als seine Assistentin von Anfang an sehr lange Arbeitstage. Die Einarbeitungszeit war hart, und der neue Job war alles andere als ein Zuckerschlecken. Sie versuchte, alles so gut wie möglich zu machen. Das war sie gewohnt, denn sie hatte in ihrem ganzen bisherigen Leben immer nur Top-Leistungen erzielt. Dennoch lief nichts glatt. Im Gegenteil, es war der blanke Horror, und Stefanie lief Gefahr, die Probezeit nicht zu überstehen. Aber sie wurde weiter beschäftigt. Nach fast zwei Jahren hatte sich das Verhältnis zu ihrem Chef immer noch nicht gebessert. Obwohl sie sich die größte Mühe gab, ihre Sache gut zu machen, krampfte sich ihr Magen schon zusammen, wenn ihr Chef nur das Büro betrat. Sie wusste, auch heute würde wieder etwas schiefgehen, ihr Chef würde sie wieder anschreien und ihr das Leben erneut zur Hölle machen.

An diesem Punkt angelangt, suchte sie nach Antworten und bat die Engel um Hilfe. Die Engel zeigten ihr in einem Traum, woher sie diesen Mann kannte. Sie sah sich als Gefangene an Bord eines großen Sklavenschiffes. Ihr Chef war der Kapitän, der sie während der langen Schiffsreise mehrfach vergewaltigte. Sie erschrak sehr, denn sie wusste, dass dies kein normaler Traum war, sondern die Erinnerung an ein früheres Leben. Von da an war ihr klar, dass sie es schaffen musste, diese karmische Verbindung zu lösen. Sie arbeitete mit den Engeln an ihrem Opferprogramm sowie an ihrer Fähigkeit zu verzeihen und wieder heil zu werden. Und allmählich spürte sie, wie ihre Kraft zu ihr zurückkehrte.

Wenige Monate später lernte Stefanie einen jungen Mann aus Süddeutschland kennen und machte Pläne, das Unternehmen zum Jahresende zu verlassen und zu ihrer neuen Liebe zu ziehen. Davon wusste ihr Chef natürlich nichts, als er in einem Personalgespräch wieder einmal ihre angebliche Unfähigkeit bemängelte und ihr eine andere Stelle im Unternehmen anbot. Stefanie blieb cool und lehnte ab. Sie wusste, dass er ihr aufgrund des bestehenden Arbeitsvertrages nicht einfach kündigen konnte. Allerdings spürte er, dass sich Stefanie irgendwie verändert hatte, und wollte sie nun unbedingt loswerden. Kurz darauf bot Stefanie von sich aus an, die Firma zu verlassen, unter der Bedingung, dass er bereit sein würde, ihr eine Abfindung zu zahlen. (Sie hatte diesen Tipp von den Engeln bekommen.) Es war wie Pokern, als sie ihrem Chef dieses Angebot unterbreitete, denn für sie stand ohnehin fest, dass sie zu ihrem neuen Freund ziehen würde. Ihre Wohnung hatte sie bereits gekündigt. Ohne zu zögern bot ihr der Chef eine Abfindung in Höhe von 25 000 Euro an. Stefanie akzeptierte und jubelte innerlich. Sie betrachtete diese Summe als Schmerzensgeld, auch für vergangene Leben, nahm ihren Resturlaub und packte erleichtert die Koffer. Die karmische Verbindung war damit gelöst. Der Chef hat seine Schuld beglichen, und Stefanie ist nicht länger das Opfer.

Es ist gut möglich, dass Sie in Ihrem Leben mehr als eine karmische Partnerschaft haben, besonders wenn Sie sich bewusst für Spiritualität und den sogenannten Lichtweg entschieden haben. Die vermeintliche Beschleunigung der Zeit im Wassermannzeitalter, die mit der erhöhten Schwingung der Erde zu tun hat, bewirkt oft, dass unsere Seele das Bedürfnis hat, Karma mit einer ganzen Reihe von Menschen gleichzeitig aufzuarbeiten. Das kann für viele von uns zu vorübergehendem Leid, Krankheiten, Scheidungen und so weiter führen, und zwar so lange, bis wir verstanden haben, worum es wirklich geht und warum nicht immer alles wie im Märchen abläuft. Dies erklärt auch, warum Sie mit jemandem, den sie in jungen Jahren voller Begeisterung geheiratet haben, einige Jahrzehnte später keine Ehe mehr führen wollen. Sie werden ein bestimmtes Maß an Karma bereits ausgeglichen haben. Vielleicht hat es nur bedeutet, gemeinsame Kinder zu haben und sich dann auf getrennten Wegen weiterzuentwickeln. Auf der Seelenebene wissen Sie, dass Sie Ihr Karma abarbeiten müssen, um auf die nächste Stufe zu gelangen und den göttlichen Plan schließlich zu erfüllen.

Wir kennen viele Paare, die sich erst getroffen haben, nachdem sie schon einiges an Karma abgearbeitet hatten, und nicht immer waren die Partner von Anfang an auf der gleichen spirituellen Entwicklungsstufe. Besonders Frauen, die sich für Engel und Spiritualität interessieren, verlieben sich öfter in Männer, die noch schwerwiegendes Karma zu erledigen haben und spirituell gesehen eigentlich unreif sind. Hier sind nicht die Frauen im Opferprogramm gemeint, sondern die, die sich stark fühlen, die sich ihres Lichts und ihrer Fähigkeiten bewusst sind und die so schnell nichts umhauen kann. Oft merken sie im ersten Ehejahr, dass das Karma des Partners wie eine Last auf ihren Schultern liegt und sie Kraft, Energie und meistens auch Geld kostet. Es mag die richtige Entscheidung gewesen sein, alles für diesen Mann aufzugeben oder ihn finanziell zu unterstützen. Es kann durchaus sein, dass er Sie in einem früheren Leben gerettet hat oder dass er Ihr Kind war und Sie ihn verlassen haben und sich nun um ihn kümmern, damit ihr gemeinsames Karma aufgelöst werden kann. Auch wenn Sie die Gründe nicht in jedem Fall kennen, sollten Sie sich keine Selbstvorwürfe machen, nur weil Sie sich das alles etwas anders vorgestellt hatten. Vielleicht lernen Sie durch diesen Partner auch einen Teil von sich selbst kennen, den Sie nie gesehen hätten, weil Sie ihn sich nicht eingestehen wollten. Oder Sie lernen eine andere Kultur oder Sichtweise der Dinge kennen, die Ihren eigenen Horizont erweitert. Üben Sie sich in Geduld und Toleranz und erklären Sie ihm Ihre Vorstellungen von liebevoller Partnerschaft. Die Engel raten: Arbeiten Sie gemeinsam an der Auflösung alter Emotionen und Programme. Inspirieren Sie Ihren Partner, seine eigene Göttlichkeit zu erkennen, und konzentrieren Sie sich auf die Liebe, die Sie zusammengeführt hat.

Das Gesetz des Gottesbewusstseins

Das kosmische Gesetz des Gottesbewusstseins beschreibt die Bedingung, die erfüllt sein muss, bevor wir eine liebevolle spirituelle Verbindung mit unserem Seelenpartner eingehen können: Wir müssen unsere eigene Identität als Teil der göttlichen Quelle erkennen, bevor wir unser gemeinsames Potenzial in der Partnerschaft entfalten können. Jeder Einzelne muss zunächst seine eigenen negativen Emotionen, Muster und Programme transformieren. Wir haben in diesem Buch zahlreiche Übungen zusammengestellt, die genau diesem Zweck dienen. Erwarten Sie aber bitte nicht, dass all dies mit einer einzigen Übung innerhalb von zwanzig Minuten erledigt werden kann. Selbst wenn dies theoretisch möglich ist – die meisten Menschen haben viel zu viel Angst, ihre alten und vertrauten, wenn auch negativen Energien sofort zu transformieren. Sie haben Angst vor Veränderung, vor dem Neuen und Ungewohnten. Das ist völlig normal. In vielen Ehen, die schon lange keine Liebesbeziehungen im klassischen Sinn mehr sind, leben die Partner nebeneinander her, weil ihre Angst vor Veränderung viel größer ist als ihr Wunsch, einer öden Partnerschaft zu entfliehen. Es ist ein bisschen so, als würden Sie in einem Restaurant immer das gleiche Gericht bestellen, weil Sie Angst haben, ein anderes könnte Ihnen vielleicht nicht schmecken. Haben wir diese Erfahrung nicht alle schon einmal gemacht? Lieber auf Nummer sicher zu gehen erscheint gerade in der heutigen, unruhigen Zeit sehr verlockend. Es gibt aber keine Sicherheiten. Das Einzige, was ganz sicher ist, ist ständige Veränderung und Entwicklung, weil wir alle Teil der Evolution und des göttlichen Plans sind. Je eher Sie lernen zu vertrauen und loszulassen, desto schneller haben Sie wieder festen Boden unter den Füßen.

Dies ist ein wichtiger Prozess, der schrittweise, leicht und sanft vonstattengeht, wenn wir ihm keinen Widerstand entgegensetzen. Menschen, die sich ihrer eigenen Weiterentwicklung widersetzen, werden häufig durch recht dramatische Ereignisse gezwungen umzudenken und dazuzulernen.

Die Erlangung des Gottesbewusstseins ist ein alchemistischer Prozess, den wir alle durchlaufen. Die Engel können uns dabei helfen, unser Ego-Blei in Gold zu verwandeln.

Meditation: Ego-Blei in Gold verwandeln

Nehmen Sie eine bequeme Position ein – im Sitzen oder im Liegen. Schließen Sie die Augen und atmen Sie mehrmals tief ein und aus. Allmählich werden Sie immer ruhiger und entspannter.

Wenn Sie sich angenehm entspannt fühlen, rufen Sie Ihre Schutzengel und bitten sie, Ihnen bei der Bewusstwerdung Ihres Egos zu helfen. Zu Ihrem Ego gehören alle negativen Energien inklusive sämtlicher Angstgefühle, die sich in Ihrem Körpersystem befinden. Bitten Sie nun darum, dass sich diese Energien sammeln. Dazu können Sie sich eine Hülle aus Blei vorstellen, die Sie und Ihre Aura umgibt.

Nehmen Sie wahr, wie die Engel einen großen, weißen Trichter bringen und ihn zehn bis zwanzig Zentimeter über Ihren Kopf halten. Nun tropfen sie eine himmlische Flüssigkeit in diesen Trichter. Diese alchemistische Flüssigkeit tropft auf die Hülle aus Blei und löst nicht nur das Blei, sondern auch alle damit verbundenen Energien auf. Vielleicht fühlen oder hören Sie, wie es zischt, wenn die Tropfen auf das Blei treffen. Vielleicht erkennen Sie, wie die Lösung immer mehr von der Hülle auflöst. Während Sie diesen Prozess ganz entspannt verfolgen, fühlen Sie, wie Ihr Körper immer mehr an Schwere und Dichte verliert. Sie erkennen, dass Sie aus vielen, winzig kleinen Energieteilchen bestehen. Sie fühlen sich wie eine Energiewolke.

Nun sehen Sie, dass die Energieteilchen golden glänzen und dass sich die Schicht aus Blei vollkommen gelöst hat. Sie fühlen, wie die Teilchen schwingen und sich bewegen. Nun spüren Sie eine starke, magnetische Anziehungskraft. Sie fühlen sich zu einer sehr großen, goldenen Lichtkugel hingezogen und wissen, dass all Ihre Energieteilchen dort ihren Ursprung haben. Die magnetische Energie dieser Lichtkugel wird immer stärker. Die Energieteilchen fliegen förmlich durch das Universum auf diese Lichtkugel zu und freuen sich, wieder mit ihr vereint zu sein. Sie sind mit Ihrem Bewusstsein zur göttlichen Quelle zurückgekehrt und wissen nun ganz sicher, dass Sie ein Teil dieser Gottesenergie sind.

Nehmen Sie die hier anwesenden Engel wahr, die ebenfalls ein Teil der göttlichen Quelle sind. Die Engel helfen Ihnen jetzt, den Reinheitsgehalt Ihrer goldenen, göttlichen Energie noch zu erhöhen, indem sie alle limitierenden Emotionen, Glaubensmuster, Programme und Fremdenergien entfernen. Sie ziehen dunkle Schnüre aus Ihrer Energiewolke – das spüren Sie vielleicht sogar – und transformieren die dunklen Energien, indem sie sie der göttlichen Quelle zurückgeben.

Die Engel arbeiten weiter an Ihnen, an allen Körpern, auf allen Ebenen. Lassen Sie es geschehen.

Nehmen Sie nun wahr, wie die Engel Sie mit neuen Energien aus der göttlichen Quelle versorgen. Das Ursprungsprogramm des Gottesbewusstseins wird in allen Zellen neu geladen, so, als würde eine neue Filmrolle in einen Projektor gelegt. Der Film, der jetzt läuft, ist harmonisch, strahlend und voller Liebe.

Spüren Sie, was in allen Zellen, in allen Energieteilchen geschieht und wie gut es sich anfühlt.

Bedanken Sie sich bei den Engeln für ihre Hilfe und kommen Sie ganz langsam zurück in Ihren physischen Körper. Nehmen Sie sich genügend Zeit dafür. Ihr Körper fühlt sich ganz leicht an, wie von einer Last befreit. Sie haben einen wundervollen Prozess durchlaufen, der Ihr Bewusstsein positiv verändert hat. Sie strahlen Liebe, Ruhe, Harmonie und tiefe Zufriedenheit aus.

KAPITEL 6

Wie wähle ich aus? – Wie werde ich ausgewählt?

In allen Gesellschaften auf diesem Planeten gibt es bestimmte Rituale und Verhaltensweisen, die dazu dienen, die Gunst »des Richtigen/der Richtigen« zu gewinnen. In manchen Kulturen haben sich diese Rituale zu einer eigenen Kunstform entwickelt, die sich über Jahrhunderte bewährt hat und von Generation zu Generation weitergegeben wird. In anderen Gesellschaften gibt es zwar keine eigenen Rituale, wohl aber ungeschriebene Gesetze bezüglich dessen, was man tun beziehungsweise lieber nicht tun sollte, um den zukünftigen Partner für sich zu gewinnen.

In diesem Kapitel stellen wir zwei sehr unterschiedliche Gesellschaftsformen einander gegenüber und betrachten dabei vor allem die jeweilige Vorgehensweise, um den Traumpartner fürs Leben auszuwählen. Zum einen beschreiben wir die Ihnen sicher gut bekannte westliche Welt, zum anderen erklären wir die sogenannte »Courtship-Methode« der Native Americans, die wir im Laufe unseres langjährigen Trainings mit einem indianischen Schamanen in den USA gut kennengelernt haben.

Vielleicht denken Sie jetzt: »Was hat das denn mit Engeln zu tun?« Fragen Sie sich lieber: »Was hat das denn mit mir und meinem zukünftigen Partner zu tun?« Wir möchten Ihnen unterschiedliche Möglichkeiten der Partnerwahl vorstellen, damit Sie besser erkennen können, ob der potenzielle oder momentane Partner wirklich Ihren Bedürfnissen entspricht und was er in die Beziehung mitbringt.

Allen anderen wichtigen Entscheidungen in unserem Leben gehen längere Phasen voraus, in denen wir hin und her überlegen und genau abwägen, zum Beispiel: »Soll ich dieses oder jenes Auto kaufen? Soll ich hier- oder dahin in Urlaub fahren? Welche Berufsausbildung kommt für mich infrage?« Meist werden solche Entscheidungen gut vorbereitet. Die unterschiedlichen Möglichkeiten werden bis ins Detail analysiert und vielleicht sogar mit erfahrenen Beratern besprochen, bevor man sich entscheidet. Doch was passiert in der westlichen Welt, wenn es um die Auswahl eines Partners geht – eine Entscheidung, die unser Leben höchstwahrscheinlich von Grund auf verändert? Die ersten Entscheidungen werden meist schon im Teenageralter getroffen. Oft sind Alkohol und manchmal sogar »Partydrogen« im Spiel, zum Beispiel, wenn wir hoffen, in einer Kneipe oder Disco jemanden kennenzulernen. Wenn eine spezielle Person in der Menge gesichtet wird, gilt es deren Aufmerksamkeit durch beeindruckendes Tanzen oder spendierte Getränke auf sich zu ziehen. Ist dies erst gelungen, kann das Spiel beginnen. Die sich nun gegenüberstehenden Liebes-Kandidaten haben beide große Anstrengungen unternommen, um möglichst gut auszusehen, cool oder unwiderstehlich zu wirken und so weiter. Nun geben sie sich große Mühe, all ihre Vorzüge zu kommunizieren und sämtliche Schwachstellen zu verbergen, in der Hoffnung, dass diese nie entdeckt werden. In der Regel versuchen wir also, uns von unserer sogenannten besten Seite zu zeigen. Das heißt, wir zeigen eine Projektion von uns, von der wir glauben, dass sie interessant und Erfolg versprechend ist. Auf diese Weise eignen wir uns die Hauptrolle in einem Liebesfilm an, der nicht selten zum Drama wird.

Ein passender männlicher Hauptdarsteller wäre jemand, der trotz geringen Einkommens ein Vermögen für seine Klamotten ausgegeben hat, um die Illusion des reichen Helden möglichst realistisch erscheinen zu lassen. Schließlich hat er in zahlreichen Kinofilmen gesehen und auch aus Erfahrung gelernt, dass ein Mann mit viel Geld gute Chancen bei der Damenwelt hat. Die Einladung zu einer Spritztour in seinem (geliehenen) Porsche – um sich noch etwas näher kennenzulernen – passt dann auch ganz folgerichtig ans Ende der durchtanzten Nacht.

Eine andere Möglichkeit, den Traumpartner zu finden (oder zumindest zu suchen), bietet das Internet. Hier ist es noch leichter, sich stets von der allerbesten Seite zu zeigen, die am Ende womöglich gar nichts mehr mit der eigenen Identität zu tun hat. Wir kreieren »Herrn oder Frau Cyberspace« mit falschem Namen, erfundener Lebenssituation und ausgedachtem Beruf, erfinden vermeintlich interessante Abenteuer, die wir in unserer illusorischen Welt erleben, um unsere Internetliebe zu beeindrucken. Es ist die perfekte Welt, um ein perfektes Image von uns zu projizieren. Warum glauben wir das nötig zu haben? Wie war das noch mal mit der Bedeutung von Selbstwert und Selbstliebe als Voraussetzung für liebevolle Partnerschaften?

Gehen wir sicherheitshalber noch einmal zurück in die Internetwelt. Dort kann man monatelang eine aufregende Liebschaft mit jemandem haben, den man nie gesehen hat und der trotzdem so viel Verständnis und Liebe für uns aufzubringen scheint. Jedes Mal, wenn eine neue E-Mail kommt, hüpft das Herz und wir sind total happy. Falls er/sie mal ein paar Tage lang nicht schreibt, sind wir in Krisenstimmung mit allen entsprechenden Symptomen. Früher oder später wird auch darüber nachgedacht, wie man seine wahre Identität bei einem möglichen persönlichen Treffen wohl am besten verpacken könnte. Eine beliebte Strategie erinnert an das Angeln. Wenn ein »toller Fisch« angebissen hat, zurrt man die Leine erstmal so lange fest, bis gegenseitige Liebesgeständnisse an der Tagesordnung sind. Die Wahrheit kann man ja immer noch so nach und nach in weitere E-Mails einfließen lassen. Das klappt dann schon, denn so schnell kann man sich ja nicht wieder »entlieben«. Oder etwa doch?

Es gäbe noch viele Beispiele dafür, dass gerade zu Beginn einer Partnerschaft versucht wird, einem vermeintlichen Idealbild nachzueifern. In Amerika ist es auch bei jungen Frauen Usus, für viel Geld einen Schönheitschirurgen zu bemühen, um die gewünschte Oberweite zu erzielen oder die Nase begradigen zu lassen.

Was wir in der westlichen Welt bei der Partnerwahl am häufigsten falsch machen:

- Wir fallen in der Werbungsphase häufig auf falsche Versprechungen herein.
- Wir wissen nicht, warum wir uns von einer Person angezogen fühlen.
- Wir trauen uns nicht, unser wahres Ich zu zeigen.
- Wir fühlen uns häufig nicht gut oder schön genug.
- Wir haben Angst vor Zurückweisung und Einsamkeit.
- Wir erleben einen kurzen Rausch und dann oft Enttäuschungen.
- Wir versuchen es noch einmal, ohne wirklich bessere Chancen zu haben.

Fazit: Es gibt in der westlichen Welt bislang keine bewährte Methode, den jeweils passenden Traumpartner zu finden. Die Grundmechanismen der Partnerwahl sind kaum bekannt.

Die Courtship-Tradition der Native Americans

In der westlichen Welt weiß man wenig über die jahrhundertealte Courtship-Tradition der Native Americans. Wir haben sie durch einen Schamanen kennengelernt, der uns in den »Old Ways« ausgebildet hat. Dieser Mann lebt sehr zurückgezogen. Er wird aus Respekt ihm gegenüber in diesem Buch nicht namentlich genannt. Er hat uns erklärt, dass das sogenannte »Pow Wow« in der Courtship-Tradition eine zentrale Rolle spielt. Ein »Pow Wow« ist ein zeremonielles

Zusammentreffen der Native Americans, das in der Regel drei Tage und drei Nächte dauert. Für diese Zeit wird ein »Sacred Circle« gebildet, ein heiliger Kreis, innerhalb dessen im Rhythmus der Trommeln zu traditionellen Gesängen getanzt wird. Genauer gesagt: Die Männer tanzen. Sie tragen dabei ein symbolträchtiges Outfit – »Regalia« genannt – aus Leder, Federn, Perlen, Glocken, Kopfschmuck, Fächer, Rasseln und so weiter, das jeder einzelne Tänzer in vielen hundert Arbeitsstunden selbst per Hand angefertigt hat. Jedes kleine Detail hat eine spirituelle Bedeutung, erzählt eine Geschichte und sagt etwas darüber aus, wer der Tänzer ist. Die Regalia eines indianischen Tänzers ist das genaue Gegenteil von einem Kostüm. Ein Kostüm wird in der westlichen Welt beispielsweise im Karneval getragen und dient immer dem Zweck zu verbergen, wer man in Wirklichkeit ist, denn es lässt einen aussehen wie jemand anderes.

In diesem Sinne ist die Regalia auf keinen Fall ein Kostüm, denn die Ältesten der Native Americans wussten, dass die eigene Energie und Kraft verloren geht, wenn man vorzugeben versucht, jemand anderes zu sein, als man in Wirklichkeit ist. Die wahre Kraft besitzt nur derjenige, der weiß, wer er ist, wenn er danach lebt und es auch zeigt!

Während des Pow Wows halten sich die Frauen außerhalb des heiligen Kreises auf und beobachten die Männer, denn unter ihnen werden sie sich ihren zukünftigen Partner auswählen. Die Frauen geben sich stolz, nicht wirklich interessiert, und die Männer müssen sich schon sehr anstrengen und eindeutig beweisen, dass sie es wert sind, von den schönen Holden auch nur eines Blickes gewürdigt zu werden. Mit »anstrengen« ist gemeint, dass die Männer mindestens zehn Stunden am Tag tanzen, oft auch noch während der Nacht. Sie schütteln ihre Federn, vollführen ihre besten Schrittkombinationen und zeigen ihre eindrucksvollsten Bewegungen – immer in der Hoffnung, am Ende der drei Tage ausgewählt zu werden.

Bevor wir nun weitere Details des Courtship Pow Wows schildern, möchten wir Ihnen einen Einblick in die Mythologie der Pueblo Indianer geben, die eine matriarchalische Gesellschaftsstruktur haben. Ihrer Überlieferung zufolge ist es die Aufgabe oder, besser gesagt, das Privileg des Mannes, seine Frau liebevoll zu umsorgen, zu unterstützen und immer für sie da zu sein. Sie ist das Zentrum seines Universums. Die Frau wird so erfüllt von seiner Liebe, dass sie explodiert und ein Stern am Himmel wird – und ihren Ehemann nimmt sie mit zu den Sternen. Dies ist nicht irgendeine fiktionale Geschichte, sondern gelebte Tradition. Dem richtigen Mann, so glaubt man, gelingt es, dies für seine Frau möglich zu machen. Die Frau ist sich bewusst, dass sie einen Schatz in sich trägt und dass der Schlüssel zu diesem Schatz seine Liebe ist. Die indianischen Männer kennen außerdem ein Geheimnis, das den Männern der westlichen Welt anscheinend verborgen geblieben ist: *Wenn eine Frau den Mann ganz bewusst auswählt und ihn liebt, kann der Mann ihr unsagbar viel Liebe entgegenbringen und bekommt immer noch mehr zurück.* Der Schatz, den die Frau in sich trägt, fließt wie eine unversiegbare Quelle und erfüllt die kühnsten Träume und Wünsche des Mannes. Als Frau weiß sie genau, was er braucht, noch bevor es ihm selbst bewusst ist.

Nun verstehen Sie sicher noch besser, was beim Courtship Pow Wow wirklich auf dem Spiel steht. In diesem Zusammenhang ist auch die Bedeutung des englischen Wortes *passion* wichtig, das sich vielleicht mit »Hingabe«, aber nicht wirklich mit »Leidenschaft« übersetzen lässt, denn mit »Leiden« hat es gar nichts zu tun. Unsere Definition von *passion* ist: eine tiefe, kraftvolle emotionale Energie, ausgehend von den wahren Herzenswünschen. Es ist die emotionale Energie, die wir fühlen, wenn wir Dinge tun, die uns wirklich glücklich machen, erfüllen und so motivieren, wie es nichts anderes vermag. Diese Energie kann auch von Außenstehenden ganz deutlich wahrgenommen werden.

Die Frauen, die während eines Courtship Pow Wows die tanzenden Männer beobachten, sind sich bewusst, dass es ihnen mehr als schwerfallen wird, einen Mann wieder loszulassen, wenn sie sich erstmal richtig verliebt haben. Bevor eine Frau dem potenziellen Partner also ihr Herz und ihre Liebe schenkt, setzt sie ihren Verstand ein – und ihre Intuition. Sie schaut genau hin, um festzustellen, ob der Mann, den sie im Sinn hat, wirklich gut zu ihr passen würde und in der Lage wäre, all ihre Wünsche zu erfüllen und ihre Bedürfnisse zu befriedigen. Sie beobachtet ihn also nicht nur beim Tanzen, sondern achtet auch darauf, wie er mit seiner Familie und seinen Freunden umgeht, wenn er sich außerhalb des heiligen Kreises befindet. Sie hält Ausschau nach Verhaltensweisen, die darüber Aufschluss geben können, wie er wohl als Ehemann mit ihr umgehen würde.

Die Männer hingegen sind sich bewusst, dass es unumgänglich ist, von einer Frau bewusst ausgewählt und von ganzem Herzen geliebt zu werden. Denn sollte dies nicht der Fall sein, wird sie unabhängig von allem, was man ihr in der Ehe geboten hat, nicht bleiben, wenn »der Richtige« plötzlich auftaucht.

Für die Frau ist es also wichtig zu wissen, dass der Mann sich für sie anstrengt, dass er für sie tanzt – nur für sie allein! Daher beobachtet sie ihn genau und wartet so lange, bis sie Klarheit darüber hat. Außerdem achtet sie auf den Rhythmus der Trommeln und darauf, ob er in der Lage und sensibel genug ist, diesem Rhythmus zu folgen. Das ist sehr aufschlussreich, denn der Rhythmus der Trommel repräsentiert den Herzschlag der Frau. Ein guter Tänzer verfügt also über viel Einfühlungsvermögen.

Am Ende eines Courtship Pow Wows stehen die Passion-Tänze. (Vergessen Sie nicht, dass die Tänzer schon seit drei Tagen ihr Bestes geben, was natürlich eine gute Kondition erfordert.) Wieder stehen die Frauen um den heiligen Kreis und rufen zum Beispiel: »Wo bleibt dein Feuer?« Sie fordern die Männer auf, wie der Wind zu tanzen und all ihre Kraft, Energie und Würde zu demonstrieren.

Dennoch gewinnt nicht der vermeintlich beste Tänzer, sondern einer, der in den Augen einer bestimmten Frau speziell für sie der beste Tänzer beziehungsweise Partner ist. Wenn der letzte Trommelschlag ertönt, kniet jeder Tänzer vor der Frau nieder, von der er ausgewählt werden möchte. Wenn sie ihn tatsächlich auswählt, greift sie nach einem der langen Bänder an seinem Kopfschmuck und zieht ihn mit sich zu einem Ort, den sie für beide ausgewählt hat.

Die wichtigsten Punkte, die wir hier beobachten, sind:

- Es gibt eine klar strukturierte und bewährte Zeremonie zur Partnerwahl.
- Die Beteiligten sind sich über ihre Bedürfnisse im Klaren. Sie wissen, wer sie sind.
- Die Männer zeigen deutlich, wer sie sind, und bringen in den Tänzen ihre wahren Emotionen und ihre Persönlichkeit zum Ausdruck.
- Die Frauen sind selbstbewusst und wählerisch.
- Die Frauen warten, bis sie Klarheit darüber haben, ob er der Richtige ist.
- Sie verlassen sich auf ihren Verstand und ihre Intuition.
- Die Chance, den passenden Partner für eine liebevolle, dauerhafte Partnerschaft zu wählen, ist gut.
- Das Bewusstsein über die spirituelle Tragweite einer Mann-Frau-Verbindung ist vorhanden. Die so entstandene Partnerschaft ist heilig.

Die Courtship-Methode hat ihren Ursprung in der Natur. Im Tierreich sind es die Weibchen, die sorgfältig auswählen, während sich die Männchen um ihre Gunst bemühen. Warum sollte das bei Menschen anders sein?

Leider denken viele Frauen in der westlichen Welt, sie

müssten sich besonders anstrengen, um einen Partner für sich zu gewinnen. In den meisten Fällen sind es unfreiwillige Singles, deren starke Emotionen (beispielsweise das Gefühl, einsam zu sein) ihre natürlichen intuitiven Fähigkeiten überschatten. Sie legen ihre naturgegebene Rolle ab und bieten ihre sexuellen Vorzüge an, weil sie verzweifelt darauf hoffen, endlich von jemandem ausgewählt zu werden. Damit begeben sie sich in eine unglückliche, schwache Position, die vielleicht einen One-Night-Stand zur Folge hat, aber wenig Chancen für eine liebevolle Partnerschaft bietet. Es ist sehr wahrscheinlich, dass solche Frauen zum Opfer von Männern werden, die es als eine Art Sport betrachten, Frauen zu erobern und sie dann als Trophäen zu sehen.

Männer haben generell ein anderes Grundprogramm als Frauen. Sie können sich von einer Frau durchaus angezogen fühlen und sogar intim mit ihr werden, ohne jemals ein tieferes Gefühl für die Frau zu haben. Dieses Grundprogramm hält Männer oft davon ab, Herz und Körper miteinander zu verbinden. Vor Tausenden von Jahren, als Männer in erster Linie Jäger und Krieger waren, war es durchaus von Vorteil, von den eigenen Emotionen getrennt zu sein. Und noch heute gilt es in der westlichen Welt als männlich und stark, weder Gefühle noch Schmerzen zu zeigen.

Bei Frauen läuft ein anderes Programm ab. Sie binden sich emotional sehr leicht an Menschen und Dinge. Und weil sie das wissen, sind sie normalerweise wählerischer als Männer (gerade bei Intimpartnern). Doch wenn sie sich einmal entschieden haben, binden sie sich auf einer tiefen emotionalen

Ebene. Frauen und Männer haben also schon zu Beginn der Partnerschaft unterschiedliche Erwartungshaltungen.

Außerdem machen Frauen häufig den Fehler zu denken, dass ihr neuer Liebhaber bisher einfach noch nicht weiß, dass er in ihnen die Richtige gefunden hat. Also versuchen sie ihn davon zu überzeugen, dass sie seine wahre »Traumfrau« sind, indem sie ihn so richtig verwöhnen und ihm alles geben. Doch Vorsicht! Jemanden überzeugen zu müssen, hat nichts mit Lieben zu tun.

Frisch verliebt und jetzt?

Nehmen wir einmal an, aller Aufwand hat sich gelohnt, die wie auch immer geartete Vorgehensweise war von Erfolg gekrönt und man hat einen »Fisch« an der Angel. Was dann? In den meisten Fällen wissen wir nicht, um welchen Fisch es sich hier handelt, ob er überhaupt genießbar ist oder ob er uns vielleicht sogar krank macht, aber das scheint völlig unwichtig zu sein. Denn was mit frisch Verliebten passiert, ist mehr als interessant: Ihr Körper schüttet eine Vielzahl von Glückshormonen aus. Sie sind euphorisch, könnten die ganze Welt umarmen, fühlen sich leicht und beschwingt. Kurz, sie befinden sich in einer Art Rauschzustand. Für sie ist jeder Tag ein Feiertag. Sie fühlen sich wie neugeboren. Ihre Sehnsucht ist erfüllt und ihre Gebete sind erhört worden. Sie glauben, wieder ganz und heil zu sein und erzählen all ihren Freunden, dass sie endlich ihre Zwillingsseele getroffen haben – ihre andere Hälfte. Mit etwas Glück hält dieser Zustand drei bis vier Monate an. In dieser Zeit kann sich ein Verliebter nicht vorstellen, dass er mit diesem besonderen Menschen je etwas Schlechtes erleben könnte.

Wenn wir verliebt sind, tragen wir eine rosarote Brille. Die Liebe macht uns »high«, und die Illusion ist perfekt. Wenn wir diesen Prozess auf der quantenphysischen Ebene betrachten, werden wir feststellen, dass sich unser Energiefeld extrem verändert hat. Und auch unser physischer Körper hat sich verändert, denn er wurde von ausgeschütteten Endorphinen regelrecht überschwemmt und entsprechend stimuliert. Es ist möglich, dass wir Kommentare zu hören bekommen wie »Was ist denn mit dir passiert? Du bist ja kaum wiederzuerkennen. Du strahlst ja so.« In dem Film *What the Bleep do we know?*, der Quanten-Physik mit Spiritualität verbindet, wird mit Hilfe von Zeichentrickfiguren gezeigt, was in der ersten Phase der Verliebtheit im Körper passiert. Die kleinen Figuren – chemische Botenstoffe – rasen durch die Blutbahnen eines Menschen und stimulieren ihn zum »Angriff«, zum Sex. Es ist mittlerweile bekannt – auch wenn nicht gern offen darüber gesprochen wird –, dass die beim Sex ausgeschütteten körpereigenen Stoffe (Norepinephrine, Dopamine und Serotonin) abhängig machen. Aus der anfänglichen Verliebtheit kann also ein regelrechtes Suchtverhalten entstehen. Deshalb kommen manche Menschen nur ganz schwer wieder von einem Partner los, während andere oft wechselnde Partner brauchen, weil sie den ersten Rausch immer nur mit einer fremden Person ganz neu erleben können.

Als frisch Verliebte werden wir von unseren körpereigenen Glückshormonen so überwältigt, dass wir regelrecht die Kontrolle über bestimmte Gehirnfunktionen verlieren. Wir können an nichts anderes mehr denken als an unsere »große Liebe«. Unsere Wahrnehmung wird eingeschränkt und häufig haben wir plötzlich eine »Alles-egal-Einstellung«, die bewirkt, dass wir sämtliche Frühwarnzeichen bezüglich dieser Partnerschaft ignorieren. Wir hören einfach weg, wenn uns die innere Stimme oder unsere Engel vor dem vermeintlichen Traumpartner warnen.

Natürlich wünschen wir all unseren Lesern, dass sie ihren Traumpartner finden und auch den berauschenden Glückszustand der ersten Verliebtheit in vollen Zügen genießen können. Doch leider ist dieser Zustand in fast allen Fällen genauso vorübergehend wie jeder andere Rausch auch.

Ist es nicht möglich, diesen oder sogar einen noch intensiveren Rausch auf Dauer mit dem gleichen Partner zu erleben? Es ist möglich, aber nur, wenn bestimmte Voraussetzungen erfüllt sind, auf die wir im Folgenden noch eingehen werden (siehe Kapitel 13, Thema »erfüllende Sexualität«).

Jeder neue Partner bringt sein eigenes Gepäck mit in die Beziehung, und eine Partnerschaft ist eben auch dazu da, unsere noch offenen Wunden zu heilen. Früher oder später wird jeder Partner instinktiv unsere roten Knöpfe drücken und uns so helfen, unsere Schwachstellen und emotionalen Blockaden zu entdecken.

Wir möchten unsere Leser inspirieren, ihren Partner wirklich zu erkennen und so zu lieben, wie er ist. Wir möchten Ihnen helfen, mögliche Krisen zu überwinden und Heilung zu erfahren. Dann wird es möglich sein, Liebe in einer ganz anderen Dimension zu erleben.

Die Pyramide der Bedürfnisse

Die Engel haben uns auf den Zusammenhang zwischen der Maslowschen Bedürfnispyramide und dem menschlichen Energie- beziehungsweise Chakrasystem aufmerksam gemacht. Wir wollen Ihnen also nun verdeutlichen, warum Sie sich von der Energie eines bestimmten potenziellen Partners besonders angezogen fühlen.

Die sogenannte Maslowsche Bedürfnispyramide beruht auf einem, von dem amerikanischen Psychologen Abraham Maslow entwickelten Modell zur Beschreibung dessen, was Menschen motiviert. Abraham Maslow gehört zu den Gründervätern der humanistischen Psychologie. Sein Modell der Bedürfnispyramide ist weltbekannt und wird noch heute in vielen Bereichen angewandt (zum Beispiel in der Verkaufspsychologie, in der Soziologie und in den Wirtschaftswissenschaften). Das Modell wurde 1958 zunächst als fünfstufige Pyramide präsentiert und 1970 von Maslow weiterentwickelt. Seitdem steht die oberste Stufe der Pyramide für Transzendenz, also für die Suche nach und die Einswerdung mit Gott.

Die Bedürfnispyramide nach Abraham Maslow

Maslows Theorie besagt, dass der Mensch zunächst die Bedürfnisse der niedrigen Stufen zu befriedigen versucht, bevor die nächsten Stufen Bedeutung erlangen. Diese Aussage ist sehr wichtig, wenn wir herausfinden wollen, warum wir uns zu einem bestimmten Partner hingezogen fühlen. Doch kommen wir zunächst noch einmal auf das Chakrasystem zurück und stellen die beiden Modelle einander gegenüber:

Maslow	**Chakrasystem**	
Transzendenz (Suche nach Gott)	7. Chakra	Gottvertrauen
Selbstverwirklichung	6. Chakra	Erkenntnis, Hellsichtigkeit
Selbstausdruck	5. Chakra	Selbstausdruck
Soziale Anerkennung	4. Chakra	Liebesfähigkeit
Soziale Beziehungen	3. Chakra	Macht und Kontrolle
Sicherheit	2. Chakra	Abhängigkeit, Sex
Körperliche Grundbedürfnisse	1. Chakra	Materielle Sicherheit

Wie man leicht erkennen kann, stimmen die von Maslow definierten Grundbedürfnisse weitgehend mit den Themen der einzelnen Chakren überein. Über die Bedeutung der Chakren und der energetischen Anziehungskraft haben wir ja bereits gesprochen. Dass Maslow seinem Modell bewusst das Chakrasystem zugrunde gelegt hätte, können wir nicht behaupten, denn darüber steht nichts in seinen Büchern. Auch ist es sicher zutreffend, dass seine Theorie vorwiegend der Bedürfnisstruktur der industriellen, westlichen Welt entspricht. Fest steht jedoch, dass das Chakrasystem seit Jahrtausenden in vielen Kulturen bekannt ist und dass auch der Mensch häufig als Pyramide dargestellt wurde, zum Beispiel von den Mayas.

Nach Maslow müssen also zunächst die Bedürfnisse der unteren drei Stufen befriedigt sein (Defizitbedürfnisse), bevor die übergeordneten Bedürfnisse befriedigt werden können (Wachstumsbedürfnisse). Wenn wir dies auf die Partnerwahl übertragen, erkennen wir, dass es in unserem Chakrasystem so etwas wie eine »energetische Checkliste« geben muss, die ganz automatisch abgehakt wird, bevor wir uns verlieben. Wenn nach dem unbewussten Abhaken dieser Liste noch Unklarheiten bestehen, werden wir dem potenziellen Partner beim »Jobinterview« für die Position Traumpartner sicher entsprechende Fragen stellen, zum Beispiel: »Und was machst du beruflich?«

Wenn es hier keine energetische Übereinstimmung gibt, wird es gar nicht erst zu einer Partnerschaft kommen oder es werden im weiteren Verlauf der Beziehung erhebliche Schwierigkeiten auftauchen. Mit Übereinstimmung meinen wir, dass beispielsweise das Bedürfnis beider Partner nach materieller Sicherheit befriedigt sein muss. Das bedeutet nicht, dass beide gleich viel Energie auf die Waagschalen der Partnerschaft legen müssen. Es funktioniert zunächst auch, wenn nur ein Partner Geld in eine Beziehung mitbringt und es bereitwillig teilt. Meistens geschieht dies jedoch in der Erwartungshaltung, dass im Gegenzug ein anderes Defizitbedürfnis befriedigt wird (zum Beispiel Essen oder Sex). Solange beide Partner mit diesem Arrangement zufrieden sind, gibt es keine Probleme. Partnerschaften, in denen die Rollen klar verteilt sind, gibt es auch heute noch. Gesellschaftliche Veränderungen haben jedoch dazu geführt, dass neue Rollenverteilungen notwendig wurden. Und auch der Wunsch nach sozialer Anerkennung und Selbstverwirklichung kann im Rahmen der alten Muster und Programme nur schwer erfüllt werden.

Doch zurück zur Partnerwahl. Wenn sich beim »energetischen Chakra-Checking« herausstellt, dass die Defizitbedürfnisse bereits abgedeckt sind, wird es interessant. Nun sind soziale Beziehungen und soziale Anerkennung entscheidend. Zum Beispiel werden Freundeskreis, Familie und Status(symbole) abgeklopft. Auch akademische Weihen, berufliche Auszeichnungen und sportliche Siege (Titel) spielen eine Rolle. Es reicht übrigens, dass ein Partner diese Energien theoretisch in die Beziehung einbringt. Deshalb erscheinen beispielsweise erfolgreiche Promis auf den ersten Blick attraktiv und begehrenswert genug, dass sich viele Menschen in sie »verlieben« – was natürlich selten auf Gegenseitigkeit beruht, denn der verliebte Fan hat meist nichts Besonderes zu bieten.

Auf der höchsten Ebene der Partnerwahl werden wir einen Menschen anziehend finden, der unsere Selbstverwirklichung, Talententfaltung und Spiritualität fördern kann. Mit ihm führen wir möglicherweise Gespräche über Kunst, Philosophie und Esoterik, immer vorausgesetzt, die unteren Bedürfnisse werden auch weiterhin befriedigt beziehungsweise die Energien des Chakrasystems sind geklärt und können fließen.

Wir wählen unsere Partner aus, um unsere jeweiligen Bedürfnisse zu befriedigen, die nach Maslow einer klaren Hierarchie unterliegen.

Wo bleibt da die bedingungslose Liebe? Auch wenn viele Menschen sich wünschen, bedingungslos geliebt zu werden, ist dies aus unserer Sicht nicht so ganz einfach zu realisieren.

Es setzt voraus, dass sie einige Stufen der Pyramide bereits gemeistert haben und nicht mehr auf die Befriedigung ihrer Bedürfnisse durch den zukünftigen Partner hoffen. Wenn dies der Fall ist und ein solcher Mensch einem anderen Menschen begegnet, der den Prozess ebenfalls durchlaufen und alle untergeordneten Bedürfnisse transzendiert hat, kann es zu einer Partnerschaft auf der hohen Energieebene der bedingungslosen Liebe kommen.

Erstellen Sie Ihre eigene Bedürfnispyramide

Um festzustellen, ob Sie für eine solche Partnerschaft bereit sind, sollten Sie Ihre eigene Bedürfnispyramide erstellen.

Nehmen Sie sich die Auswertung Ihres persönlichen Energieprofils (PEP) vor (siehe Seite 68) und malen Sie auf ein neues Blatt Papier eine siebenstufige Pyramide, die Sie mit einer vertikalen Linie in zwei Hälften teilen. Die linke Hälfte ist für die ungeraden Punkte Ihres PEPs, die rechte für die geraden. Addieren Sie die Punkte und übertragen Sie die Summe jeweils auf die entsprechende Stufe der Pyramide, und zwar von unten (Stufe 1) nach oben (Stufe 7):

Fragen 49, 51, 53, 55 = Stufe 7 links/Fragen 50, 52, 54, 56 = Stufe 7 rechts
Fragen 41, 43, 45, 47 = Stufe 6 links/Fragen 42, 44, 46, 48 = Stufe 6 rechts
Fragen 33, 35, 37, 39 = Stufe 5 links/Fragen 34, 36, 38, 40 = Stufe 5 rechts

Fragen 25, 27, 29, 31 = Stufe 4 links/Fragen 26, 28, 30, 32 = Stufe 4 rechts
Fragen 17, 19, 21, 23 = Stufe 3 links/Fragen 18, 20, 22, 24 = Stufe 3 rechts
Fragen 9, 11, 13, 15 = Stufe 2 links/Fragen 10, 12, 14, 16 = Stufe 2 rechts
Fragen 1, 3, 5, 7 = Stufe 1 links/Fragen 2, 4, 6, 8 = Stufe 1 rechts
Das Bild, das sich so ergibt, entspricht dem Ergebnis der unsichtbaren Checkliste, die Ihre Partnerwahl beeinflusst.

Auswertung Pyramide Petra

Ungerade Fragen (-) Gerade Fragen (+)

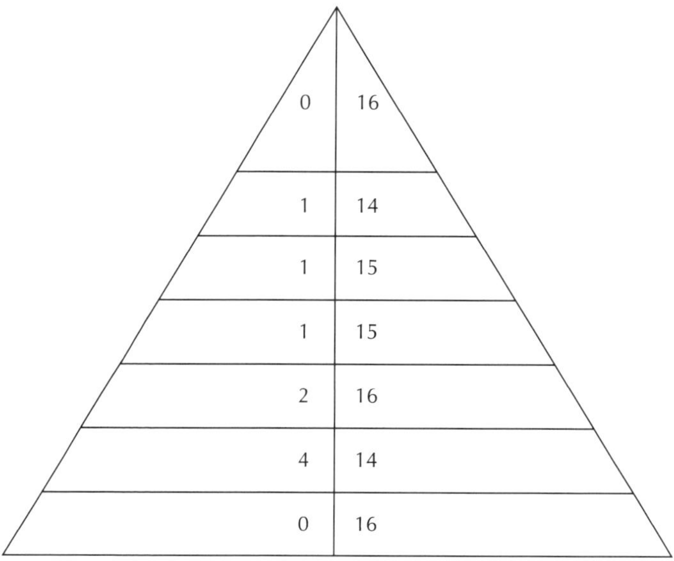

Die Bedürfnispyramide unserer Kandidatin Petra (97 Punkte) zeigt sehr deutlich, dass sie auf der rechten Seite ganz viele Punkte hat. Das heißt, sie hat einem potenziellen Partner als sogenannte »bessere Hälfte« viel zu bieten. Auf der linken Seite ihrer Bedürfnispyramide sind kaum Punkte. Das heißt, hier ist ganz viel Platz für einen neuen Partner. Oder: Ihr jetziger Partner hat nicht das Gefühl, dass Petra aus Bedürftigkeit mit ihm zusammen ist. Er kann sich mit ihr frei entfalten. Petras Bereitschaft, eine liebevolle Partnerschaft auf einer höheren Ebene zu führen, ist hoch.

Wenn Sie viele Punkte auf der linken Seite Ihrer Bedürfnispyramide haben, sollten Sie verstehen, dass Sie unbewusst einen Partner suchen, der dies mit seinen Energien ausbalancieren soll. Vergessen Sie nicht, dass die unteren drei Ebenen die wichtigsten sind. Hier müssen alle Bedürfnisse erfüllt sein, bevor man sicher auf die Herzebene gelangen kann.

Das Profil der linken Pyramidenhälfte gleicht dem Bart eines Schlüssels, der nur in dem dazu passenden Schloss Sinn macht. Sie können es auch mit der Zahlenkombination eines Safes vergleichen. Wenn Sie auf jeder Stufe der linken Pyramidenhälfte Punkte haben, können Sie daraus eine mindestens siebenstellige Zahlenkombination ermitteln. Die Wahrscheinlichkeit, dass jemand genau zu dieser Kombination passt und alles bietet, um hier für energetische Balance und Harmonie sorgen zu können, ist geringer als die Chance, einen Sechser im Lotto zu haben. Das heißt: Je weniger Punkte Sie auf der linken Seite Ihrer Bedürfnispyramide haben, desto größer ist Ihre Chance, einen passenden Partner zu finden. Eine Verringerung der Punktezahl erreichen Sie am schnellsten, indem Sie Energiestörungen transformieren, das heißt, durch Reinigung der Chakren und Heilung der Ursachen mit Hilfe der Engel.

Karmische Beziehungen, über die wir in Kapitel 5 ausführlich gesprochen haben, sind mit zwei Pyramidenhälften vergleichbar, die wie Erdplatten aufeinanderstoßen, sich aneinanderreiben und manchmal sogar regelrechte Erdbeben verursachen, bis das Profil besser passt.

Wenn Sie Krisensituationen in Partnerschaften von Anfang an vermeiden wollen, sollten Sie dieses Geheimrezept beachten: *Seien Sie ehrlich und erkennen Sie Ihre eigenen Bedürfnisse.*

Die Erstellung Ihrer Bedürfnispyramide soll Sie inspirieren, sich Ihrer eigenen Bedürfnisse deutlicher bewusst zu werden. Nehmen Sie sich dazu viel Zeit und definieren Sie ganz genau, welche Bedürfnisse Sie persönlich haben. Viele Menschen sind unglücklich, weil sie nie gelernt haben, sich ihrer eigenen Bedürfnisse bewusst zu werden, sie auszuleben und in einer Partnerschaft klar zu kommunizieren. Wenn Sie einen Partner haben, ermutigen Sie auch ihn, diese Übung zu machen. Sie können dazu wieder eine Pyramide erstellen oder einfach eine Liste anfertigen, die ruhig lang sein kann. Zum Beispiel:

Mein Bedürfnis ist …
Ich habe ein Bedürfnis nach …
Ich brauche …

Schreiben Sie bitte nicht auf, was Ihr Partner für Sie tun sollte. Es geht hier lediglich darum, sich der eigenen Bedürfnisse bewusst zu werden, und zwar völlig unabhängig von einem möglichen Partner. Auf diese Weise verhindern Sie ganz nebenbei, dass Sie aus Angst vor möglichen Enttäuschungen dieses oder jenes lieber nicht äußern. Prüfen Sie auch, ob es sich bei den Bedürfnissen, die Sie aufschreiben, wirklich um Ihre eigenen handelt oder ob sie zum Traum eines anderen Menschen gehören.

Werden Sie sich anschließend darüber klar, ob diese Bedürfnisse befriedigt sind oder nicht. Wenn nicht, finden Sie heraus, ob Sie eventuell selbst in der Lage sind, sie zu befriedigen. Wenn Sie beispielsweise ein Bedürfnis nach Blumen in Ihrer Wohnung haben, kaufen Sie sich zunächst selbst welche. (Wenn Sie einen Partner haben, teilen Sie ihm Ihr Bedürfnis mit.) Vielleicht gibt es einige Dinge auf ihrer Liste, die man Ihrer Meinung nach nur zu zweit tun kann und die für Sie nicht infrage kommen, weil Sie keinen Partner haben. Denken Sie aber auch daran, dass die Bedürfnisstruktur eines Menschen sehr komplex ist und sich im Laufe der Jahre verändern kann. *Kein Mensch kann auf Dauer all Ihre Bedürfnisse erfüllen.*

Der einfachste Weg zur Wunscherfüllung besteht darin, die Angst zu transformieren, bestimmte Wünsche könnten nie erfüllt werden, und sich dann von den Engeln zeigen zu lassen, wie Sie sich den einen oder anderen Wunsch selbst erfüllen können.

Meditation zur Heilung der eigenen Bedürftigkeit

Setzen Sie sich ganz entspannt auf einen Stuhl und schließen Sie die Augen. Atmen Sie mehrmals tief ein und aus. Rufen Sie nun Ihre Engel und verbinden Sie sich mit ihnen. Visualisieren Sie als Nächstes, wie Sie in einer schönen, goldenen Badewanne sitzen und sich entspannen. Niemand kann Sie stören. Sie atmen immer weiter tief ein und aus und können sich immer mehr entspannen.

Jetzt nehmen Sie wahr, dass Ihre Engel rings um die goldene Badewanne stehen. Das angenehm warme Badewasser hüllt Sie ganz ein, und Sie fühlen sich sehr wohl. Die Engel kennen Ihre Bedürfnisse und geben ganz besondere Öle und Badezusätze in das Badewasser. Vielleicht nehmen Sie ihren Duft wahr oder spüren ihre angenehme Wirkung. Die Öle dringen ganz tief in Ihre Zellen ein und lösen sämtliche Ängste und Widerstände, die Sie bisher davon abgehalten haben, all Ihre Bedürfnisse zu erfüllen.

Sie brauchen nichts weiter zu tun, als sich noch mehr zu entspannen. Die Öle im Badewasser haben eine tiefe und sanfte Wirkung. Aller Kummer und sämtliche Sorgen lösen sich auf, und Sie spüren die tiefe Heilwirkung in Ihrem ganzen Körpersystem. Nun waschen die Engel Ihre Haare mit einem ganz besonderen Shampoo. Auch in dem Schaum befinden sich himmlische Öle. Sie haben eine reinigende Wirkung und lösen alle negativen Gedanken und Erinnerungen auf, die zu Ihrer Unzufriedenheit geführt haben. Sie können sich selbst verzeihen und verstehen nun, dass Sie all Ihre

Bedürfnisse leicht befriedigen und Ihre Wünsche erfüllen können.

Jetzt steigen Sie aus der Badewanne und lassen Ihr altes unzufriedenes Ich wie eine alte Haut darin zurück. Die Engel laden Sie ein, auf einer Liege Platz zu nehmen und sich zu entspannen. Weitere Öle werden jetzt wie bei einer himmlischen Massage in Ihr Körpersystem eingerieben. Die Öle haben eine beruhigende Wirkung und vermitteln Ihnen ein Gefühl der Zufriedenheit.

Jetzt stellen Sie sich vor, dass ein wundervoller Partner bei Ihnen ist. Auch er hat ein reinigendes Bad genommen und freut sich, Sie zu sehen. Die Engel reichen Ihnen beiden einen Becher mit einem Liebeselixier. Trinken Sie ihn gemeinsam aus und genießen Sie die Zeit zu zweit.

Sie können in diesem Zustand verweilen, solange Sie möchten. Verabschieden Sie sich dann von Ihrem Traumpartner und lassen Sie sich von den Engeln wieder zurück in Ihren Körper und Ihr Wachbewusstsein bringen. Sie fühlen sich gut, entspannt und glücklich. Sie lächeln und sind zufrieden.

Wiederholen Sie diese Übung so oft Sie möchten. Sie werden erfahren, dass Sie dadurch viel zufriedener werden und sich Ihr Energiefeld automatisch verändert. Und weil Sie diese Zufriedenheit auch ausstrahlen, ist es sehr wahrscheinlich, dass sich ein Partner zu Ihnen hingezogen fühlt, mit dem Sie sich offen über Ihre Bedürfnisse austauschen und glücklich werden können. Auf diese Weise verhindern Sie auch, dass Sie irgendwann völlig ausgehungert sind und einfach die erst beste Gelegenheit ergreifen, eines Ihrer Grundbedürfnisse zu befriedigen. Dafür müssen Sie nämlich wahrscheinlich vieles in Kauf nehmen, was Sie später bereuen könnten.

Das Geheimnis einer liebevollen Partnerschaft liegt nicht darin, den »perfekten« Partner zu finden, sondern sich offen und ehrlich mit dem jeweiligen Partner über die eigenen Bedürfnisse auszutauschen.

Was bringt der Partner in die Beziehung mit?

Auch wenn wir auf der energetischen Ebene sämtliche Informationen über unseren potenziellen Partner erhalten können, werden diese Informationen nicht vollständig in unser Bewusstsein vordringen. Das liegt, wie wir erfahren haben, unter anderem daran, dass die ausgeschütteten Endorphine unsere Wahrnehmung vernebeln. Es liegt aber auch daran, dass wir Emotionen, Glaubensmuster und Programme in unserem Körpersystem gespeichert haben, die als Wahrnehmungsfilter wirken und verhindern, dass wir klar erkennen, mit wem wir es wirklich zu tun haben. Wenn Sie bewusst ausblenden möchten, was Ihr Traumpartner im Gepäck hat und einfach nur den Zustand der Verliebtheit – den Rausch – genießen möchten, dann tun Sie das. Wenn Sie jedoch gerne wissen möchten, was alles auf Sie zukommen wird, wenn Sie mit diesem Partner zusammenbleiben, und welche »Gepäckstücke« Sie möglicherweise mittragen müssen, empfehlen wir Ihnen ausdrücklich, sich vorher Klarheit zu verschaffen.

Wenn Sie wirklich ehrlich zu sich selbst sind, ist die Chance größer, dass auch Ihr Partner ehrlich zu Ihnen ist. Lassen Sie sich Zeit, wenn es darum geht, den Partner wirklich kennenzulernen. Es besteht nie ein Grund zur Torschlusspanik, wenn Sie mit einem Partner eine dauerhafte Beziehung eingehen wollen. Schon viele Beziehungen sind daran gescheitert, dass sich die Partner am Anfang nicht die Zeit genommen haben, ihre neue Liebe wirklich kennenzulernen. Wenn das Fundament einer Partnerschaft nicht solide ist, wird es schwierig, spätere Krisen und Belastungen zu überstehen.

Bei Kai und Bettina war es Liebe auf den ersten Blick. Sie hatten sich im Urlaub in Südspanien kennengelernt. Bettina war seine absolute Traumfrau, und Kai schien der absolute Traummann zu sein. Alles stimmte. Sie träumten bei langen Spaziergängen am Strand von einer gemeinsamen Zukunft. Beide wollten eine ernsthafte Beziehung eingehen, und am letzten Abend machte Kai Bettina einen Heiratsantrag. Bettina konnte ihr Glück kaum fassen. Kai war ein erfolgreicher Architekt und Marathonläufer. Er hatte sein Leben im Griff, war verantwortungsbewusst und alles, was zu seinem Glück noch fehlte, war die passende Frau.

Bei ihrem ersten Besuch in Kais Traumhaus glaubte Bettina wirklich, das große Los gezogen zu haben. Sie richtete in Gedanken bereits die Kinderzimmer ein, denn als Grundschullehrerin war es schon immer ihr Traum gewesen, eigene Kinder zu haben. Sie wünschte sich einen Jungen und ein

Mädchen. Kai gefror das Blut in den Adern, als Bettina ihre Babypläne schmiedete. Er war seit einem Unfall vor fünf Jahren zeugungsunfähig und hatte sich damit abgefunden, auch ohne Kinder glücklich zu werden. Doch nun brachte er es einfach nicht übers Herz, Bettina davon zu erzählen, denn er wollte seine endlich gefundene Traumfrau nicht gleich wieder verlieren. Sechs Monate später waren Kai und Bettina verheiratet. Als Bettina nach zwei glücklichen Ehejahren immer noch nicht schwanger war, begann sie immer verzweifelter zu überlegen, ob etwas mit ihr nicht in Ordnung sein könnte. Da erfuhr sie in einem Gespräch mit ihrer Schwiegermutter mehr oder weniger zufällig von Kais unfallbedingter Zeugungsunfähigkeit. »Ja, hat er denn dir davon nichts erzählt?«, fragte die Schwiegermutter ganz erstaunt. Bettina fühlte sich, als hätte ihr jemand mit einer Keule einen heftigen Schlag auf den Kopf versetzt. All ihre Wünsche und Hoffnungen und ihr ganzes Leben mit Kai lagen plötzlich vor ihr wie ein Scherbenhaufen. Sie fühlte sich betrogen und um ihr Lebensglück gebracht. All die Gespräche über Babys waren nichts als Lügen gewesen. Bettinas Vertrauen in Kai und ihre Ehe war zerstört. Die Beziehung endete so schnell wie sie angefangen hatte.

Aufgrund unserer Arbeit mit Klienten wissen wir, dass es wesentliche Themen gibt, über die Klarheit und Übereinstimmung zwischen den Partnern herrschen muss, damit das Fundament für eine liebevolle Partnerschaft gesichert ist. Das sind vor allem:

- Geld
- Sexualität
- Kinderwunsch

Wenn es hier unterschiedliche Auffassungen oder größere Schwierigkeiten gibt, ist es unwahrscheinlich, dass die beiden eine erfüllende Beziehung leben können.

Die Geschichte von Marita und Jonas zeigt dies recht eindrücklich. Beide waren schon über fünfzig, als sie sich kennenlernten. Es gab Kinder aus der ersten Ehe, und es war klar, dass dies kein Thema mehr für sie war. Im Prinzip sprach nichts gegen eine liebevolle Partnerschaft. Sie verstanden sich gut, auch im Bett, und zogen bald zusammen. Jonas hatte Schulden aus seiner ersten Ehe. Er musste Unterhalt zahlen und erzählte Marita gleich zu Anfang davon. Doch Marita war der festen Überzeugung, dass sie es gemeinsam schaffen würden. Geld ist doch kein Problem, dachte sie. Hauptsache wir lieben uns. Marita war tüchtig, verständnisvoll und liebenswert. Sie arbeitete als Heilpraktikerin und hatte ihre Praxis im eigenen Haus. Ihre Klienten mochten sie sehr.

Jonas arbeitete für eine große Versicherung. Seinen letzten Vertrag hatte er aber schon vor einer ganzen Weile abgeschlossen. Marita hatte auf sein Drängen eine hohe Lebensversicherung abgeschlossen und Jonas als Nutznießer eintragen lassen. Der Job machte ihm nicht so viel Spaß. Er wollte lieber etwas, wie er sagte, »Sinnvolleres« machen. Marita verstand das sehr gut und war sofort einverstanden, als er seine Tätigkeit als Versicherungsmakler aufgab, um ebenfalls eine Ausbildung zum Heilpraktiker zu machen. Marita träumte von einer gemeinsamen Praxis und willigte ein, während seiner Ausbildungszeit die Versorgerrolle zu übernehmen. Aber Jonas war nicht sehr strebsam. Er genoss es, zu Hause zu sein, und verbrachte mehr Zeit vor dem Fernseher als mit den Vorbereitungen für seine Prüfung. Marita bot an, abends mit ihm zu lernen, obwohl sie nach einem langen Arbeitstag immer sehr erschöpft war. Jonas hatte schon seit der Grundschule Lernschwierigkeiten gehabt und schaffte auch die Heilpraktikerprüfung nicht. Marita war frustriert, die Ersparnisse waren aufgebraucht und sie erwartete, dass Jonas wieder einen Job annahm. Das tat er auch, widerwillig zwar, aber nach ein paar Monaten kündigte er wieder und ließ sich in Reiki einweihen. Er hatte gehofft, von Marita ein paar Klienten zu bekommen, aber er schien als Heiler nicht sehr gefragt zu sein. Nach einigem beruflichem Hin und Her und weiteren kostspieligen Ausbildungen und Einweihungen von Jonas in verschiedene Heilkünste war die verständnisvolle Marita ziemlich zermürbt. Auf Sex hatte sie immer weniger Lust. Sie warf Jonas vor, sie finanziell auszubeuten. Doch sie liebte ihn und wollte alles tun, um die Partnerschaft aufrechtzuerhalten. Marita realisierte mit einigem Ekel, dass Jonas auf seinem »Erleuchtungsweg« zu der Ansicht gelangt war, das Universum werde schon irgendwie für ihn sorgen. Für Jonas stimmte das auch, nur dass sein Universum Marita war, die sich nach sechs Jahren Partnerschaft wie eine ausgelaugte Milchkuh vorkam. Beim nächsten Wochenendseminar erlaubte sich der mittlerweile sexuell frustrierte Jonas einen kleinen Seitensprung, was Marita den letzten Nerv raubte. Kurz darauf hatte sie einen tödlichen Autounfall. Jonas tröstete sich mit dem Geld von der Lebensversicherung und dem Haus.

Um Klarheit über das mögliche Gepäck eines potenziellen Partners zu bekommen, sollten Sie

- Ihre eigenen Bedürfnisse genau kennen.
- Ihr eingeschränktes Urteilsvermögen in der Phase der Verliebtheit (Rauschzustand) akzeptieren.
- sich Zeit lassen, um das wahre Ich und das Potenzial des Partners zu erkennen und dabei mögliche Unwahrheiten einzukalkulieren.
- Bedürfnisse und Lebensziele kommunizieren und mit denen des Partners vergleichen (zum Beispiel Kinderwunsch, Sex, Geld).
- auf die bisherigen Lebensmuster, Familienstrukturen und Krankheiten des Partners achten.
- sich über die langfristige Rollenverteilung in der Partnerschaft verständigen.
- mögliches Verhalten in Krisensituationen besprechen.
- sich von den Engeln der Liebe und der Klarheit zeigen lassen, was Sie selbst nicht erkennen können.

Meditation mit den Engeln der Liebe und der Klarheit

Legen Sie ein Blatt Papier und einen Stift bis zum Ende der Meditation neben sich. Setzen Sie sich bequem auf einen Stuhl und schließen Sie die Augen. Atmen Sie mehrmals tief ein und aus, bis Sie einen Zustand völliger Entspannung erreicht haben.

Bitten Sie nun die Engel der Liebe und der Klarheit zu sich. Bitten Sie diese Engel um Befreiung von allen Lasten, die Sie möglicherweise noch aus früheren Partnerschaften mit sich herumtragen.

Lassen Sie sich dann von Ihren Engeln an einen Ort in der Natur bringen, wo die Naturengel einen ganz besonderen heiligen Kreis für Sie vorbereitet haben. Es ist ein Lichtkreis, der alle Energien zum Vorschein kommen lässt, die Ihr (zukünftiger) Partner mitbringt. Sie stehen außerhalb des Kreises und beobachten nun, wie er für Sie tanzt. Sie hören und fühlen den Rhythmus der Trommel.

Nehmen Sie wahr, ob Ihr (zukünftiger) Partner sich bemüht und für Sie anstrengt. Nun sehen Sie ganz deutlich, dass sich in diesem Lichtkreis noch weitere Energien befinden, die zu seinem Energiefeld gehören. Was sehen Sie? Können Sie seine Emotionen erkennen? Tanzt er im Rhythmus der Musik? Kann er sich frei bewegen, oder gibt es noch etwas, das ihn davon abhält? Gibt es etwas, das ihn einschränkt? Gibt es etwas, das ihn davon abhält, ganz für Sie da zu sein? Was ist es? Braucht er Heilung? Nehmen Sie wahr, ob es noch andere Personen gibt, an die er energetisch gebunden ist, zum Beispiel Ex-Partner, Kinder oder Eltern, und bitten Sie die Engel, diese Verbindungen zu durchtrennen.

Bitten Sie nun die Engel der Klarheit und Liebe, sein Energiefeld zu reinigen, so dass Sie sein volles Potenzial erkennen können.

Bitten Sie nun Ihren Partner, zum Ausdruck zu bringen, was er für Sie empfindet. Ist es wirklich Liebe?

Wenn Sie möchten, können Sie nun die Engel der Klarheit bitten, Ihnen zu zeigen, was er in der Zukunft für Sie empfinden wird. Es ist möglich, diese Szene wie einen Videofilm vorzuspulen. Was wird er in einem Jahr für Sie empfinden? Was in fünf Jahren? Ist das, was Sie da sehen, das, wovon Sie geträumt haben? Gibt es Schwierigkeiten?

Bedanken Sie sich nun bei Ihrem Partner und verabschieden Sie sich von ihm. Lassen Sie sich von den Engeln wieder ganz zurück in Ihren Körper bringen und verarbeiten Sie das, was Sie gesehen haben, indem Sie das bereitgelegte Papier und den Stift nehmen und alles möglichst detailliert aufschreiben.

Teil 2

Engel, Energien, Emotionen und Programme

KAPITEL 7

Happy End – Sind Sie wirklich happy?

Viele Menschen haben sich bei ihrer Partnerwahl von der ersten Verliebtheit leiten lassen, weil sie hofften, das romantische Märchen mit »Happy End« würde auch für sie wahr werden. Oft hat die rosarote Brille, die sie in dieser Zeit trugen, verhindert, dass sie sich über die zukünftigen Lebensumstände und über alle Eigenschaften oder Charakterzüge ihres Partners bewusst waren. Doch was noch viel entscheidender ist: Die meisten Menschen sind sich nicht darüber im Klaren, dass sie ihre eigenen verborgenen Emotionen, Muster und Programme in die Partnerschaft mit einbringen.

Wenn der Haussegen in einer Partnerschaft schief hängt, liegt das in der Regel am Fundament.

Es gibt zahlreiche Gründe, eine Partnerschaft einzugehen, und nicht immer ist es die große Liebe, sondern zum Beispiel Sicherheit, Finanzen, Schwangerschaft, Einsamkeit, Torschlusspanik.

Wenn Sie traurig, verletzt oder enttäuscht sind, weil Sie sich Ihre bestehende Beziehung ganz anders vorgestellt haben und wieder glücklich sein möchten, sind die nachfolgenden Kapitel genau das Richtige für Sie. Wir möchten Ihnen Gelegenheit geben, zu erkennen, warum Ihre jetzige Beziehung so ist, wie sie ist.

Wenn Sie nach Patentlösungen suchen, wie Sie Ihren Partner ändern, kontrollieren, manipulieren oder veranlassen können, bestimmte Dinge zu tun oder zu lassen, werden Sie in diesem Buch nicht fündig. Bei allem, was wir hier besprechen, geht es allein um liebevolle Partnerschaften. Das heißt nicht, dass man alles wieder so werden lässt, wie es am Anfang der Partnerschaft war, denn Veränderung, Heilung und Wachstum sind Teil eines natürlichen Prozesses und daher gewollt. Vielmehr geht es um Selbsterkenntnis, Inspiration und Transformation jener Energien, die den Fluss der Liebe blockiert beziehungsweise ihr Feuer gelöscht haben könnten. Dabei helfen Ihnen die Engel und Erzengel.

Selbsterkenntnis ist der erste Schritt zur Besserung

Wir alle schaffen uns unser Leben selbst: alles, was wir erleben; alles, worüber wir klagen und uns beschweren, all unsere Probleme und all unsere Freuden, auch die Partner, die wir anziehen und die Art und Weise, wie diese uns behandeln. Wir tun dies durch jene, oft unbewussten Emotionen, Glaubensmuster und Programme, die unsere Erfahrungen bestimmen. Beschäftigen wir uns also mit der Entstehung und der Bedeutung tief verschütteter Emotionen, aus denen unsere Glaubensmuster und unsere unterbewussten Programme resultieren. Dabei ist es wichtig, zu verstehen, dass Emotionen Energien sind, die nicht zerstört, sondern lediglich transformiert werden können.

Woher kommen Emotionen?

Viele unserer Emotionen und Programme sind bereits vor unserer Geburt entstanden. Das heißt, wir haben sie in dieses Leben mitgebracht. Therapeuten haben dies bewiesen, indem sie ihren Klienten durch Hypnose und Rückführungen in frühere Leben Zugang zu gespeicherten Informationen und Emotionen verschafft haben. Andere Therapeuten und Wissenschaftler haben sich mit der Bedeutung der pränatalen Phase beschäftigt und definitiv nachgewiesen, dass wir bereits vor unserer Geburt emotional beeinflusst werden. Als Erwachsene haben wir in der Regel keine bewussten Erinnerungen an diese vorgeburtliche Zeit, aber in unserem Unterbewusstsein ist jedes Detail gespeichert und hat extreme Auswirkungen auf unser Verhalten und unsere Art, mit dem Leben umzugehen.

Und mit der Geburt hört diese Beeinflussung nicht auf, im Gegenteil, sie geht verstärkt weiter: Jede Emotion, jeder Gedanke sendet eine Botschaft in jede Zelle unseres Körpers. Diese Botschaften haben mehr oder weniger intensive Auswirkungen auf uns, wobei es keine Rolle spielt, ob wir uns bewusst daran erinnern oder nicht. Die gesendeten Emotionen werden in jedem Fall in der DNS unserer Zellen registriert, wobei ihre Intensität darüber entscheidet, in welcher Menge und Stärke die entsprechenden Energien gespeichert werden. Die in den Zellen gespeicherten Emotionen bilden also das eigentliche Unterbewusstsein.

Bei der Partnerwahl können beispielsweise die optischen Merkmale der Eltern eine interessante Rolle spielen, wie die folgenden Beispiele deutlich machen.

Sonja fühlte sich unwiderstehlich zu Karsten hingezogen. Er war ein sehr humorvoller Mann und lachte gern, wobei er stets übers ganze Gesicht strahlte. Sonjas Eltern hatten sich scheiden lassen, als sie noch im Kleinkindalter alt war. Sie war bei ihrer Mutter aufgewachsen und kannte ihren Vater fast nur von Bildern. Nachdem Sonja nun schon zwei Jahre mit Karsten zusammen war, fiel ihr plötzlich auf, dass Karsten genau die gleiche große Zahnlücke zwischen den beiden Schneidezähnen hatte wie ihr Vater. Die tiefe Sehnsucht nach der Liebe ihres Vaters hat dazu beigetragen, dass Karsten – mit seiner Zahnlücke – für sie unwiderstehlich war.

Ein anderes Beispiel für die Auswirkungen einer frühkindlichen Prägung auf eine spätere Partnerschaft ist Holgers Geschichte. Holger wusste bis zu seinem 47. Lebensjahr nicht, dass er adoptiert war. Seine Adoptiveltern hatten ihm nichts davon erzählt. Erst nach ihrem Tod fand er seine echte Geburtsurkunde und Briefe mit der Adresse seiner leiblichen

Mutter in der damaligen DDR. Seine Frau half ihm, diesen Schock zu überwinden, indem sie nach der leiblichen Mutter forschte. Zunächst konnte sie aber nur einen Mann dieses Namens in der Nähe von Dresden ausfindig machen. Sie rief dort an und fand heraus, dass Holger einen Bruder hatte und dass seine leibliche Mutter noch lebte. Sie hatte durch spätere Heirat einen anderen Namen angenommen und lebte nun in einem Altersheim. Holger und seine Frau fuhren nach Dresden, trafen sich mit dem Bruder – der Holger übrigens sehr ähnlich sah – und besuchten auch Holgers leibliche Mutter. Die Mutter hatte all die Jahre den Wunsch gehabt, ihren Sohn Holger noch einmal zu sehen, aber Holgers Adoptiveltern hatten ihr jeglichen Kontakt mit ihm verboten und all ihre Briefe abgefangen. Als Holger seine Mutter sah, brach er in Tränen aus. Sie hatte trotz ihres Alters immer noch schulterlanges rötliches Haar genau wie Holgers Frau.

Sein ganzes Leben lang hatte Holger eine Vorliebe für Frauen mit langen rötlichen Haaren gehabt, doch erst in diesem Moment wurde ihm klar, warum.

Was ist das Filtersystem des Gehirns?

In jeder Sekunde nehmen wir mit unseren Sinnen Millionen von Informationen auf, die nach unterschiedlicher Priorität verarbeitet und gespeichert werden. Alle sensorischen Informationen durchlaufen einen Filterungsprozess und werden über die Synapsen weitergeleitet, bis sie schließlich unser Bewusstsein erreichen. Dabei beeinflussen unsere Glaubenssysteme und bisherigen Erfahrungen unsere jeweilige Wahrnehmung.

Die folgenden Glaubensmuster haben, wie Sie sich leicht vorstellen können, einen weniger guten Einfluss auf die Partnerwahl und bestehende Partnerschaften:

- Ich habe kein Glück in der Liebe.
- Ich bin nicht liebenswert.
- Ich bin unfähig, eine feste Bindung einzugehen.
- Ich werde immer nur enttäuscht.
- Ich werde immer nur betrogen.
- Ich hab schon alles versucht, aber mich will keiner.
- Ich bin ein Einzelgänger.
- Leiden, Schmerz und Kummer gehören zu einer Partnerschaft.
- Ich bin ein armes Scheidungskind.

Nicht nur Liebe macht blind. Auch negative Glaubensmuster wirken wie eine Augenbinde und verhindern, dass man sehen kann, was wirklich ist. Selbst wenn der Traumpartner mit einem Blumenstrauß vor der Haustür stünde, würden diese und ähnliche Glaubensmuster die betreffende Person daran hindern, die Tür zu öffnen. Und wenn sie doch öffnen würde, würde es ihr sehr viel leichter fallen zu glauben, dass falsch geklingelt wurde und die Blumen für die Nachbarin sind.

Wenn Menschen Angst davor haben, bestimmte Eigenschaften in einem Partner zu sehen, wird der Filter in ihrem Gehirn einfach nicht zulassen, dass dies geschieht.

Heidi war schon seit vierzehn Jahren mit Winfred verheiratet. Er war Filialleiter in einer Bank und ein zuverlässiger Mann. In letzter Zeit kam er jedoch immer später nach Hause und hatte auch nur wenig Appetit, obwohl Heidi seit Beginn ihrer Ehe jeden Abend für ihn kochte. Sie machte sich schon Sorgen, dass möglicherweise mit seinem Magen etwas nicht stimmte. Auf der Geburtstagsfeier eines Mitarbeiters der Bank wurde intensiv gefeiert. Winfred machte nicht den Eindruck krank zu sein, und eine Kollegin schubste Heidi an und sagte: »Ihr Mann ist ja auch nicht gerade ein Kind von Traurigkeit.« Heidi bezog dies auf den ausgiebigen Bierkonsum ihres Mannes und lachte nur.

Erst nach Monaten fiel Heidi auf, dass Winfred öfter nach Parfüm roch. Und dann die merkwürdigen Anrufe am Wochenende. Immer wenn sie dran ging, wurde aufgelegt. Konnte es sein, dass Winfred Ärger in der Bank hatte? Das fragte sich Heidi zwar manchmal, aber die Sorgen um ihre krebskranke Mutter beschäftigten sie so sehr, dass sie einfach nicht sehen konnte, was um sie herum vor sich ging. Eines schönen Heiligabends klingelte es an der Haustür. Davor stand eine ehemalige Mitarbeiterin der Bank mit einem kleinen Jungen auf dem Arm, der seinen Papa besuchen wollte. Da kam die ganze Geschichte ans Licht. Wilfred führte ein Doppelleben. Er hatte eine Beziehung und sogar ein Kind mit einer anderen Frau, der er seit Jahren versprach, sich scheiden zu lassen.

Dieses Beispiel zeigt deutlich, wie *der Filter im Gehirn verhindert, dass wahrgenommen wird, was ist. Es gibt keine objektive Realität!*

Zu Heidis Glaubensmustern gehörten unter anderen:

- Mir kann so was nicht passieren.
- Scheidungen kommen nur in anderen Familien vor.
- Mein Mann ist zuverlässig und ehrlich.

Heidi hatte außerdem schreckliche Verlustangst. Vor zwei Jahren war ihr Vater gestorben, und nun war die Mutter an Krebs erkrankt. Ihre große Angst, einen geliebten Menschen zu verlieren, machte sie einfach blind für Winfreds Doppelleben. Der Schock, die Verletzung, die Schmerzen, die Wut und die Trauer blieben ihr aber dennoch nicht erspart.

Übung: Meine Glaubensmuster

Diese Übung wird Ihnen helfen, Ihre eigenen Glaubensmuster besser zu erkennen. Nehmen Sie ein Blatt Papier und einen Stift und gehen Sie gedanklich zurück in Ihre Kindheit. Schreiben Sie dann einfach alle Antworten auf, die Ihnen zu den folgenden Fragen spontan einfallen.

- Was hat Ihre Mutter Ihnen zum Thema Partnerschaft gesagt?
- Welche Rolle hat sie in der Partnerschaft Ihrer Eltern gespielt?
- Was hat der Vater zum Thema Partnerschaft gesagt?
- Welche Rolle hat er in der Partnerschaft Ihrer Eltern gespielt?

- Wie war die Beziehung Ihrer Eltern?
- Erkennen Sie ähnliche Muster in Ihren eigenen Partnerschaften?
- Welche anderen Glaubensmuster haben Sie zum Thema Partnerschaft?

Schreiben Sie zu jedem negativen Glaubensmuster auf Ihrer Liste einen Satz, der genau das Gegenteil aussagt. Das sind Ihre neuen Leitsätze. Lernen Sie sie auswendig und wiederholen Sie sie regelmäßig. Wenn Ihnen das nächste Mal negative Gedanken beziehungsweise Glaubensmuster auffallen, kehren Sie diese ebenfalls ins Positive. Sie können diese Übung auch zu anderen, für die Partnerschaft relevanten Themen machen, zum Beispiel zum Thema Sexualität.

Wir möchten Sie noch einmal daran erinnern, dass alle Gedanken Energiewellen aussenden, die wie ein Magnet genau das in Ihr Leben ziehen, was Sie denken. Das führt dazu, dass Sie oft recht haben und Ihre Glaubensmuster bestätigt sehen. Doch recht zu haben bedeutet nicht, in einer liebevollen Partnerschaft glücklich zu sein.

Wie beeinflussen Emotionen unser Leben?

Wie bereits erwähnt: Wir alle tragen gespeicherte Emotionen und Programme mit uns herum, die uns das Leben unnötig schwer machen. Die gespeicherten Emotionen formen unsere Glaubensmuster, und diese bestimmen unsere Gedanken. Die Gedanken sind wie Samenkörner, die wir in den fruchtbaren

Boden (Emotionen) pflanzen, der seit unserer Empfängnis bereitet wird, und wir stärken sie, indem wir mit intensiven Emotionen (zum Beispiel Angst) an ihnen festhalten. Wenn die Energien dieser Emotionen mit Gedanken zusammentreffen, erzeugen sie Schwingungen, die wiederum eine magnetische Wirkung haben und immer genau das anziehen, was wir denken. Auf diese Weise erschaffen wir unsere Realität.

Wenn unsere Realität beziehungsweise unsere Partnerschaft nun anders aussieht, als wir sie uns eigentlich wünschen, liegt das daran, dass unsere Emotionen und unsere Gedanken nicht übereinstimmen. Haben Sie sich schon einmal gefragt, warum die Bestellungen beim Universum wunderbar klappen, wenn es beispielsweise um einen Parkplatz geht, während der mehrfach bestellte Traumpartner trotz positiver Affirmationen einfach nicht geliefert wird? Wir können Ihnen das erklären: Wenn wir unsere Gedanken beispielsweise auf etwas richten, das wir haben möchten, aber unterbewusst die Emotion vorherrscht, dass wir das Gewünschte nicht wert sind, werden wir es in der Regel nicht bekommen.

Kennen Sie den Ausdruck »der Verstand setzt aus«? Damit soll zum Ausdruck gebracht werden, dass die Emotionen die treibende Kraft sind und dass konträre Gedanken einen Konflikt auslösen. Oft handeln wir trotz aller guten Vorsätze gegen unseren Verstand beziehungsweise »wider besseres Wissen« und bleiben zum Schluss mit einem »schlechten Gewissen« zurück. Bei den Menschen, die nicht die gewünschten Resultate erzielen, obwohl sie den »kosmischen Bestellservice«

nach allen Regeln der Kunst bemüht haben, laufen Emotionen und Gedanken in unterschiedliche Richtungen. Doch nur dann, wenn Ihre Emotionen und Ihre Gedanken übereinstimmen, erhalten Sie die gewünschte Lieferung und Ihre Herzenswünsche werden erfüllt.

Wenn Sie in Beziehungen ständig enttäuscht werden, wenn alles schiefzulaufen scheint und Sie anscheinend nie die gewünschten Resultate erzielen, so dass Sie immer frustriert sind, laufen Ihre Gedanken und Ihre Emotionen mit Sicherheit in unterschiedliche Richtungen.

Die Faustregel *immer positiv denken* ist sicher nicht das Allheilmittel, um seine Gedankenwelt in den Griff zu bekommen. Manchmal kann es von entscheidender Bedeutung sein, lang unterdrückten Schmerz, Ärger und andere Gefühle herauszuschreien oder wie auch immer zum Ausdruck zu bringen, damit sie nicht eskalieren oder außer Kontrolle geraten. Wir alle kennen jene roten Knöpfe, die besonders von unseren karmischen Partnern treffsicher gedrückt werden und emotionale Explosionen auslösen. Hinter solchen Explosionen verbergen sich immer verborgene Schmerzen und nicht verheilte Wunden.

Heike (32) und Klaus waren ein glückliches Paar, doch immer wenn es darum ging, dass Klaus bei der Hausarbeit helfen sollte, gab es Streit. Er wehrte sich vehement und wollte Heike nicht in der Küche behilflich sein. Dieses Thema war der wunde Punkt in ihrer Beziehung und weitete sich bald zum Machtkampf aus. Der verständnisvolle Klaus wurde stur wie ein Panzer, wenn es darum ging. Heike bat schließlich um ein Engel-Reading, denn dieses Thema drohte ihre Ehe zu zerrütten. Die Engel zeigten Heike ein Muster, das sie von ihrer Mutter übernommen hatte. Die gestresste, berufstätige Mutter hatte ständig Streit mit ihrem Mann gehabt, wenn es um das Thema Haushalt und Kinder ging. Sie forderte seine Mithilfe und schrie ihn und die Kinder häufig an. Das Verhalten von Klaus löste bei Heike diese schmerzhaften Kindheitserinnerungen aus. Sie konnte es auch nicht vertragen, wenn sie angeschrien wurde.

Die Engel erklärten ihr auch, warum Klaus nicht helfen wollte, was sie bis dahin nicht verstanden hatte. Als Kind sollte Klaus immer den Mülleimer rausbringen, was er auch willig tat. Einmal – Klaus war damals sechs Jahre alt – achtete er nicht darauf, dass die Tür hinter ihm einen Spalt offen geblieben war. Sein Hund lief hinter ihm her und rannte auf die Straße. Ein vorbeifahrendes Auto überfuhr den kleinen Hund vor seinen Augen. Von da an weigerte er sich, den Müll rauszubringen und lehnte auch jede andere Form von Hausarbeit ab. Klaus hatte dieses Trauma verdrängt und konnte Heike deshalb nichts davon erzählen. Als Heike ihn am nächsten Tag vorsichtig fragte, ob er jemals ein Haustier gehabt hatte, erinnerte er sich und erzählte ihr unter Tränen von seinem geliebten Hund. Heike und Klaus ließen sich von den Engeln helfen, ihre alten Wunden zu heilen und fanden gemeinsam eine Möglichkeit, die Hausarbeit harmonischer zu gestalten.

Wie können wir unsere Gedanken und Emotionen ändern?

Wenn wir unzufrieden sind mit dem, was wir uns Tag für Tag aufgrund unserer unbewussten und unerwünschten Emotionen erschaffen, sollten wir diese Emotionen transformieren und damit ihre Energie verändern. Während der Behandlung mit den Engeln können wir zum Ursprung der Emotionen zurückgehen und ihre Schwingung verändern (siehe »Lösungsformel der Engel für liebevolle Partnerschaften«, Seite 214 f.). Dieser Prozess verändert die im Unterbewusstsein gespeicherten Informationen und damit auch die unerwünschten Emotionen und Programme. Natürlich können wir unsere Gedanken auch durch Affirmationen verändern, doch die Gedanken werden wieder auftauchen, wenn wir die Emotionen nicht an ihrem Ursprung energetisch verändern.

Aufgrund leidvoller Erfahrungen haben sich viele Menschen den bewussten Zugang zu ihren Emotionen selbst verbaut. Es scheint manchmal besser, nichts zu fühlen als Schmerzen zu empfinden. Auch gesellschaftliche Restriktionen haben dazu beigetragen, vor allem Männer von ihren Emotionen abzutrennen, denn sie werden oft als »Weicheier« oder »Heulsusen« bezeichnet, wenn sie ihre Gefühle zum Ausdruck bringen. Viele Männer wurden schon im Kindesalter durch Spott und Bestrafung darauf programmiert, ihre Emotionen zu unterdrücken. Diese verschütteten oder bewusst unterdrückten Emotionen können natürlich nicht einfach unter den Teppich gekehrt werden. Ihre Energien sind im Körper und im Energiefeld der Betreffenden gespeichert. Sie gehen nicht von allein weg, sondern dehnen sich im Gegenteil immer mehr aus und es kostet immer mehr Kraft, sie im Verborgenen zu halten – Kraft, die dem Körper verloren geht. Der Körper wird also immer schwächer und schließlich sogar krank.

Ein Beispiel: Die Situation in der Partnerschaft wird als Stress empfunden. Stress bedeutet, dass wir unsere Emotionen unterdrücken und nicht das sagen oder tun, was wir gern sagen oder tun möchten. Und Stress gehört bekanntlich zu den Hauptursachen von Herzinfarkten.

Da Emotionen Energien sind, die zwar nicht eliminiert, wohl aber transformiert werden können, ist es möglich, Emotionen und die damit verbundenen Programme zu verändern und somit Krankheiten zu heilen und Probleme dauerhaft zu lösen. Der erste Schritt besteht in der Bereitschaft, sich seiner Emotionen bewusst zu werden und sie ohne Bewertung oder Verurteilung zuzulassen. Erst dann kann man sich bewusst werden, was man stattdessen empfinden möchte. Wir erklären das unseren Klienten oft an einem Beispiel aus der asiatischen Tradition: Wenn ein neuer Schüler zu einem asiatischen Meister kam (zum Beispiel zu einem Meister der Kampfkunst), verglich dieser alles, was der Schüler bisher gelernt hatte, mit einer halb vollen Tasse altem Tee. Er verlangte von seinem Schüler, diesen Tee auszuschütten, das heißt, seinen Geist beispielsweise durch Meditation zu leeren, damit er den Geschmack des neuen Tees beziehungsweise der neuen Kunst wirklich erleben konnte. Im Fall der Kampfkunst heißt das: Der Schüler sollte lernen, die betreffende Kampfkunst mit all ihren Formen von Anfang an richtig zu beherrschen, denn der Meister wusste, dass sonst in einer Stresssituation die alten Muster, Bewegungen und Schritte wieder zum Vorschein kommen würden, und das konnte in manchen Kampfsituationen lebensgefährlich werden.

Checkliste der unerwünschten und unerlösten Emotionen

Viele Menschen wünschen sich nichts sehnlicher, als geliebt zu werden, doch oft tragen sie ebenso unerwünschte wie unerlöste Emotionen mit sich herum, die sie genau daran hindern. Dieses emotionale Gepäck kann höchst negative Auswirkungen haben: Angst vor Partnerschaften, Verspannungen und sogar körperliche Krankheiten. Überprüfen Sie daher, welche der unten genannten Emotionen Sie mit sich herumschleppen. Wenn Sie das Gepäck identifiziert haben, können Sie selbst wählen, wie Sie sich am liebsten fühlen möchten, und dies in eine Lösungsformel fassen, zum Beispiel: Ich fühle mich ... (geliebt, verstanden, akzeptiert, angenommen, beschützt, geheilt). Ich bin ... (dankbar, gesund, glücklich, entspannt, erfüllt, sicher). Ich beschließe, ... (offen, mutig, liebevoll, verständnisvoll und sexy) zu sein.

Formulieren Sie Ihre Lösungsformeln immer positiv und denken Sie daran: Sie erschaffen Ihr eigenes Leben!

abgeschoben
abgespeist
abgestellt
abhängig
allein gelassen
ängstlich
attackiert
angeklagt
ausgelaugt
ausgeliefert
ausgenutzt
bedrängt
befangen
belastet
belogen
benachteiligt
benutzt
beschämt
beschmutzt
bestraft
betroffen
betrogen
bevormundet
blockiert
dämlich
depressiv
devot
dominiert
doof
dumm
eingeengt
eingeschränkt
einsam
emotional blockiert
emotional verletzt
empfindlich
entwürdigt
erbärmlich
erfolglos
erniedrigt
erschöpft
falsch (immer)
falsch behandelt
falsch getröstet
falsch verstanden
fehl am Platz (immer)
festgehalten
finanziell eingeschränkt
fremdbestimmt
Freunde (ohne)
frustriert
gebunden
gedemütigt
geduldet
gefangen
gehasst

gekränkt
gemaßregelt
geopfert
gerichtet
geschlagen
gestresst
getäuscht
getrennt
gezwungen
gleichgültig (sein)
haltlos
herabgesetzt
herabgewürdigt
hilflos
hingerichtet
hintergangen
hörig
hoffnungslos
hysterisch
Idiot (wie ein)
immobil
impulsiv
im Stich gelassen
inkompetent
in Besitz genommen
in Beschlag genommen
irritiert
isoliert
kaltgestellt
kastriert
kontrolliert
krank
kritisiert
leblos
limitiert
lustlos/lustvoll
machtlos
Mangel (im M.)
Märtyrer (als M.)
manipuliert
melancholisch
mental verwirrt
minderwertig
miserabel
missachtet
missbraucht
missverstanden
müde
mundtot gemacht
mutlos
naiv
negativ
nervös
nicht anerkannt
nicht angenommen
nicht beachtet

nicht ernst genommen
nicht gefördert
nicht gemocht
(vielem) nicht gewachsen
nicht gewollt
nicht gut genug
nicht richtig
nicht verstanden
nicht wahrgenommen
nicht willkommen
nicht zugehörig
niedergemacht
neurotisch
nutzlos
ohnmächtig
orientierungslos
perfektionistisch
pervers
pessimistisch
phobisch
rachsüchtig
ratlos
rastlos
rebellierend
ruhelos
ruiniert
sabotiert
sarkastisch
schlapp
schockiert
schüchtern
schuldig
schwach
selbst vernichtend
selbst verurteilend
selbst zerstörend
selbst zweifelnd
separiert
sexuell frustriert
sexuell missbraucht
sorgenvoll
sprachlos
stagnierend
suchend
süchtig
suizidal
taktlos
terrorisiert
träge
traumatisiert
traurig
triebhaft
trostlos
tyrannisiert
überfahren
überfordert

übervorteilt
überwältigt
unakzeptiert
unausgeglichen
unbedeutend
unbequem
unbefriedigt
unbeweglich
unbewusst
undankbar
undiszipliniert
unehrlich
unentschlossen
unerfüllt
unerwünscht
unfähig
unfrei
unfreundlich
ungeliebt
ungerecht behandelt
unglücklich
unkontrolliert
unorganisiert
unqualifiziert
unruhig
unsicher
unterschätzt
unverantwortlich
unverstanden
unvollkommen
unwichtig
unwillig
unwirsch
unwürdig
verärgert
verbittert
verbraucht
verdammt
verflucht
vergewaltigt
verhaftet
verhöhnt
verhört
verkannt
verlassen
verletzt
verleugnet
verloren
vernachlässigt
vernichtet
verspottet
verstoßen
verurteilt
verwirrt
verwundbar
verwundet

verzweifelt
vorgeführt
vulgär
weggeworfen
weggestoßen
wertlos
würdelos

zerfleischt
zermürbt
zerstört
zerstreut
zertreten
zu kurz gekommen
zurückgewiesen

KAPITEL 8

Das Opferprogramm

Dieses Programm ist besonders bei Frauen weit verbreitet und wird auch das »Brave Mädchen-Programm« genannt. Als Kinder haben diese Frauen gelernt, ihre Bedürfnisse hintanzustellen oder gar ganz zu unterdrücken. Als Erwachsene opfern sie sich auf – für die Kinder, für den Mann, für den Beruf. Sie sind erschöpft und frustriert, geben alles und bekommen nichts zurück. Dennoch versuchen sie immer noch mehr zu geben, weil sie hoffen, dass die Liebe, die sie geben und nach der sie suchen, irgendwann zu ihnen zurückfließt. In Partnerschaften erleben sie häufig Enttäuschungen. Sie werden betrogen, ausgenutzt und verlassen. Man kann dieses Programm manchmal schon an der Körperhaltung erkennen, aber auch an dem niedrigen Energieniveau der betreffenden Person und dem psychischen Stress, der wiederum Krankheiten hervorrufen kann. Diese Menschen haben häufig Rücken- und Schulterprobleme und gehen oft nach vorn gebeugt. Sie tragen die emotionale Last der Familie und manchmal sogar der ganzen Welt. Weil sie anderen Menschen helfen wollen, sind sie oft in Heilberufen zu finden oder helfen ehrenamtlich. Kommt Ihnen das bekannt vor?

Sich in der Partnerschaft regelrecht aufzuopfern, ist ein typisches Merkmal des Opferprogramms, doch die scheinbaren Opfer sind nicht wirklich selbstlos. Wir haben von den Native Americans gelernt, wie wichtig es ist, dass die Frau von ihrem Partner als Zentrum des Universums gesehen und entsprechend behandelt wird. Wenn das nicht der Fall ist, klammern Mütter beispielsweise oft an ihren Kindern, in die sie so viel Arbeit investiert haben, und prägen diese Kinder so, dass sie von ihnen als Zentrum des Universums behandelt werden. Durch dieses Verhalten in der Erziehung erzeugen sie anstelle von selbstbewussten, freien Menschen neue Opfer, die Schwierigkeiten haben, ihre eigenen Bedürfnisse auszuleben, da sie unbewusst immer versuchen, die Mutter (oder andere Autoritätspersonen im Berufsalltag) zufriedenzustellen oder glücklich zu machen. Das ist tragischerweise aufgrund der Charakteristika des ursprünglich vorgelebten Opferprogramms (Opfer gönnen sich keine »eigennützige« Freude oder freie Zeit) gar nicht möglich.

Es gibt Millionen von verheirateten Männern, für die ihre »Mama« immer noch das Zentrum des Universums ist – sehr zum Ärger ihrer frustrierten Ehefrauen, die sich das, was sie brauchen, unter anderem von ihren Kindern holen. In vielen Kulturen wird dieses Modell und das dazugehörige Opferprogramm seit Hunderten von Jahren so intensiv gepflegt, dass etwas anderes kaum vorstellbar ist. Wir gehen jedoch davon aus, dass Sie, wenn Sie möchten, durchaus etwas daran ändern können.

Geben und Nehmen im Gleichgewicht

In einer Partnerschaft ist es sehr wichtig, gleichermaßen geben und annehmen zu können. Wie sähe die Welt aus, wenn wir alle nur geben würden? Und wie, wenn alle Menschen nur nehmen würden? Wir alle tragen zur Balance in dieser Welt bei, indem wir uns selbst ins Gleichgewicht bringen. Vor allem, wenn Sie mit dem scheinbar edlen Glaubenssatz »Geben ist seliger als Nehmen« aufgewachsen sind, sollten Sie prüfen, was wirklich dahintersteckt.

Wenn ein Partner zum Beispiel das Gefühl hat, ständig viele Geschenke machen zu müssen, verbergen sich dahinter oft tiefe Ängste wie

- die Angst nicht geliebt zu werden,
- die Angst verlassen zu werden,
- die Angst verletzt zu werden oder
- die Angst allein zu sein.

Wenn in einer Partnerschaft ein Ungleichgewicht zwischen Geben und Nehmen besteht, ist ein Partner meistens im Opferprogramm. Und das führt früher oder später zu Konflikten, wie die folgenden Beispiele zeigen.

Fabian war Sänger in einer Band und zog mit seiner tollen Stimme viele Frauen in seinen Bann. Tina beeindruckte er auch mit seinen Astrologiekenntnissen. Und als er ihr bei einem Cappuccino erklärte, aufgrund einer ungewöhnlich stimmigen Planetenkonstellation und ihrer schönen Augen sei sie seine Traumfrau, schmolz Tina endgültig dahin. Sie liebte seine Musik ebenso wie sein Interesse an Spiritualität und glaubte, endlich ihren Traummann gefunden zu haben. Von nun an begleitete sie ihn zu sämtlichen Proben und Auftritten seiner Band, die immer noch auf ihren großen Durchbruch wartete. Sie half ihm eine Wohnung zu finden, bezahlte die Kaution, schrubbte die Teppichböden und schleppte Umzugskisten. Obwohl sie eigentlich noch bei ihren Eltern wohnte, verbrachte sie mehr oder weniger Tag und Nacht bei ihm. Fabian sah sich als Künstler, verabscheute alltägliche Arbeiten und litt deshalb unter chronischem Geldmangel. Tina investierte viel Arbeit, Zeit und Geld in ihn. Von ihren Ersparnissen kaufte sie ihm sogar eine neue Gitarre. An dem Wochenende, an dem Tinas Oma ihren fünfundsiebzigsten Geburtstag feierte, konnte sie nicht bei dem Auftritt der Band dabei sein, versprach aber, später nachzukommen und ihn in seiner Wohnung zu treffen.

Als sie kam, stand sie vor verschlossener Tür. Fabian machte auch nach mehrmaligem Klingeln nicht auf, doch sie wusste genau, dass er zu Hause war. Verzweifelt fuhr Tina zu einer Freundin, die beim Auftritt der Band dabei gewesen war. Von ihr erfuhr sie, dass Fabian den ganzen Abend von einem weiblichen Fan angehimmelt worden war und dass die beiden einen Longdrink nach dem anderen getrunken hatten. Tina wurde heiß und kalt – und dann wurde ihr schlecht. Jetzt wusste sie, warum ihr »Traummann« die Tür zu der von ihr noch kurz vorher so sorgfältig geputzten Wohnung nicht aufgemacht hatte.

Thomas und Annette sind seit acht Jahren verheiratet und haben zwei kleine Kinder im Alter von sechs und drei Jahren. Annette ist den ganzen Tag mit Kindern, Hund und Haushalt beschäftigt und kümmert sich zusätzlich um die Pflege ihres alten Vaters. Er ist Witwer und lebt im Nachbarhaus. Der Tagesablauf des Paares ist Routine. Thomas und Annette stehen jeden Morgen um sechs Uhr auf, frühstücken gemeinsam, und um halb acht verlässt Thomas das Haus. Er ist im Außendienst einer Textilfirma beschäftigt, fährt zu Kunden und auf Messen. Oft kommt er nicht vor neun Uhr abends zurück, weil er nach der Arbeit regelmäßig zum Fußballtraining oder ins Fitnessstudio geht. Annette fühlt sich gestresst und durch ihren kranken Vater ans Haus gebunden. Sie wünscht sich Entlastung und sehnt sich nach romantischen Wochenendausflügen, auch mal ohne Kinder. Thomas ist durch seinen Fußballverein auch am Wochenende regelmäßig unterwegs. An den Wochenenden, die er zu Hause verbringt, will er nachts meistens Sex. Tagsüber schläft er sehr lang und hält sich am liebsten vor dem Fernseher auf. Die Liebesbeziehung der beiden ist alles andere als frisch. Annette wird immer unzufriedener, doch aus Angst ihn zu verlieren, hat sie bisher nichts gesagt.

Was fällt Ihnen an dieser Situation auf? Genau genommen führt Thomas ein Junggesellenleben. Er kümmert sich in erster Linie um seinen Beruf und seine eigenen Interessen. Dagegen ist prinzipiell nichts einzuwenden, doch als Ehemann und Familienvater fällt er leider völlig aus. Annette hingegen versucht, allen Familienmitgliedern gerecht zu werden und vergisst sich dabei selbst. Das kostet sie viel Kraft und Energie. Jahrelang hat sie durchgehalten in der Hoffnung, dass sich bald alles ändern wird. Auch wenn Thomas die Tatsache, dass er das Geld verdient, als sein »Geben« bezeichnet, besteht hier ein Ungleichgewicht. Annette arbeitet sicher genauso viele Stunden im Haushalt, allerdings ohne dafür Lohn und Anerkennung zu bekommen.

Ob in Ihrer Partnerschaft ein Gleichgewicht zwischen Geben und Nehmen besteht, können Sie danach beurteilen, ob Sie gern und freiwillig geben oder ob immer von Ihnen erwartet wird, dass Sie vollen Einsatz bringen und Sie das gezwungenermaßen auch tun, weil sonst alles zusammenbrechen würde. Schauen Sie auch an, ob Sie Spaß am Nehmen haben und wie viel Zeit, Aufmerksamkeit, Liebe und auch Geld Ihr Partner in die Beziehung einbringt. Ist das Verhältnis wirklich ausgewogen, also etwa 50:50? Oder ist es eher 80:20, und das vielleicht schon seit Jahren?

Wie halte ich die Liebe frisch?

Es ist völlig normal, dass der Rauschzustand, der am Anfang der Beziehung bestand, irgendwann vorüber ist. Im Laufe einer bestehenden Partnerschaft werden vom Körper andere chemische Botenstoffe produziert (zum Beispiel Oxytozin und Vasopressin), und das hat andere Gefühle und andere Verhaltensweisen zur Folge. Im Tierreich ist es der Nestbau, der durch vergleichbare Botenstoffe ausgelöst wird, beim Menschen der Wunsch nach Familie, nach gemütlichen Fernsehabenden und Schmuseeinheiten. Jede Partnerschaft verändert sich im Laufe der Zeit, zum Beispiel durch Kinder, Berufswechsel, Wohnortwechsel, Stress, Gesundheitszustand etc.

Daher ist es wichtig, regelmäßig eine Bestandsaufnahme zu machen und zu schauen, ob sich die eigenen Bedürfnisse verändert haben und ob sie befriedigt werden. Sind Sie mit diesem Partner noch aus den gleichen Gründen zusammen wie ursprünglich? Haben Sie noch die gleichen Bedürfnisse? Was hat sich verändert? Was nervt Sie? Was vermissen Sie? Was können Sie füreinander tun? Was lieben Sie an Ihrem Partner?

Wenn Paare wie Annette und Thomas bereit zur Veränderung wären, könnte auch die Liebe wieder fließen. Viele Menschen, die im Opferprogramm feststecken, machen wie Annette den Fehler, die Bedürfnisse anderer Menschen oder den Beruf immer an erste Stelle zu setzen. Sie leiden unter einem Mangel an Energie, der sich auch als Zeit- und Geldmangel zum Ausdruck bringt. Statt wie ein Stern im Himmel hell und strahlend zu leuchten, werden sie zum schwarzen Loch. Sie geben und geben. Sie werden müde und schlapp, und irgendwann ist das, was sie am Anfang so attraktiv gemacht hat, ganz verschwunden.

Bevor wir Ihnen weitere Empfehlungen geben, wie Sie die

Liebe frisch halten können, möchten wir Sie bitten, eine Selbstanalyse zu machen. Finden Sie heraus, wie frisch und energievoll Sie selbst noch sind.

Übung: Die Energie-Pyramide

- Prüfen Sie, wie viel Prozent der Energien, die Sie täglich zur Verfügung haben, wohin fließen. Zeichnen Sie eine Energie-Pyramide auf ein Blatt Papier. Ganz oben, in der Spitze der Pyramide befindet sich Ihr Lebensmittelpunkt. Hierhin fließt die meiste Energie.
- Wie sind Ihre Prioritäten verteilt? Was steht in der Spitze der Pyramide, was unmittelbar darunter, was auf der nächsten Stufe? Sie können Begriffe wie Partner, Kinder, Beruf, Haushalt, ehrenamtliche Tätigkeit, Familienangehörige, Freunde und so weiter hier eintragen.
- Schreiben Sie nun dazu, wie viel Energie (in Prozent) Sie auf jeder Stufe benötigen, um alle damit verbundenen Aufgaben erfüllen zu können, zum Beispiel: Partner 15 %, Kinder 20 %, Beruf 40 % und so weiter
- Addieren Sie die Prozentzahlen. Sind es insgesamt 60, 80, 100, 150 Prozent oder sogar noch mehr?

Analyse

- Wenn Sie mehr als 100 Prozent Energie benötigen, geben Sie wesentlich mehr aus, als Sie zur Verfügung haben. Das heißt, Sie sind energetisch bankrott. Möchten Sie etwas an diesem Zustand ändern?

- Dann zeichnen Sie jetzt eine neue Pyramide und setzen Sie sich selbst auf die oberste Stufe.
- Schreiben Sie *100 %* über die Energie-Pyramide.
- Wenn Sie sich ausgelaugt, gestresst oder krank fühlen, sollten Sie von den 100 Prozent Energie 25 Prozent oder mehr in die oberste Stufe eintragen. Das bedeutet: Sie nehmen sich Zeit für sich selbst und stellen zuerst sicher, dass es Ihnen gut geht, dass Sie genug geschlafen und gegessen haben und Ihre eigenen Batterien (Energiespeicher) aufladen können. Dies kann auf unterschiedliche Art und Weise geschehen, beispielsweise in der Meditation, bei einem Spaziergang, durch Yogaübungen, Ausruhen oder indem Sie einem Hobby nachgehen (auch gemeinsam mit dem Partner, wenn er zum Wohlbefinden beiträgt).
- Wenn Sie eine liebevolle Partnerschaft haben wollen, sollten Sie ein Minimum von 15 Prozent dafür einplanen. Das heißt, Sie investieren 25 bis 35 Prozent Ihrer Energie für sich und Ihre Partnerschaft. Übrigens, auf welcher Stufe steht Ihre Partnerschaft eigentlich?
- Rechnen Sie nun aus, wie viel Energie Sie für andere Menschen und Aufgaben übrig haben. Wie wollen Sie diese Energie verteilen?

Zeit für sich – Zeit für den Partner

Ich kann doch unmöglich so viel Zeit und Energie für mich und meinen Partner aufbringen, denken Sie jetzt vielleicht, doch damit riskieren Sie, dass weder Sie noch Ihre Liebe auf

Dauer frisch bleiben. Es gibt immer Ausnahmesituationen (zum Beispiel die Geburt eines Kindes), aber das sollten Ausnahmen bleiben, wenn Sie und Ihr Partner nicht wie Marathonläufer auf längere Durststrecken trainiert sind. Das Energieniveau in einer Partnerschaft hängt also auch davon ab, wie frisch oder schlapp die Partner sind. Finden Sie heraus, was Sie verändern könnten, um sich selbst besser zu fühlen. Viele Partnerschaften bekommen durch einen Urlaub wieder frischen Wind, weil die Partner in einer anderen Umgebung neue Energie tanken können. Doch wenn es bei beiden tiefe emotionale Verletzungen gibt (was im Opferprogramm immer der Fall ist), sind diese mit Löchern in dem gerade gefüllten Tank vergleichbar, der Erholungseffekt für die Liebe ist dann nur von kurzer Dauer.

Wenn Sie Ihre Liebe wirklich frisch halten wollen, empfehlen wir Ihnen: *Genießen* Sie die gemeinsame Zeit etwa drei Stunden pro Tag und an einem »Urlaubstag« pro Woche. Das sind 34 bis 40 Stunden pro Woche. Klingt fast wie die tariflich festgelegte Wochenarbeitszeit, finden Sie? Stimmt genau! Ist Ihnen Ihre Partnerschaft so wichtig wie Ihr Beruf? Lohnt es sich Ihrer Meinung nach, diese Zeit zu investieren? Erinnern Sie sich noch, wie unzertrennlich Sie zu Beginn Ihrer Beziehung waren? Wie Sie jede freie Minute zusammen verbracht und immer Zeit füreinander gefunden haben?

Mit dieser Methode beugen Sie nicht nur Partnerschaftskrisen oder einer möglichen Trennung vor, sondern vermeiden auch jene unnatürlichen Auszeiten, die Sie sich sonst auf andere Weise schaffen würden, zum Beispiel mit Krankheiten oder Verletzungen. Solche Auszeiten dienen leider allzu oft dazu, die fehlende Aufmerksamkeit und Liebe eines Partners zu erwirken. Lassen Sie es nicht so weit kommen!

Wenn Sie kein Interesse haben, so viel Zeit mit Ihrem Partner zu verbringen, weil beispielsweise der Beruf ganz oben in Ihrer Pyramide steht, gerät die Partnerschaft früher oder später aus dem Gleichgewicht. Es ist typisch für die moderne westliche Gesellschaft, dass Lebenspartner während des Tages völlig verschiedene Aufgaben wahrnehmen, die nichts miteinander zu tun haben. Oft leben sie nebeneinander her und entfernen sich immer weiter voneinander, bis schließlich eine große Lücke zwischen ihnen klafft, die manchmal nicht mehr überbrückt werden kann.

Die einzige Zeit, die viele Partner regelmäßig zusammen verbringen, ist die Schlafzeit im gemeinsamen Bett. Wenn Sie die Liebe wirklich frisch halten wollen, sollten Sie das ändern. Gemeinsame Aufgaben und Ziele binden und inspirieren gleichzeitig, ohne dass ein Partner seine eigene Identität dafür aufgeben müsste. Woran könnten Sie gemeinsam arbeiten? Womit können Sie Ihre gemeinsame Zeit verbringen und dabei Spaß und Erfüllung finden?

Getrennte Schlafzimmer?

Kommen wir nun noch einmal auf unser Lieblingsthema Energie und Energieteilchen zurück. Aus energetischen Gründen können wir besonders sensiblen Menschen nicht dazu raten, mit ihrem Partner in einem Bett zu schlafen. Abgesehen davon, dass Sie sich möglicherweise durch Schnarchen und dergleichen gegenseitig die Nachtruhe rauben, kann sich Ihr Körper generell nicht so gut erholen, wie wenn Sie an einem gesunden Schlafplatz allein schlafen. Falls Sie unter Schlafstörungen leiden, beschäftigen Sie sich bitte eingehend mit der energetischen Reinigung Ihres eigenen Energiefeldes und mit der Entstörung Ihres Schlafplatzes. Fremdenergien sind oft auch ein Grund für Misskommunikation, Disharmonie und Streit in Partnerschaften. Bitten Sie die Engel regelmäßig um Klärung und Reinigung solcher Energien.

Denken Sie auch daran, alle elektrischen Geräte aus dem Schlafzimmer zu entfernen, inklusive Radiowecker mit roten Leuchtbuchstaben, die nachweislich krebserregend sind.

Was passiert, wenn Ihr Partner jede Nacht neben Ihnen im gemeinsamen Bett schläft? Wenn wir uns an die Grundprinzipien der Quantenphysik erinnern, wissen wir, dass sich Energiefelder aufgrund des Resonanzgesetzes einander angleichen – in diesem Fall handelt es sich um die Energiefelder von Ihnen und Ihrem Partner. Wenn sich zwei Energiefelder erst aneinander angeglichen haben, besteht keine Spannung mehr. Das anfängliche Knistern ist vorbei.

Uns ist klar, dass einige Leser jetzt vielleicht ganz empört sind und den Auszug aus dem gemeinsamen Schlafzimmer mit dem Ende ihrer Ehe gleichsetzen. Wir versichern Ihnen jedoch: Das Gegenteil ist der Fall. Auch Ihr Sexualleben muss nicht leiden. Sie können sich ja vor oder nach der

Schlafphase im gemeinsamen Bett oder an anderen Orten verabreden. Ihrer Fantasie sind hier keine Grenzen gesetzt. Diese Idee stammt übrigens nicht von uns. In allen Adelshäusern Europas ist es seit Jahrhunderten Tradition, getrennte Schlafzimmer zu haben.

Heilung und Klärung des Opferprogramms mit Erzengel Chamuel

Wenn Sie sich die Probleme der ganzen Familie und anderer Menschen aufgebürdet haben, kann es hilfreich für Sie sein, folgende Visualisierung mit Erzengel Chamuel durchzuführen. Doch seien Sie gewarnt: Wenn Sie das Opferprogramm geklärt haben, können Sie niemandem mehr die Schuld an etwas geben. Sind Sie bereit, Verantwortung für sich selbst, Ihre Partnerschaft, Ihr Leben, Ihre Energie und Ihre Gesundheit zu übernehmen?

- Entspannen Sie sich, atmen Sie ein paar Mal tief ein und aus und bitten Sie um die Anwesenheit der Engel. Legen Sie die Hände auf Ihr Herzchakra und lassen Sie die Energien fließen. Bitten Sie dann Erzengel Chamuel und seine Helferengel um Unterstützung bei der Klärung des Opferprogramms.
- Visualisieren Sie zunächst eine große Kinoleinwand und auf dieser Leinwand das Haus/die Wohnung, in dem/der Sie leben. Nehmen Sie wahr, dass viele Engel anwesend sind und dass alles hell erleuchtet ist.

- Sehen Sie nun, wie die Engel einen sehr großen Ofen in das Zentrum des Hauses stellen. In dem Ofen lodert eine große violette Flamme.
- Gehen Sie nun in Ihrer Vorstellung durch das ganze Haus, durch ein Zimmer nach dem anderen. Überall stehen Pakete und Schachteln, voll mit dem energetischen Müll, den Sie selbst produziert oder von anderen übernommen haben: negative Emotionen, Gedankenformen, Verhaltensmuster und Urteile. Nehmen Sie all diese Pakete und Schachteln und werfen Sie sie in den Ofen. Die Engel helfen Ihnen dabei. Säubern Sie einen Raum nach dem anderen. Die überflüssigen Energien können in Ihrer Vorstellung auch die Form von Einrichtungsgegenständen, Geschenken, Kleidern und so weiter annehmen.
- Sehen Sie, wie alles in dem großen Ofen verbrannt wird, wie diese Energien transformiert werden und wie helles weißes Licht aus dem Ofenrohr entweicht und das Haus nach und nach füllt.
- Geben Sie nun eine Bestellung bei Erzengel Chamuel auf. Bestellen Sie zum Beispiel Liebe, Freude, Glück, Gesundheit und Freiheit. Visualisieren Sie, wie Chamuel und seine Helferengel diese Energien in neuen Paketen, Schachteln und Lichtkugeln in Ihr Haus bringen.
- Schauen Sie überall nach, ob das Haus auch wirklich licht und hell ist. Falls Sie noch irgendeine dunkle Stelle entdecken, bitten Sie um Offenbarung und Beseitigung der Hintergründe und sehen dann zu, wie die Engel diese in den Transformationsofen werfen. Wenn das gesamte Haus

in hellem Licht erstrahlt, ist der erste Teil dieses Reinigungsvorgangs abgeschlossen.

- Sehen Sie nun, wie die Engel den großen Ofen entfernen und einen niedrigen Tisch mit Sitzgelegenheiten in die Mitte des Raumes stellen. Laden Sie Ihren Partner, Ihre Familienmitglieder, Ihre Ex-Partner und alle Menschen, die eine Rolle in dem Opferprogramm gespielt haben, ein, sich um diesen Tisch zu setzen. Sobald alle versammelt sind, verkünden Sie laut: »*Von diesem Tag an will ich für niemanden mehr das Opfer sein. Von heute an wähle ich die Freiheit und gestehe mir zu, eigene Entscheidungen zu treffen. Ich entbinde euch hiermit von der Aufgabe, mir meine Muster und Programme zu zeigen, und entbinde mich selbst davon.*«
- Beobachten Sie, wie die im Raum Anwesenden reagieren. Haben sie verstanden? Nicken sie mit dem Kopf?
- Bitten Sie nun alle Personen, die Sie verstanden haben, den Raum zu verlassen. Sollte es eine Person geben, die nicht gehen will, bitten Sie Chamuel, die karmische Verbindung zu dieser Person zu durchtrennen und Sie endgültig von den Energien des Opferprogramms zu befreien. Nehmen Sie wahr, was Sie fühlen, wenn alle Personen den Raum verlassen haben. Danken Sie Chamuel, seinen Helfern und der Gotteskraft. Strecken Sie die Arme aus und sagen Sie drei Mal: »*Ich bin frei. Ich bin frei. Ich bin frei.*«
- Sehen Sie jetzt, wie das gesamte Bild auf der Leinwand in einem goldenen Lichtmeer verschwindet. Kommen Sie langsam wieder ganz in Ihren Körper zurück. Nehmen Sie sich Zeit, bevor Sie aufstehen, und trinken Sie ein Glas Wasser.

Wenn Sie irgendwann das Gefühl haben, kurzfristig in das alte Programm zurückgefallen zu sein, wiederholen Sie die Visualisierung. (Eine beliebte Rückfallzeit sind die Weihnachtstage im Kreis der Familie.) In den wenigsten Fällen ist Ihr Partner oder sind Ihre Familienmitglieder sofort bereit, Ihren Wunsch nach Klärung des Opferprogramms zu unterstützen, da dies oft mit Einbußen verbunden ist. Zum Beispiel könnte der gewohnte »Service« (Essen kochen, Wäsche bügeln etc.) eingeschränkt werden oder womöglich ganz wegfallen. Erklären Sie Ihrem Partner also ganz genau, welche Vorteile es für ihn hat, wenn Sie nicht mehr im Opferprogramm sind, zum Beispiel: Sie haben mehr Energie, wahrscheinlich auch mehr Lust auf Sex, sind zufriedener, nörgeln weniger und fühlen sich einfach wohler.

Bei Thomas und Annette hat die Klärung des Opferprogramms wahre Wunder bewirkt. Ohne ihm Vorwürfe zu machen oder ihn zu kritisieren, hat Annette Thomas erklärt, dass ihre Ehe auseinanderzubrechen drohe, weil sie keine Kraft und Energie mehr habe, so weiterzumachen wie bisher. Sie zeigte ihm ihre Energie-Pyramide und ihre Bedürfnis-Pyramide und erklärte ihm, dass Sie nach Lösungen suche, um auch weiterhin eine liebevolle Partnerschaft mit ihm führen zu können. Thomas verstand und war bereit, seinen Teil dazu beizutragen. Sie einigten sich darauf, einen Babysitter für zwei Abende pro Woche zu engagieren, an denen sie nun gemeinsam ins Fitnessstudio oder ins Kino gehen. Zwei Abende pro Monat und Partner sind Wunschabende, die entweder allein, mit dem Partner oder mit Freunden verbracht werden können. Thomas entscheidet sich oft für Fußball, und Annette unternimmt gern etwas mit ihrer Freundin Petra. An den Wochenenden wird abwechselnd ausgeschlafen. Mal schläft Thomas aus, mal Annette. Auf diese Weise lernt Thomas die Bedürfnisse seiner Frau und der Kinder besser kennen, er bekommt dafür mehr Liebe und Respekt von ihnen. Annette fühlt sich mittlerweile viel wohler, und die Partnerschaft ist wieder aufgeblüht.

KAPITEL 9

Das Richterprogramm

Wenn Sie mit Sicherheit sagen können, dass das Opferprogramm überhaupt nicht auf Sie zutrifft, prüfen Sie doch einmal, ob Ihnen die Charakteristika des Richterprogramms bekannt vorkommen.

Das Richterprogramm hat zwei Seiten. Die erste ist dadurch gekennzeichnet, dass diese Menschen andere be- und verurteilen und dass ihre eigenen angestauten Emotionen zum Antriebsmotor werden. Nach außen wirken Menschen mit diesem Programm selbstbewusst. Oft sind sie beruflich erfolgreich und haben Führungspositionen inne. Für sie ist es wichtig, im Leben etwas zu erreichen und darzustellen, was auch materielle Sicherheit bedeutet. Sie sind immer beschäftigt und haben viel Stress, der sich vor allem durch Magen- und Herz-Kreislaufprobleme bemerkbar macht. Als Kinder waren sie strebsam in der Schule und/oder im Sport, fühlten sich jedoch unterbewusst unverstanden und ungeliebt. Anerkennung und Liebe gab es für sie nur, wenn sie außergewöhnliche Leistungen erbrachten. Als Erwachsene beurteilen sie ihre Mitmenschen nach dem, was sie erreicht haben, oder danach, wie viel Geld sie haben. Sie versuchen immer, besser zu sein als andere, denn unbewusst haben sie Angst zu versagen, allein zu sein und zu verlieren. Menschen, die es in ihren Augen »nicht geschafft haben«, werden von ihnen belächelt oder mit Verachtung gestraft. Sie sind wenig tolerant gegenüber anderen Kulturen, Rassen und Religionen. Alles, was anders ist und von der eigenen Norm abweicht, wird als feindlich aufgefasst.

Menschen mit der zweiten Version des Richterprogramms verurteilen sich selbst. Sie haben das Gefühl, nicht gut genug zu sein, fühlen sich weniger wert als andere, haben kein gutes Selbstwertgefühl und neigen zu Melancholie und Depressionen. Ständig schaffen sie sich Lebenssituationen, die Selbstzerstörung und Selbstbestrafung beinhalten. Beide Versionen des Richterprogramms können sich in einem Menschen während unterschiedlicher Lebensphasen bemerkbar machen. Das erklärt oft den völligen Zusammenbruch eines Menschen, der doch nach außen hin immer so erfolgreich war.

Ralf war der Herr im Haus. Er war äußerst pingelig und legte großen Wert darauf, dass immer alles ordentlich und an seinem Platz war. Die Garage war seine Werkstatt, wo sämtliche Schrauben nach Größe geordnet und in den dafür vorgesehenen und entsprechend beschrifteten Kästchen lagen. Er hasste Unordnung und reagierte entsprechend ungehalten, wenn die Krümel vom Frühstück abends noch auf dem Küchentisch lagen. Regelmäßig kritisierte er Beate und bezeichnete sie als faul, wenn sie während eines Migräneanfalls keine Hausarbeit verrichten konnte oder nicht in der Lage war, Essen zu kochen. Er regte sich auch über den ungemähten Rasen vom Nachbarn auf und über die spielenden Kinder vor dem Haus. Ralf war in allem Perfektionist und suchte stets bei anderen Menschen nach Fehlern. Keiner durfte wissen, dass er selbst schon einmal einen sehr großen Fehler begangen hatte, als er sich kurz nach seiner Führerscheinprüfung das Auto seines Vaters auslieh. Ralf, damals 18 Jahre alt, verlor die Kontrolle über den Wagen und verursachte einen Verkehrsunfall, bei dem seine damalige Freundin Sabine (16) ums Leben kam. Viele Jahre hat er sich selbst dafür verurteilt und bestraft, bis er den Wohnort wechselte und einen Strich unter die Sache zog. Noch nicht einmal Beate, die ihn erst Jahre später kennenlernte und seine Frau wurde, wusste von diesem Unfall. Sie kannte Ralf nur als den absoluten Saubermann mit der weißen Weste, der im Laufe der Zeit immer kritischer wurde und sich immer mehr als »Richter« anderer Menschen aufspielte.

Heilung und Klärung des Richterprogramms mit Erzengel Jophiel

Wenn Sie oder Ihr Partner dazu neigen, andere oder sich selbst zu verurteilen, kann die folgende Visualisierung mit Erzengel Jophiel hilfreich für Sie sein. Denken Sie daran, dass auch hinter dem Verhalten eines Menschen im Richterprogramm immer Ängste beziehungsweise emotionale Verletzungen stecken, die noch nicht geheilt wurden. Das soll natürlich keine

Entschuldigung für überkritisches und tyrannisches Verhalten in der Partnerschaft sein, hier ist Transformation und Heilung auf jeden Fall erforderlich. Es wird Ihnen jedoch helfen, zu verstehen, warum Ihr Partner sich so verhält. Die Engel kennen die wunden Punkte, auf die es ankommt. Sie selbst brauchen sie nicht unbedingt zu kennen und müssen auch nicht danach suchen. Lassen Sie sich von den Engeln helfen und lassen Sie die Heilung, die von ihnen kommt, einfach zu.

- Entspannen Sie sich, atmen Sie ein paar Mal tief ein und aus und bitten Sie um die Anwesenheit der Engel. Legen Sie die Hände auf Ihren Solarplexus und lassen Sie die Energien fließen. Bitten Sie dann Erzengel Jophiel und seine Helferengel um Unterstützung bei der Klärung des Richterprogramms.
- Visualisieren Sie eine große Kinoleinwand und darauf Zwillinge: Sie sehen sich selbst in zweifacher Ausführung. Die Gestalt rechts stellt die dynamische Richterenergie dar, die Gestalt links steht für die rezeptive Richterenergie. Schauen Sie, ob eine Gestalt größer oder kleiner ist als die andere, machtvoller oder schwächer. Welche Emotionen hegt eine der anderen gegenüber. Was könnte die kleinere Gestalt brauchen?
- Bitten Sie Erzengel Jophiel, Ihnen den Grund dafür zu zeigen, dass sich eine Gestalt der anderen unterlegen fühlt und denkt, sie sei weniger wert.
- Lassen Sie helles Licht auf beide Gestalten scheinen und bitten Sie Erzengel Jophiel, die Wurzel für dieses Pro-

gramm zu entfernen, Ängste und Schmerzen zu heilen und die damit verbundenen Energien zu transformieren.

- Beobachten Sie nun, wie beide Gestalten in Bezug auf Farbe, Größe und Dynamik immer ähnlicher werden. Fragen Sie die Ihr Programm dominierende Richtergestalt (dynamisch oder rezeptiv), ob ihr Auftrag nun beendet ist oder ob es noch etwas zu tun gibt. (Zum Beispiel könnten Akten weggeworfen werden, die Reste des Programms symbolisieren.)
- Bedanken Sie sich bei dem bislang dominierenden Richter für seine Dienste und sagen Sie ihm, dass er nun nicht mehr gebraucht wird und seine Arbeit niederlegen kann. Sehen Sie, wie sich diese Richtergestalt entspannt.
- Visualisieren Sie nun, wie sich beide Gestalten in die Augen blicken und sich umarmen. Fühlen Sie, wie die Liebe zwischen ihnen strömt, und sehen Sie, wie sie sich zu einem Körper vereinigen. Danken Sie Jophiel, seinen Helfern und der Gotteskraft. Spüren Sie diese Liebe und sagen Sie dreimal laut: »*Ich liebe mich. Ich liebe mich. Ich liebe mich.*«
- Sehen Sie jetzt, wie das Bild auf der Leinwand in einem goldenen Lichtmeer verschwindet. Kommen Sie langsam wieder ganz in Ihren Körper zurück. Nehmen Sie sich genug Zeit zum Aufstehen und trinken Sie ein Glas Wasser.

Von nun an haben Sie es nicht mehr nötig, sich selbst oder andere zu verurteilen. Erinnern Sie sich daran, dass jedem Menschen die Liebe und die Kraft Gottes innewohnt. Nach dem göttlichen Plan sind Sie, Ihr Partner und alle anderen Menschen perfekt, so wie sie sind!

KAPITEL 10

Das »Nicht verzeihen können«-Programm

Viele von uns leiden unter den Folgen tiefer emotionaler Verletzungen und es fällt ihnen schwer, den »Verursachern« zu verzeihen. Sie sind nachtragend, hegen Wut und Groll und leiden dadurch noch mehr.

An anderer Stelle in diesem Buch haben wir gelesen, dass sich jeder von uns alles in seinem Leben mehr oder weniger bewusst selbst erschaffen hat. Wenn es Ihnen schwerfällt, das zu glauben, sind in Ihren Augen sicher alle anderen an allem schuld und Sie sind lediglich das »Opfer«. Bitte arbeiten Sie zunächst an der Klärung des Opferprogramms (siehe Seite 177 ff.). Wenn Sie sich nicht mehr als Opfer fühlen, aber dennoch immer wieder Groll, Zorn, Wut, Hass, Ärger, Trauer, Selbstmitleid und Verzweiflung empfinden, sollten Sie diese Energien zu Ihrem eigenen Wohl transformieren und sich damit selbst heilen.

Nicht umsonst sagt der Volksmund in manchen Situationen: »Das ging mir richtig an die Nieren.« Besonders wenn es um schmerzhafte Erfahrungen in zwischenmenschlichen

Beziehungen und Partnerschaften geht, haben die Energien, die dadurch entstehen, dass Menschen nicht verzeihen können und nachtragend sind, negative gesundheitliche Auswirkungen. Man unterscheidet hier zwischen Menschen, die sich selbst nicht verzeihen können, und Menschen, die anderen nicht verzeihen können und ihnen permanent die Schuld zuweisen.

Menschen, die sich schuldig und hilflos fühlen, neigen zu Übergewicht. Sie schlucken ihren Kummer und ihre Schuldgefühle oft mit übermäßig viel Essen hinunter. Außerdem leiden Sie häufig unter Mandelentzündungen und Beschwerden im Verdauungstrakt. Menschen, die anderen die Schuld zuweisen, neigen zu Angstattacken und Schlafstörungen. Sie können ihren Emotionen auch Ausdruck verleihen, indem sie laut werden und andere beschimpfen. Tendenziell sind sie aggressiv, nervös, leicht reizbar und neigen zu Koliken sowie zu Entzündungen im Körper (bei Frauen häufig Endometriose).

Heilung und Klärung des »Nicht verzeihen können«-Programms mit den Erzengeln Jeremiel und/oder Zadkiel

Wenn Sie nicht verzeihen können oder oft Groll, Wut, Hass, Ärger, Trauer und Selbstmitleid empfinden, kann die folgende Visualisierung mit den Erzengeln Jeremiel und/oder Zadkiel hilfreich für Sie sein.

- Entspannen Sie sich, atmen Sie ein paar Mal tief ein und aus und bitten Sie um die Anwesenheit der Engel. Legen Sie die Hände auf Ihr zweites Chakra und lassen Sie die Energien fließen. Bitten Sie dann Erzengel Jeremiel/Zadkiel und seine Helferengel um Unterstützung bei der Klärung des Nicht verzeihen können-Programms.
- Bitten Sie Jeremiel/Zadkiel und seine Helferengel, Sie zu Ihrem persönlichen Heil- und Krafttempel zu bringen. Visualisieren Sie einen großen Saal in diesem Tempel und darin einen goldenen Thron, der mit unterschiedlichen Heil- und Edelsteinen verziert ist und auf dem bequeme Kissen liegen.
- Nehmen Sie auf diesem Thron Platz und atmen Sie tief ein und aus. Legen Sie die Hände auf die Armlehnen und spüren Sie, wie Sie von stärkender Energie durchflossen werden. Die Energie fließt durch Ihren ganzen Körper – und Sie fühlen sich stark. Alle Menschen (Tiere, Wesenheiten), die Ihnen jemals in irgendeiner Form wehgetan haben, haben heute um eine Audienz gebeten. Sie möchten Sie um Verzeihung bitten. Sie sind aus diesem Leben und aus früheren Leben gekommen. Visualisieren Sie eine Menschenschlange und sehen Sie, wie einer nach dem anderen vor Ihren Thron tritt.
- Nehmen Sie sich Zeit, jedem Einzelnen zu verzeihen. Sagen Sie: »*Ich verzeihe dir und lasse mit der Kraft Gottes, die Ich Bin, alle Emotionen, Glaubensmuster, Versprechen, Verträge und Energien los, die uns je aneinandergebunden haben, sei es in diesem Leben oder in einem früheren.*« Atmen

Sie tief ein und aus und visualisieren Sie dabei, wie diese Energien aus Ihrem Energiesystem und der DNS jeder einzelnen Zelle fließen und sogleich von Erzengel Jeremiel/Zadkiel und seinen Helfern in goldenen Schalen (Transformationsgefäßen) aufgefangen werden. Sehen Sie, wie die jeweilige Person Sie dankbar anlächelt und den Saal verlässt.

- Wenn Sie jeder Person verziehen haben, sehen Sie zuletzt sich selbst in dreifacher Ausführung am Ende der Schlange stehen. Sagen Sie dem ersten Körper, Ihrem Mentalkörper: »*Ich verzeihe dir und lasse mit der Kraft Gottes, die Ich Bin, alle Emotionen, Glaubensmuster, Versprechen, Verträge und Energien los, die zur Selbstbestrafung geführt haben, sei es in diesem Leben oder in einem früheren.*« Atmen Sie tief ein und aus und visualisieren Sie dabei, wie diese Energien aus Ihrem Energiesystem und der DNS jeder einzelnen Zelle fließen und sogleich von Erzengel Jeremiel/Zadkiel und seinen Helfern in goldenen Schalen (Transformationsgefäßen) aufgefangen werden. Sehen Sie, wie dieser Körper an die rechte Seite Ihres Thrones tritt.
- Sagen Sie dann dem zweiten Körper, Ihrem Emotionalkörper: »*Ich verzeihe dir und lasse mit der Kraft Gottes, die Ich Bin, alle Emotionen, Glaubensmuster, Versprechen, Verträge und Energien los, die zur Selbstbestrafung geführt haben, sei es in diesem Leben oder in einem früheren.*« Atmen Sie tief ein und aus und visualisieren Sie dabei, wie diese Energien aus Ihrem Energiesystem und der DNS jeder einzelnen Zelle fließen und sogleich von Erzengel

Jeremiel/Zadkiel und seinen Helfern in goldenen Schalen (Transformationsgefäßen) aufgefangen werden. Sehen Sie, wie dieser Körper an die linke Seite Ihres Thrones tritt.

- Sagen Sie nun dem dritten Körper, Ihrem physischen Körper: »*Ich verzeihe dir und lasse mit der Kraft Gottes, die Ich Bin, alle Emotionen, Glaubensmuster, Versprechen, Verträge und Energien los, die zur Selbstbestrafung geführt haben, sei es in diesem Leben oder in einem früheren.*« Atmen Sie tief ein und aus und visualisieren Sie dabei, wie diese Energien aus Ihrem Energiesystem und der DNS jeder einzelnen Zelle fließen und sogleich von Erzengel Jeremiel/Zadkiel und seinen Helfern in goldenen Schalen (Transformationsgefäßen) aufgefangen werden. Sehen Sie, wie sich dieser Körper vorn links neben Ihren Thron stellt.
- Auf dem Thron sitzt Ihr spiritueller Körper. Er bittet die anderen Körper zu sich, umarmt sie und verschmilzt mit ihnen. Nun sagen Sie: »*Ich verzeihe mir selbst alles, das ich geschworen habe, mir nie zu verzeihen, sei es in diesem Leben oder in früheren. Ich lasse mit der Kraft Gottes, die Ich Bin, alle Emotionen, Glaubensmuster, Versprechen, Verträge und Energien los, die mich an diese Schwüre gebunden haben.*« Atmen Sie tief ein und aus und visualisieren Sie dabei, wie diese Energien aus Ihrem Energiesystem und der DNS jeder einzelnen Zelle fließen und sogleich von Erzengel Jeremiel/Zadkiel und seinen Helfern in goldenen Schalen (Transformationsgefäßen) aufgefangen werden. Dann werden alle Schalen aus dem Raum gebracht. Sehen Sie nun,

wie Erzengel Jeremiel/Zadkiel und seine Helfer applaudieren und Sie umarmen. Danken Sie ihnen für ihre Hilfe und fühlen Sie Ihre eigene Kraft und die Liebe und Dankbarkeit, die Sie durchströmen. Sagen Sie: »*Ich bin frei. Ich bin frei. Ich bin frei.*«

- Lassen Sie sich nun von den Engeln wieder zurückbringen. Kommen Sie langsam wieder ganz in Ihren Körper zurück. Nehmen Sie sich genug Zeit zum Aufstehen. Ruhen Sie sich anschließend mehrere Stunden lang aus und trinken Sie an diesem Tag zwei bis drei Liter Wasser.

Bitte beachten Sie, dass die frei gewordenen Emotionen toxisch im Körper wirken können, wenn sie nicht mit viel Wasser ausgeleitet werden. Je älter Sie sind und je schwieriger Ihr bisheriges Leben war, umso kürzer und daher öfter sollte diese Visualisierung durchgeführt werden. Es handelt sich hier um eine sehr intensive, tiefgehende Behandlung, die unter Umständen lange dauern kann. Sie sollten sie nicht länger als neunzig Minuten bei sich selbst oder Ihrem Partner durchführen. Wenn Sie danach noch nicht bis zum Ende der Schlange vorgedrungen sind, unterbrechen Sie den Prozess und machen an einem anderen Tag weiter (auch nicht länger als neunzig Minuten) bis Sie das Ende der Schlange erreicht haben.

Wenn Sie sich sehr bewusst darüber sind, wem Sie noch nicht verziehen haben, können Sie dieser Person vor der Auflösung des »Nicht verzeihen können«-Programms einen Brief schreiben, in dem Sie alle Vorwürfe, angestauten Emotionen und Anschuldigen zur Sprache bringen. Bitte senden Sie diesen Brief nicht ab, sondern verbrennen Sie ihn und bitten Sie die Engel, damit alle negativen Energien (zum Beispiel Hass) aus Ihrem Körpersystem zu entfernen.

Sie können sich jederzeit auf eine neue innere Reise in Ihren Heil- und Krafttempel begeben, zum Beispiel wenn Sie spüren, dass Sie Schwierigkeiten haben, jemandem zu verzeihen oder wenn keine Harmonie in Ihrem Körpersystem herrscht.

In jeder Partnerschaft entstehen Verletzungen. Wir haben darüber gesprochen, dass unsere Partner und andere, uns besonders nahestehende Menschen sogar dafür da sind, unsere roten Knöpfe zu drücken. So werden wir ja oft erst darauf aufmerksam. Idealerweise sollte man mit den betreffenden Menschen darüber sprechen und für die Zukunft eine sanftere Form des Knöpfedrückens vereinbaren. Doch damit sich die damit verbundenen Schmerzen nicht als toxische Energien im Körpersystem ablagern, ist es auch wichtig, dem Partner und gegebenenfalls sich selbst zu verzeihen.

Glauben Sie, dass es etwas gibt, was Sie Ihrem Partner nicht verzeihen können? In diesem Zusammenhang möchten wir Sie an eine Geschichte erinnern, von der Sie sicher gehört haben. Gemeint ist die öffentliche Demütigung von Hillary Clinton, deren Mann Bill Clinton als amtierender US-Präsident eine Affäre mit einer Praktikantin im Weißen Haus hatte. Nach mehreren Vertuschungsversuchen und Lügen wurden sämtliche schmutzigen Details der Episode »Bill und

Monica im Oral Office« weltweit in allen Medien diskutiert. Zwar kennen wir Hillary nicht persönlich, aber heute sieht es in der Öffentlichkeit so aus, als hätte sie ihrem Mann verzeihen können. Eine andere, bei Prominenten häufig zu beobachtende Variante von Ehebruchfolgen, wäre eine kostspielige Scheidungsschlacht »a là Hollywood« gewesen. Die Fähigkeit verzeihen zu können, hat Hillary Clinton den Weg geebnet, um US-Senator und möglicherweise sogar die erste Präsidentin der USA zu werden – mit Bill als First Lady (kleiner Scherz am Rande).

KAPITEL 11

Das »Liebe tut weh«-Programm

Fast alle Menschen wissen aus eigener Erfahrung, wie sich Liebeskummer und Trennungsschmerz anfühlen. Wenn Sie dieses Gefühl jedoch über Jahre haben, wenn Sie es immer wieder erleben oder beispielsweise noch nach vielen Jahren in Tränen ausbrechen, wenn Sie an Ihren Expartner denken, haben sich die Emotionen zu einem möglicherweise lebensgefährlichen Programm ausgeweitet. Dieses Programm ist nach unserer Einschätzung lebensgefährlich, weil es zu Depressionen, Herzkrankheiten, Autoimmunerkrankungen und Krebs führen kann. Die unterbewussten Emotionen des Sich-nicht-geliebt-Fühlens, des Verlassenseins und der Einsamkeit nagen regelrecht an den inneren Organen. Die Auslöser für das »Liebe tut weh«-Programm sind oft traumatische Ereignisse aus jungen Jahren, die sich später wie ein Sprung in einer Schallplatte auswirken: Wir kommen nicht über sie hinweg und spielen immer wieder das gleiche Stück, ob wir wollen oder nicht.

Erste warnende Hinweise auf dieses Programm können Sie dem Sprachgebrauch eines Menschen entnehmen. Achten Sie darauf, wie oft er oder sie von einer geliebten Person spricht, die ihn oder sie verletzt hat.

Die folgende Geschichte von Toni und Lisa zeigt sehr eindrücklich, wie ein »Liebe tut weh«-Programm entstehen kann und dass es manchmal sogar »ansteckend« ist beziehungsweise auf einen anderen Menschen übertragen werden kann.

Toni war sechzehn, Lisa siebzehn Jahre alt. Sie wohnten in derselben Straße und gingen zusammen in dieselbe Highschool. Toni war über beide Ohren verliebt. Die gut aussehende, rassige Lisa war seine Traumfrau, und sie war auch die erste Frau, mit der er Sex hatte. Toni stammte aus einer sehr christlichen, bibelfesten Familie, in der Sex vor der Ehe absolut tabu war. Lisa wuchs bei ihrer Mutter und ihrem Stiefvater auf, von dem sie als Kind sexuell missbraucht worden war. Doch das wusste niemand. Schon früh, auch schon vor Toni, hatte Lisa »boyfriends« gehabt, von denen der unerfahrene Toni ebenfalls nichts wusste. Toni und Lisa waren schon über ein Jahr ein Liebespaar, als Toni »zufällig« herausfand, dass Lisa ihn mit einem Football-Spieler betrog. Dessen Auto stand die ganze Nacht vor Lisas Haus, und als Toni, weil er nicht schlafen konnte, nachts einen Spaziergang machte, fiel es ihm auf. Für ihn brach eine Welt zusammen. Sein Herz schmerzte, als hätte ihm jemand ein Messer in die Brust gestochen. Er hatte davon geträumt, Lisa später zu heiraten und mit ihr eine christliche Familie zu gründen. Nun fühlte er sich miserabel und wurde in der Schule immer schlechter.

Nach knapp zwei Monaten entschuldigte sich Lisa unter Tränen und bat ihn, wieder mit ihr zusammen zu sein. Toni war natürlich immer noch verliebt in Lisa, und sie wurden wieder ein Paar. Nach weiteren sechs Monaten wiederholte sich das Spiel. Diesmal hatte Lisa ihn auf einer Party mit seinem besten Freund betrogen. Toni verstand die Welt nicht mehr und war fast ohnmächtig vor Wut und Schmerz, aber gleichzeitig sehnte er sich nach ihr und hatte selbst großes körperliches Verlangen, mit ihr zusammen zu sein. Das wusste Lisa, und es fiel ihr leicht, ihn erneut um den Finger zu wickeln. Mittlerweile waren sie schon fast zwei Jahre zusammen. Nach Lisas drittem »Ausreißer« empfand Toni den Schmerz nicht mehr als stechend, sondern nur noch als dumpf und betäubend. Er glaubte sich absolut im falschen Film. Diesmal beschloss er felsenfest, Lisas körperlichen Reizen nicht wieder zu erliegen. Lisa wusste das. Sie schrieb ihm einen Brief, in dem sie ihn um Verzeihung bat, ihm ihre schwere Kindheit schilderte und auch, wie schlecht sie sich fühlte. Sie beschwor ihre Liebe für ihn; schrieb, sie sei es nicht wert, seine Freundin zu sein; äußerte Selbstmordabsichten.

Toni sah Lisa nun mit anderen Augen. Er fühlte mit ihr und beschloss, der als Kind so sehr Verwundeten zu helfen, indem er seine ernsten Absichten durch einen Heiratsantrag zum Ausdruck brachte. Er wollte ihr Held sein und sie für immer vor allen anderen bösen Männern beschützen. Lisa und Toni verlobten sich (sehr zum Missfallen von Tonis Eltern) und wollten heiraten, sobald Toni achtzehn und mit der Schule fertig war. Der klassische Verlobungsring, den er für

Lisa gekauft hatte, war mit einem schönen Diamanten besetzt. Toni hatte seine ganzen Ersparnisse dafür ausgegeben. Von nun an träumte er den amerikanischen Traum. Er wollte mit Lisa Kinder und ein eigenes Haus im Grünen haben. Doch dazu kam es nicht. Lisa fing eine Affäre mit einem Lehrer der Highschool an. Jede Nacht stand dessen Auto vor Lisas Haus. Der Traum war ausgeträumt. Toni war fest entschlossen, die Beziehung mit Lisa für immer zu beenden, doch das sagte er ihr noch nicht, denn diesmal wollte er sich rächen. Bei ihrem nächsten Aussprache-Spaziergang ließ sich Toni unter einem Vorwand Lisas Verlobungsring geben. Er nahm den Ring und warf ihn im hohen Bogen über das nächste Hausdach. Der Ring wurde nie wieder gefunden. Lisa kreischte vor Wut, beleidigte Toni als Schlappschwanz und Versager und rannte davon. Toni fühlte sich regelrecht befreit, bis er zwei Wochen später einen Brief vom Gericht bekam. Lisa hatte ihn verklagt. Sie verlangte Schadensersatz für den Diamantring, den Toni ihr abgenommen hatte. Und sie bekam recht. Toni musste ihr den Wert des Rings ersetzen: 3 000 Dollar in bar.

Danach wurde Toni sehr krank und konnte seinen Schulabschluss nicht zu Ende machen. Es war schwer für ihn, einen Job zu finden, und es hat Jahre gedauert, bis er beruflich halbwegs gefestigt war. Toni ist nie wieder eine andere Partnerschaft eingegangen. Er ist heute Ende dreißig und lebt immer noch bei seinen Eltern. Das »Liebe tut weh«-Programm ist tief in sämtliche Zellen seines Wesens eingebrannt, und bei Lisa ist es sicher nicht anders.

Heilung und Klärung des »Liebe tut weh«-Programms mit Erzengel Raphael

Wenn Sie von einem Expartner nicht loskommen oder die Erfahrung gemacht haben, dass Liebe »immer« wehtut, kann die folgende Visualisierung mit Erzengel Raphael hilfreich für Sie sein. Voraussetzung für die erfolgreiche Klärung dieses Programms ist die Fähigkeit, der/den auslösenden Person/en und sich selbst zu verzeihen. Ebenso wichtig ist das Durchtrennen der ätherischen Schnüre, die auch Jahrzehnte später noch bestehen können.

- Entspannen Sie sich, atmen Sie ein paar Mal tief ein und aus und bitten Sie um die Anwesenheit der Engel. Legen Sie die Hände auf Ihr Herzchakra und lassen Sie die Energien fließen. Bitten Sie dann Erzengel Raphael und seine Helferengel um Unterstützung bei der Klärung des »Liebe tut weh«-Programms.
- Schließen Sie die Augen und visualisieren Sie eine Waschstraße. Sie werden auf das Schild an der Tür aufmerksam, auf dem steht: »Energetische Klärung und Heilung des ›Liebe tut weh‹-Programms.« In der Tür steht der Erzengel Raphael und bittet Sie nun, auf einer Liege Platz zu nehmen. Die Liege steht auf einem Fließband, das sich langsam in Bewegung setzt und mit Ihnen in die Waschstraße fährt.
- Zunächst fahren Sie durch einen magnetischen Tunnel. Hier werden alle Energien, die zu diesem Programm geführt haben, aus der DNS jeder einzelnen Zelle und aus

Ihrem Energiekörpersystem gezogen. Dieses magnetische Feld ist sehr stark und in der Lage, auch die Energien zu entfernen, die Sie bisher nicht loslassen wollten oder konnten. Alle Energien, die Sie jemals von anderen Menschen angenommen haben, werden gründlich entfernt und Sie nehmen wahr, wie jede einzelne Zelle mit einem weißen Schaum gereinigt wird. Auch die Reste ätherischer Schnüre, die möglicherweise hier zurückgeblieben sind, werden von diesem Schaum aufgeweicht und lösen sich auf.

- Dann wird Ihre Liege automatisch zur nächsten Station weitertransportiert. Dort nehmen Sie wahr, wie Erzengel Raphael und seine Helfer grünen Heilbalsam mit kleinen rosafarbenen Sprenkeln in jede Zelle Ihres Körpers füllen und die Zellen damit auch versiegeln. Dieser Heilbalsam besteht aus purer Liebesenergie. Er löscht sämtliche Erinnerungen an schmerzhafte Situationen und lässt die schönen, liebevollen Erfahrungen in den Vordergrund treten. Nehmen Sie wahr, wie innere Bilder vor Ihrem geistigen Auge auftauchen. Wenn unangenehme Erinnerungen an bestimmte Personen auftauchen, sagen Sie: *»Ich verzeihe dir und sende dir Liebe.«*
- Nehmen Sie wahr, wie sich Ihre Liege zur nächsten Station bewegt. Es ist die Station der Wünsche. Überall sehen Sie kleine rosafarbene Lichtkugeln. Nun werden Sie selbst zum Magneten und ziehen diese rosafarbenen Lichtkugeln an, die in Ihren Energiekörper und in jede Zelle Ihres physischen Körpers eindringen. Sie enthalten den

Stoff, aus dem die Träume sind, und wirken auf der tiefsten Ebene. Sie verhelfen Ihnen zu Glück und Erfüllung in der Liebe. Wenn Sie dazu bereit sind, bitten Sie Erzengel Raphael nun, Sie mit Ihrem liebevollen Seelenpartner zusammenzubringen.

- Sie sind am Ende der Waschstraße angelangt und fühlen sich wie neugeboren. Sie freuen sich auf den neuen Lebensabschnitt, der nun beginnt. Sie treten aus der Waschstraße hinaus und stehen vor einer großen Kinoleinwand. Sie wissen, dass Sie das Ende des Films sehen. Lesen Sie laut vor, wie der Film heißt: »*Ich ________ (Ihr Name) bin glücklich. Ich liebe mich selbst und werde geliebt.*« In der letzten Szene dieses Films sehen Sie sich von hinten. Sie gehen Arm in Arm mit Ihrem Seelenpartner am Strand entlang. Die Sonne versinkt im Meer. Fühlen Sie, wie Sie von Liebe durchströmt werden. Fühlen Sie sich geborgen und geliebt.
- Rollen Sie die Leinwand nun zusammen und geben Sie sie Erzengel Raphael und seinen Helfern. Sie sind die Regisseure dieses Drehbuchs. Freuen Sie sich, dass Sie ab sofort die Hauptrolle in diesem neuen Film übernehmen können.
- Lassen Sie sich nun von den Engeln wieder zurückbringen. Sie wissen, dass die Engel hinter den Kulissen alles für Ihre neue Rolle vorbereiten und auch den passenden Partner zu Ihnen führen. Sie brauchen nichts weiter tun. Kommen Sie langsam wieder ganz in Ihren Körper zurück. Fühlen Sie die Freude in Ihrem Herzen und danken Sie den Engeln für ihre Hilfe.

KAPITEL 12

Die Lösungsformel der Engel für liebevolle Partnerschaften

Engel mischen sich nicht in unseren freien Willen ein. Sie können uns aber sehr wohl helfen, die Ursachen für unsere Probleme und Krankheiten zu finden und diese zu heilen, wenn wir dazu bereit sind. Durch das eingangs erklärte Gesetz der Resonanz, verändert sich im nachfolgend beschriebenen Prozess die Schwingungsfrequenz unseres Körpers und die unseres Energiefeldes. Die Engel unterstützen uns durch ihr sehr hohes Energiefeld, mit dem wir in Resonanz gehen. Die Intensität der Energieheilung wird dadurch um ein Vielfaches höher, als wenn uns ein menschlicher Therapeut allein behandelt. In der DNS jeder einzelnen Zelle können blockierende Emotionen und krank machende Energien gelöst und transformiert werden, bevor limitierende Glaubensmuster und schwerwiegende Programme entstehen. Auch wenn sich Emotionen noch nicht zu tief greifenden Programmen ausgeweitet haben, können sie starken Einfluss auf unser Liebesleben und unsere Gesundheit haben. Ziel der Lösungsformel für Partnerschaften ist es, hinderliche Emotionen zu transformieren und die Frequenz der Liebe und Gesundheit in allen Zellen zu aktivieren.

Die wichtigsten Bestandteile der Lösungsformel sind:
- Energiefluss der Engelenergien
- Verzeihen (wenn Sie damit Schwierigkeiten haben, sollten Sie das »Nicht verzeihen können«-Programm klären, siehe Seite 199 f.)
- Loslassen und Transformieren alter Emotionen und Energien
- Visualisieren
- Akzeptieren von Liebe und neuen Energien
- Dankbarkeit

Diese Formel hat mehrere Variabeln und kann somit immer genau auf Ihre spezifische Situation zugeschnitten werden. Bestimmen Sie die Emotionen, die Sie transformieren wollen, sowie die Emotionen, die Sie stattdessen haben möchten.

Bitten Sie um Helfer aus der geistigen Welt, zu denen Sie Vertrauen haben (Engel, Geistführer etc.). Sagen Sie aus tiefstem Herzen:

»Ich bitte die Gotteskraft und die Engel ________________ *den Ursprung und die Wurzeln der Emotion* ________________ (Hier nennen Sie die Emotion, zum Beispiel Angst verlassen zu werden), *die in meiner DNS gespeichert wurde, sei es in diesem oder in früheren Leben, zu finden und zu entfernen. Ich bitte darum, dass alle anderen unbewussten Emotionen,*

Gedanken, Programme und Energien, die diese Situation oder Krankheit verursacht haben, transformiert werden.« (Warten Sie ein paar Minuten. Vielleicht wird Ihnen die Ursache als Bild(er) oder Botschaft(en) gezeigt. *»Ich verzeihe mir und allen an der Entstehung dieser Situation Beteiligten und lasse die damit verbundenen Emotionen, Energien und Programme für immer los.«* (Nehmen Sie zwei bis drei tiefe Atemzüge und pusten Sie die Luft kräftig wieder aus. Visualisieren Sie, wie sich alle Zellen des Energiekörpers und der DNS öffnen und die alten, gespeicherten Energien entweichen.)

»Ich bitte für alle Zeiten um Transformation und Heilung aller Aspekte meines Seins auf allen Ebenen (physisch, mental, emotional, spirituell), *in allen Situationen, Dimensionen und Universen.«* (Visualisieren Sie, wie sich die Zellen mit Lebensenergie in Form von weißem Licht füllen.) *»Ich akzeptiere jetzt bedingungslose Liebe für mich selbst und wähle ab sofort ____________________________ für mein Leben.«*

(Formulieren Sie das, was Sie hier einsetzen, immer mit »ich fühle« und »ich bin«, zum Beispiel: »dass ich mich geliebt fühle, dass ich von meinem liebevollen Partner unterstützt werde …« Visualisieren Sie eine irisierende, transparente Energiewolke aus weißem, grünem, blauem, goldenem und rosafarbenem Licht, die Sie und Ihre neue Kreation einhüllt und versiegelt.)

»Von ganzem Herzen danke ich der Gotteskraft und den Engeln für ihre Hilfe!« (Fühlen Sie, wie Sie von Liebe und Dankbarkeit durchströmt werden und wie sich Ruhe, Zufriedenheit, ein Glücksgefühl und ein körperliches Wohlgefühl einstellen.)

Anwendung der Lösungsformel

Werden Sie sich vorab über alle Emotionen bewusst, die mit Ihrer Partnerschaft oder Ihrer momentanen Lebenssituation zusammenhängen. Nehmen Sie dafür auch die Checkliste in Kapitel 7 (Seite 171 f.) zur Hilfe. Entscheiden Sie, durch welche hilfreichen Emotionen und Gedanken Sie die zu lösenden Emotionen ersetzen wollen.

Schreiben Sie dann den genauen Wortlaut der entsprechenden Lösungsformel auf und sprechen Sie diese ganz langsam auf Kassette. Während der Übung atmen Sie tief ein und aus und fühlen die Engelenergien. (Sie können diese Übung auch an Ihrem Partner durchführen, wenn Sie eine vertrauensvolle Beziehung haben und sich mit Energiearbeit auskennen. Idealerweise empfehlen wir eine Behandlung durch einen ausgebildeten Quantum-Engel-Heiler.) Wenn Sie möchten, legen Sie Ihre Hände vorn und hinten auf das Herzchakra Ihres Partners und erlauben Sie den Engelenergien, durch Ihren Energiekanal zu fließen. Vertrauen Sie Ihrer Intuition und der Leitung der Engel. Lassen Sie die Engelenergien etwa fünfzehn Minuten oder länger durch Ihren Energiekanal in Ihre Hände fließen. Halten Sie Taschentücher bereit, denn möglicherweise werden die Emotionen durch Tränen gelöst.

Starke Angst wird auch über die Flüssigkeit der Nasenschleimhaut und der Nebenhöhlen gelöst. Es ist sehr wahrscheinlich, dass Sie (oder Ihr Partner) die Übung sofort körperlich spüren (spürt) und verschiedene Wahrnehmungen haben (hat): visuell zum Beispiel die Wahrnehmung von Farben und Licht, taktil zum Beispiel ein Wärmegefühl oder ein Kribbeln im Körper.

Wenn Sie an Ihrem Partner arbeiten, bedenken Sie, dass die heilende Kraft der Engel auch auf Ihr Energiesystem und Ihren Körper wirken, das heißt, es findet auch bei Ihnen Heilung statt. Möglicherweise fließen sogenannte Engeltränen aus Ihren Augen, die jedoch kein Ausdruck von Emotionen sind. Es ist außerdem möglich, dass Sie während der Übung gähnen müssen, da dichte Energien mit Ihrer Hilfe transformiert werden. Es ist wie der Druckausgleich, den Sie beim Landeanflug in einem Flugzeug spüren. Wenn Sie das Gefühl haben, dass Ihr Partner sehr blockiert ist, lassen Sie die Engelenergien etwa 45 Minuten oder eine Stunde lang fließen. Achten Sie immer darauf, dass Ihre Hände nur ganz leicht aufliegen, so dass kein Druck ausgeübt wird!

Wenn Sie Bilder und Botschaften der Engel empfangen, informieren Sie Ihren Partner nach eigenem Ermessen während oder auch nach der Behandlung darüber. Fragen Sie vorher, ob Ihr Partner irgendetwas empfunden oder gesehen hat. Gehen Sie dabei behutsam und einfühlend vor und lassen Sie sich von den Engeln leiten. Wenn Sie unangenehme Bilder gesehen haben und wissen, dass ein Gespräch darüber Irritationen bei Ihrem Partner hervorrufen würden, brauchen Sie nicht näher darauf einzugehen, denn diese Energien sind ja nun geklärt. Konzentrieren Sie sich auf die neuen Energien, die neuen Emotionen und die Liebe, die zwischen Ihnen neu entfacht.

Trinken Sie ein Glas Wasser und ruhen Sie sich aus.

Wie wirkt die Lösungsformel?

Emotionale Blockaden und Programme geben uns häufig das Gefühl, vor einer Mauer zu stehen, die nach und nach immer größer wird. Die emotionalen Blockaden sind die Steine, die damit verbundenen Energien sind der Mörtel, der die Steine an ihrem Platz hält. Wenn Sie die Lösungsformel der Engel auf einzelne Emotionen anwenden, ist es, als würden Sie einen Stein nach dem anderen abtragen. Manchmal tragen Sie eine ganze Mauer ab und finden dahinter die nächste. Lassen Sie sich dadurch nicht entmutigen, arbeiten Sie einfach weiter! Manchmal steht aber auch noch gar keine Mauer da, sondern es liegen nur ein paar Stolpersteine auf dem Weg. In jedem Fall gilt: Je öfter Sie die Lösungsformel anwenden, desto mehr Steine werden aus dem Weg geräumt und umso mehr Klärung findet statt. Durch die Frequenzerhöhung mit Hilfe der Engel, löst sich der Mörtel und manche Mauern stürzen sehr schnell ein, so dass die Lebenskraft und die Liebe wieder frei fließen können und Sie die Resultate bekommen, die Sie sich wünschen.

Durch die hohe Frequenz der Engelenergien findet physische, emotionale, mentale und spirituelle Heilung statt. Der Konflikt zwischen Gedanken und Emotionen wird gelöst. Sie sind mehr in Ihrer Kraft und haben mehr inneres Gleichgewicht. Sie entwickeln mehr Mitgefühl, Einfühlungsvermögen und Liebe für sich selbst und andere. Sie haben in allen schwierigen Situationen und auch bei jeder Krankheit ein Gegenmittel und können selbst etwas für sich tun. Außerdem klären sich Ihr Energiekörper und Ihr Chakrensystem immer mehr, wodurch es Ihnen leichter fällt, einen liebevollen Partner anzuziehen beziehungsweise die Liebe in bestehenden Partnerschaften wieder frei fließen zu lassen.

Übung zur Energie-Harmonisierung in bestehenden Partnerschaften

Auch wenn Sie und Ihr Partner Schritt für Schritt alle negativen Emotionen, Glaubensmuster und Programme klären konnten, kann es Phasen geben, in denen Ihnen Ihre Partnerschaft festgefahren oder energielos erscheint. Das ist oft dann der Fall, wenn Sie sich selbst in einer stressigen Situation befinden oder sich Ihre Lebensumstände verändert haben. Diese Übung kann helfen, solchen Krisen vorzubeugen oder sie zu lösen. Sie ist *sehr kraftvoll,* und man kann sie im Stehen oder im Sitzen durchführen. Es ist wichtig, dass die Füße Kontakt mit dem Boden haben.

Schließen Sie die Augen und atmen Sie mehrmals tief ein und aus.

Bei den nächsten drei Atemzügen atmen Sie kräftig in die Erde aus und stellen sich dabei vor, dass Sie Wurzeln haben wie ein Baum und sich damit tief in der Erde verankern. Die Erde gibt Ihnen Halt und Kraft.

Während der nächsten drei Atemzüge pusten Sie die Luft beim Ausatmen gedanklich hoch in den Himmel.

Jetzt spüren Sie, dass Sie eine starke Verbindung zu himmlischen Energien aufgebaut haben und gleichzeitig gut geerdet sind. Bitten Sie nun Ihre Engel, ein energetisches Kraftfeld um Sie herum aufzubauen, das Ihrem Schutz dient. Dieses Kraftfeld ist nur für die Energie der Liebe durchlässig. Alle anderen Energien können nicht zu Ihnen durchdringen.

Nun sehen Sie, wie die Engel einen zwei Meter großen, hell leuchtenden Kristall herbeibringen. Er soll wie ein Magnet jene Energien aus Ihrem Energiefeld ziehen, die Sie von anderen Menschen angenommen haben, und sie umwandeln. Nun sind Sie bereit und können die Engel bitten, die Person zu Ihnen zu bringen, mit der Sie arbeiten möchten (zum Beispiel Ihren Ehepartner). Diese Person wird von ihren eigenen Engeln begleitet. Sie stellt sich auf die andere Seite des Kristalls Ihnen gegenüber. Sie teilen dieser Person nun mit, dass es wichtig ist, diesen Energieaustausch vorzunehmen und dass es zum Wohl aller Beteiligten geschehen wird.

Die Engel bitten Sie beide, den Kristall mit den Handflächen zu berühren, bis die Übung zu Ende ist. Dann sagen Sie: »*Ich gebe jetzt all die Energie zurück, die ich jemals von dir angenommen habe, sei es in diesem Leben oder in anderen, sei es in diesem Universum oder in anderen.*« Dabei spüren Sie, wie die Energien aus allen Chakren und allen feinstofflichen Körpern durch Ihre rechte Hand in den Kristall fließen. Der Kristall hilft Ihnen und zieht auch die kleinsten Energieteilchen an, die nicht Ihre sind. Sie wissen, dass die Person auf der anderen Seite des Kristalls das Gleiche tut. Alle negativen Energien (Wut, Trauer etc.) werden im Laufe dieses Prozesses von dem Kristall in Harmonie, Glück und Liebe verwandelt.

Nun achten Sie auf Ihre linke Hand und sagen: *»Ich hole mir jetzt all die Energie zurück, die ich jemals an dich abgegeben habe, sei es bewusst oder unbewusst, sei es in diesem Leben oder in anderen.«*

Der Kristall hat alle Energien gespeichert, die von Ihnen und der anderen Person abgegeben wurden. Er hat sie in liebevolle, heilende Energien umgewandelt, die nun zu Ihnen und der anderen Person zurückfließen. Fühlen Sie, wie die Energien aus Ihrer rechten Hand herausströmen und von Ihrer linken Hand aufgenommen werden.

Machen Sie die Übung so lange, bis der energetische Austausch ganz abgeschlossen ist. Ihre Engel werden Ihnen ein Zeichen geben, wann das der Fall ist.

Fühlen Sie nun, wie die umgewandelten Energien Ihr Körpersystem stärken. Es ist, als hätten Sie Kraft getankt, Ihre eigene Kraft. Sie fühlen sich revitalisiert und ausgeglichen. Und Sie sind dankbar.

Jetzt sind Sie auch bereit, sich von der Person auf der anderen Seite des Kristalls zu verabschieden. Sie wissen, dass Sie sich das nächste Mal auf einer anderen Ebene treffen werden.

Bedanken Sie sich bei dem wundervollen Kristall und bei Ihren Engeln, die Sie nun ganz langsam wieder in Ihren physischen Körper zurückbringen. Es ist viel passiert. Schonen Sie sich noch ein wenig und trinken Sie dann zwei große Gläser Wasser.

Teil 3

Kummer, Krisen und Hilfe für Partnerschaften

KAPITEL 13

Sexuelles Ungleichgewicht in Beziehungen

Für die meisten Menschen ist ein erfülltes Sexualleben die Basis einer liebevollen Partnerschaft. Unterschiedliche sexuelle Bedürfnisse und nicht erfüllte Erwartungen der Partner führen daher oft zu Frustrationen und Krisen, zum Seitensprung und manchmal sogar zum Ende der Beziehung. Dies ist ein komplexes Thema mit vielen Facetten. Im Rahmen dieses Buches können wir Ihnen nur Hinweise auf die möglichen Ursachen eines solchen Ungleichgewichts geben, und zwar anhand von Beispielen wie dem Folgenden.

Katja und Manfred sind seit 13 Jahren verheiratet und haben zwei Kinder. Katja hatte von Anfang an große Schwierigkeiten mit ihrer Sexualität. Immer wenn ihr Mann (auch ihr erster Sexualpartner) sich ihr näherte, überkam sie eine große Panik – unerklärlich, denn sie hatte bewusst noch keine negativen Erfahrungen mit Sexualität gemacht.

Katja litt bereits seit ihrer Kindheit an Bulimie, die erst nach 15 Jahren mit Hilfe einer Therapie ausgeheilt werden konnte. Doch das Grundthema – die Unfähigkeit, den Körper so anzunehmen, wie er ist – war nie gelöst worden. Dieses Grundthema kommt in vielen Varianten vor und hat unterschiedliche Ursachen, doch in fast allen Fällen ist eine natürliche und unbeschwerte Sexualität nicht möglich, solange es besteht. Katja bat in einer privaten Heilbehandlung die Engel um Hilfe. Während einer geführten Visualisierung wurde sie gebeten, die Augen zu schließen und sich vorzustellen, wie sie ihren Mann an den Händen fasste. Es war, als berührten sich zwei Holzprothesen, das heißt, es floss überhaupt keine Energie zwischen ihr und ihrem Mann. Katja hatte keine Möglichkeit, ihre emotionale Energie frei fließen zu lassen oder die Energie ihres Mannes aufzunehmen. Sie fühlte nichts, ihr Körperempfinden war wie abgestorben. Aus diesem Grund hatte Katja auch noch nie einen Orgasmus gehabt. Für sie war Sexualität nicht mehr als ein notwendiges Übel.

Ihr Mann Manfred fühlte sich von seiner Frau zurückgewiesen und war entsprechend sexuell frustriert, was bei ihm zu Aggressionen und vermehrtem Alkoholkonsum führte.

In der Energiebehandlung mit den Engeln kam der Grund für Katjas ablehnende Haltung gegenüber allem Sexuellen ans Licht. In ihrem energetischen Zellbewusstsein waren Erinnerungen gespeichert, die etwas mit »gefesselt sein, gefangen sein, Opfer sein, Sklave sein, ausgeliefert sein« zu tun hatten – Erinnerungen aus früheren Inkarnationen. Katja hatte energetische Fesseln und eine energetische Rüstung angelegt, um sich von sexuellem Missbrauch und sexuellen Übergriffen zu schützen. Unterbewusst assoziierte sie Sexualität mit Schmerz und Gewalt, obwohl sie in diesem Leben noch nie etwas dergleichen erlebt hatte. Die Engel halfen Katja, die energetischen Fesseln zu lösen, die Energie dieser Zellerinnerungen zu transformieren, emotional heil zu werden und ihr Opferprogramm aufzulösen. Sie leiteten Katja an, sich all die Energie zurückzuholen, die sie abgegeben hatte oder die ihr genommen worden war. (Die entsprechende Übung befindet sich auf der CD zu diesem Buch.) Während der Behandlung wurde ihr ganz heiß. Sie spürte die energetische Transformation, und die Engel empfahlen ihr, sich anschließend auszuruhen. Einige Stunden nach der Behandlung fühlte sich Katja so erleichtert, gestärkt und sicher, dass sie die energetische Rüstung und den Schutzwall aus abweisender Energie, den sie um sich herum aufgebaut hatte, auflösen konnte, was es ihr leichter machte, sich ihrem Mann energetisch zu nähern.

Doch auch auf seiner Seite gab es Ursachen für die gestörte sexuelle Beziehung.

Es war kein Zufall, dass er sich gerade Katja als Partnerin ausgewählt hatte, und natürlich basierte das Zusammentreffen der beiden auf dem Gesetz der Anziehungskraft. Manfreds Glaubensmuster »Ich bin nicht liebenswert« hatte seinen Ursprung in der Beziehung zu seiner Mutter und wurde in der Ehe mit Katja noch verstärkt. Er hatte wirklich alles versucht, und dennoch hatte es im Bett einfach nicht geklappt. Mittlerweile türmte sich ein Berg aus Frustration, Aggression, Resignation und Versagensängsten in seinem Innern auf. Aus therapeutischer Sicht war klar: Die beiden passten sehr gut zusammen. Katja konnte Manfred aufgrund ihrer gestörten Beziehung zum eigenen Körper nicht körperlich lieben und bestätigte so sein Glaubensmuster: »Ich bin nicht liebenswert.«

Die Engel arbeiteten also auch mit Manfred, heilten seinen emotionalen Schmerz, halfen ihm, sich selbst zu lieben und sein Glaubensmuster positiv zu verändern. Neue Glaubensmuster sind anfänglich wie frisch gesäter Rasen. Es dauert etwa drei Wochen, bis die neu geschaffenen Gedankengänge stabil sind und man die Resultate wirklich sieht. Erst dann sind sie wirklich tragfähig. Katja und Manfred luden die Engel der Liebe, der Heilung und der Romantik jetzt jeden Tag zu sich ein. Sie verstanden ihre Situation und die Rollen, die sie in der Partnerschaft gespielt hatten, nun viel besser und konnten sich gegenseitig bei ihrer Heilung unterstützen. Innerhalb weniger Wochen entwickelten sie eine neue Ebene von Zärtlichkeit, und schließlich wurde auch die Sexualität für beide erfüllend.

Wenn es in Partnerschaften zu einem sexuellen Ungleichgewicht kommt (ein Partner möchte mehr Sex, der andere eher weniger), liegt dies, wie im gerade beschriebenen Beispiel, oft an zwei Grundkonstellationen:

- Partner A hat Angst vor Zurückweisung (fühlt sich ungeliebt, empfindet keine Selbstliebe).
- Partner B hat Angst vor Nähe (Sexualität und Nähe werden mit Schmerz assoziiert).

Die Angst ist lediglich ein Symptom. Es ist daher wichtig, den ursächlichen Schmerz möglichst früh zu finden und zu heilen, damit sich tiefe Muster und Programme erst gar nicht entwickeln. Dabei können Ihnen die Engel helfen. Machen Sie Engel-Meditationen zur Selbstheilung (siehe CD *Quantum-Engel-Heilung*) oder lassen Sie sich von einem Quantum-Engel-Heiler unterstützen. Sonst kommt es – wie bereits in Zusammenhang mit dem Gesetz der Anziehungskraft erklärt – dazu, dass die von Ihnen ausgesendeten Energien wie ein Magnet immer wieder Partner und Situationen anziehen, die zwar aufgrund Ihrer Glaubensmuster zu Ihnen passen, Ihnen aber sicher keine liebevolle Partnerschaft und schon gar keine erfüllende Sexualität bieten können.

Ramona hatte um einen Behandlungstermin gebeten, weil sie in ihrer Ehe sexuell frustriert und unglücklich war. Seit 28 Jahren war sie mit Wolfgang verheiratet, den sie zwar als Mensch mochte und liebte, der sie aber als Frau völlig vernachlässigte. Ramona berichtete, dass sie in ihrer ganzen Ehe höchstens fünf Mal Sex mit ihrem Mann gehabt hatte, woraus ihre drei Kinder hervorgegangen waren. Immer wieder hatte sie versucht, Wolfgang zu erklären, dass sie sich einfach ungeliebt und ungewollt fühlte, weil er sie offenbar nicht sexuell begehrte. Natürlich hatte sie zunächst gedacht, es müsse an ihr liegen, und versucht, Wolfgang mit Spitzenunterwäsche, exotischen Parfüms, Kerzen und romantischer Musik zu verführen. Sie hatte neue Schlafzimmermöbel bestellt und ihm sogar angeboten, sich Pornofilme mit ihm anzuschauen, aber nichts hatte Wolfgang in Sexlaune versetzen können. Ihr nächster Gedanke war gewesen, Wolfgang sei vielleicht homosexuell oder habe sexuelle Vorlieben, von denen sie nichts ahnte. Immer wieder suchte sie das Gespräch, zunächst verständnisvoll, dann wütend und beleidigend.

Sie heulte vor Verzweiflung, weil sie ihren Mann wirklich liebte und weil Sexualität ein Grundbedürfnis für sie war, das sie in ihrer Ehe schmerzlich vermisste. Jahrelang hatte sie gehofft, die Situation würde sich bessern, sobald die Kinder groß seien. Dann fieberte sie der Traumreise anlässlich ihrer silbernen Hochzeit entgegen, die aber auch keine Veränderung brachte. Nach dieser Reise drohte sie Wolfgang zu verlassen, und sie hatten eine schwere Ehekrise. Wolfgang versprach schließlich, eine Therapie zu machen. Wieder gingen drei Jahre ins Land, aber auch die Therapie brachte keine Änderung.

Schließlich lernte Ramona Martin kennen, fühlte sich sehr von ihm angezogen und traf sich heimlich mit ihm zum Kaffeetrinken. Es knisterte sofort zwischen den beiden und nachdem sie sich zehn Tage kannten, gab es kein Halten mehr. Martin war genau der Liebhaber, den sich Ramona immer gewünscht hatte. Sie fühlte sich begehrt und geliebt, war regelrecht im Liebesrausch. Martin tröstete sie über 28 frustrierende Ehejahre hinweg. Kein Wunder also, dass sie jede freie Minute mit ihm verbringen wollte. Doch das schlechte Gewissen holte Ramona bald ein. Sie kämpfte innerlich mit sich selbst, ob sie Ehemann und Familie verlassen oder das Verhältnis mit Martin beenden sollte. Auch vor den finanziellen Konsequenzen einer möglichen Scheidung schreckte sie zurück.

Die Engel halfen Ramona zu verstehen, dass Wolfgang nie

gelernt hatte, sich von seiner kontrollierenden Mutter abzunabeln. Die Mutter lebte im Nachbarhaus und mischte sich in sämtliche Angelegenheiten ihres Sohnes ein.

Er war in der Energie des »ewigen Sohnes« gefangen und hatte sich nie zu einem erwachsenen Mann mit entsprechender Sexualität entwickeln können. Obwohl er Ramona liebte, hatte er auch in ihr immer nur die Mutter seiner Kinder gesehen und sich selbst als eine Art Sohn gefühlt. Er hatte zwar ein Bedürfnis nach Liebe, doch die Sexualität blieb außen vor. Ramona verstand die Situation nun besser, wusste aber trotzdem nicht, was sie tun sollte, denn ihr Gefühl sagte ihr, dass auch der acht Jahre jüngere Martin auf Dauer nicht der Richtige für sie war. Die Engel zeigten ihr, dass Martin – der seine eigene Mutter verloren hatte, als er 14 war – ebenfalls von ihrer mütterlichen Energie angezogen wurde. Er hatte zwar kein sexuelles Problem mit Ramona, aber da er nicht in der Lage war, sein eigenes Geld zu verdienen, suchte er unbewusst wieder eine Mutti, die ihn versorgen konnte. Ramona erschrak, als sie in aller Deutlichkeit erkannte, dass Martin sich tatsächlich oft recht kindisch benahm – auch wenn er als Liebhaber noch so aufregend war.

Die Engel arbeiteten nun an der Ursache des Problems und deckten auf, dass Ramona von ihrer eigenen Mutter wenig Liebe bekommen hatte. Daher versuchte sie jetzt unbewusst, selbst eine liebevolle Mutter zu sein. Diese Energie strahlte sie intensiv aus – mit dem Resultat, dass sie Partner anzog, die unbewusst nach einer liebevollen Mutter suchten. Für Ramona ging es also darum, die emotionalen Verletzungen zu heilen, die sie durch die mangelnde Liebe ihrer Mutter erfahren hatte, und dadurch ihre eigene Energie und Ausstrahlung zu verändern. Die Engel halfen ihr dabei und ermutigten sie, ihrer Mutter, ihrem Mann und auch sich selbst zu verzeihen. Es dauerte sechs Monate, bis Ramona in regelmäßigen Meditationen und Selbstheilungen alle Muster und Programme zu diesem Thema schrittweise hatte auflösen können. Sie verließ ihren Mann Wolfgang, der sich weigerte, an seinem Mutterthema zu arbeiten, beendete das Verhältnis mit Martin und fühlte sich zum ersten Mal in ihrem Leben frei, heil und glücklich. Mit dieser wundervollen Ausstrahlung wird sie sicher bald den passenden Partner anziehen.

Wenn es in einer Beziehung Probleme gibt, sind immer beide Partner gleichermaßen daran beteiligt. Schuldzuweisungen sind überflüssig und aus unserer Sicht nur ein Zeichen von mangelndem Verständnis einer Situation, die energetisch durchaus stimmig ist. Das Gesetz der Anziehungskraft ist unbestechlich, und in jeder Situation lässt sich nachvollziehen, welche Energien genau dazu geführt haben. Die daraus resultierenden Muster und Programme sowie die entsprechenden Rollen werden oft von einer Generation auf die nächste übertragen. Falsche Erziehung, geprägt von religiösen Dogmen, Scham oder Schuldgefühlen, tut ein Übriges. Es geht darum, diesen Kreislauf zu durchbrechen, indem man sich zunächst seiner eigenen Emotionen und Muster bewusst wird. Dann kann man mit Hilfe der Engel daran arbeiten, die Energien und somit die ganze jetzige Situation zu verändern.

Eines der größten Probleme in Partnerschaften ist, dass Intimität und Sexualität im Laufe der Jahre verloren zu gehen scheinen, wie ein Leben spendender Brunnen, der allmählich versiegt.

So war es auch bei Tom und Pamela. Nach einer Traumhochzeit und glücklichen Ehejahren, aus denen zwei Kinder hervorgingen, begann es in ihrer Ehe zu kriseln. Anfänglich sah es aus, als hätten die beiden einfach keine Zeit für ein erfülltes Sexualleben, denn Tom war ein erfolgreicher Unternehmer mit zahlreichen Aufgaben und Verpflichtungen. Innerhalb von zehn Jahren baute er in Arizona ein Imperium auf und wurde mehrfacher Millionär. Pamela, inzwischen Ende vierzig, war immer noch sehr attraktiv und liebte Tom nach wie vor. Doch von heute auf morgen brach ihre perfekte Welt zusammen, als ein Freund sie fragte, wie denn die Reise nach San Francisco gewesen sei. Pamela war ganz erstaunt, denn Tom war allein auf Geschäftsreise in San Francisco gewesen – glaubte sie jedenfalls. Der Freund behauptete jedoch steif und fest, sie auf dem Flughafen Arm in Arm mit Tom gesehen zu haben. Auf diese Weise kam heraus, dass Tom eine Geliebte hatte, die Pamela zum Verwechseln ähnlich sah (nur 20 Jahre jünger) und ebenfalls Pamela hieß. (Dies ist – wie alle anderen – ein Fallbeispiel aus unserer Praxis und nicht, wie man vielleicht annehmen könnte, Fiktion.) Tom ließ sich scheiden und lebte mit Pamela 2 zusammen, während Pamela 1 mit gebrochenem Herzen Antworten und Hilfe suchte.

Leider ist dies auch ein Beispiel für das, was sich in vielen Partnerschaften ähnlich abspielt: Der Beruf, die Kinder, der Hausbau etc. rücken in der Bedürfnispyramide immer weiter nach oben, während für Sexualität und Partnerschaft kaum noch Zeit bleibt. Meist macht man den Stress dafür verantwortlich, dass den Partnern die Lust vergangen ist. Aber in Wahrheit ist es nicht der Stress, sondern der Herzschmerz, die emotionalen Verletzungen, welche die Sexualität tausend kleine Tode sterben lassen. Die vielen kleinen Meinungsverschiedenheiten, die vielen schmerzhaften Missverständnisse bauen eine Mauer auf, die zum vermeintlichen Schutz vor noch mehr Herzschmerz dienen soll. All diese schmerzhaften emotionalen Energien werden in unserem Zellgedächtnis gespeichert und bleiben dort so lange, bis sie durch Heilung transformiert wurden. In den meisten Fällen führt nicht ausgelebte Sexualität zu emotionaler und hormoneller Unausgewogenheit, die dann noch mehr Streit, Aggressionen und gegenseitige Verletzung nach sich ziehen. Selbstbefriedigung kann vorübergehend helfen, wenigstens hormonell wieder ins Lot zu kommen. Ausgeglichenheit und Offenheit erleichtern die notwendige emotionale Heilung.

Wenn Ihre Partnerschaft von Lustlosigkeit geprägt ist, sollten Sie sich zunächst um Ihre persönliche Entspannung bemühen (zum Beispiel durch Meditation). Bitten Sie dann die Engel, die Ursachen für Ihre unbefriedigende Sexualität aufzudecken und den damit verbundenen Herzschmerz zu heilen. Wenn die Mauer zwischen Ihnen und Ihrem Partner bereits zu hoch ist, um Sex zu haben, bitten Sie Ihren Partner zunächst um heilende, liebevolle Berührung, zum Beispiel durch eine Fußmassage. Idealerweise erlernen Sie gemeinsam mit Ihrem Partner eine Methode der Berührungsheilung (zum Beispiel Quantum-Engel-Heilung) und tragen die Mauer so Stein für Stein wieder ab. Je mehr Sie und Ihr Partner sich gleichermaßen um Heilung bemühen, desto mehr Liebe kann frei fließen. Auf diese Weise finden Sie zurück zu vertrauensvoller Intimität.

Was versteht man unter erfüllender Sexualität?

Sexuelle Energie ist die Triebfeder der Schöpfung. Ohne sie kann kein neues Leben entstehen. Menschen verschmelzen beim Liebesakt aber nicht nur mit ihrem physischen Körper, sondern auch mit ihrem Energiekörper, das heißt, mit Emotionen, Geist und Seele. Es werden also immer mehrere Ebenen angesprochen – und wenn eine dieser Ebenen gestört ist, findet kein erfüllender sexueller Austausch mehr statt. Die Ursachen für sexuelle Probleme können, wie etwa in Katjas Fall, auf der spirituellen Ebene liegen. Seelische Ursachen, die unter Umständen zu Bulimie oder Depression führen, verhindern natürlich, dass Verlangen auf der körperlichen Ebene entsteht. Wenn die Ursachen, wie in Ramonas Fall, auf der emotionalen Ebene liegen, können sie die Sexualität ebenfalls negativ beeinflussen. Wenn Geist und Emotionen gestört sind, kann es möglicherweise zu entartetem Sexualverhalten kommen. Wenn der Energiekörper voll von Anhaftungen aus der negativen geistigen Welt ist, kann der

Partner davon abgestoßen beziehungsweise der »Gastgeber« dieser Wesenheiten in seinem Sexualverhalten stark beeinträchtigt werden. Wenn es Probleme auf der körperlichen Ebene gibt (die meistens nur Symptome für andere Störungen sind), findet in der Regel auch keine seelische Vereinigung statt.

Zu wirklich erfüllender Sexualität kommt es nur, wenn die Vereinigung auf allen Ebenen stattfindet. Es ist also hilfreich, ein ganzheitliches Verhältnis zur Sexualität zu entwickeln, das Körper, Geist und Seele einbezieht. Eine so gelebte Sexualität unterstützt das Aufladen der Energiereservoirs auf allen Ebenen und die Vereinigung wird zum Einswerden. Ein Sexualakt, der auf allen Ebenen stattfindet, ist ein Schöpfungsakt, aus dem Neues entsteht. Damit ist nicht nur neues Leben in Form eines Kindes gemeint, sondern auch das Hervorbringen von geistigen und seelischen Schöpfungen durch das Freisetzen spiritueller Kräfte. Voraussetzung für jede sexuelle Vereinigung sollte die Reinigung nicht nur des physischen, sondern auch des Energiekörpers sein. Vertrauen und offene Kommunikation der jeweiligen Bedürfnisse sind eine ebenso wichtige Voraussetzung. Nur wenn emotionale Verletzungen ebenso geheilt sind wie die Ängste beider Partner, können beide leicht entspannen und loslassen und die Energien der Liebe können frei fließen.

Vor dem eigentlichen Sexualakt können Sie auch ganz bewusst eine energetische Verbindung zu den einzelnen Chakren Ihres Partners herstellen, indem Sie sich zum Beispiel vorstellen und spüren, wie die Energien hin und her fließen und wie sich die beiden Energiefelder vereinigen. Dann vereinigen sich die Emotionalkörper oder, anders ausgedrückt, die Herzen. Das geschieht, indem jeder Partner bewusst ganz viel Liebe zu allen Aspekten des anderen schickt und sich in ihn oder sie einfühlt. Die körperliche Vereinigung findet zuletzt statt – ohne dabei auf ein Ziel hinzuarbeiten. Wenn die Vereinigung durch das bewusste Sein- und Geschehenlassen auf allen Ebenen stattgefunden hat, gibt es den Moment der Einswerdung, der jenseits von Raum und Zeit liegt. Er kann kurz sein und gleichzeitig eine Ewigkeit dauern.

Wenn Sie nun denken »Mit meinem Partner klappt das nie«, möchten wir Sie trösten. Solange Sie sich bewusst sind, was auf den verschiedenen Ebenen passiert und Sie und Ihr Partner sich lieben, können Sie nichts falsch machen. Ein Energieaustausch findet immer statt, und das ist in der Regel sogar förderlich für Ihre Gesundheit. Wenn Ihre Partnerschaft jedoch gestört ist und keine Liebe mehr fließt, ist es durchaus möglich, dass es Ihnen nach dem Sexualakt körperlich, geistig oder seelisch nicht gut geht (je nachdem, welche Ebene gestört ist) und Sie sich energie- und kraftlos fühlen. Dann sollten sie sich zunächst um Heilung und Transformation der Ursachen bemühen. Hüten Sie sich auch davor, Sexualität (oder das Verweigern von Sexualität) als Druckmittel oder Waffe einzusetzen, denn das wäre Machtmissbrauch und würde zu Energieverlust führen. Die Vereinigung in Liebe hingegen setzt schöpferische, göttliche Energien frei.

KAPITEL 14

Bis dass der Tod uns scheidet?

Mit der vor dem Traualtar gesprochenen Formel »Bis dass der Tod euch scheidet« verbinden die meisten Menschen den physischen Tod eines Partners als einzige Möglichkeit, die Partnerschaft zu beenden. Sie planen, ein Leben lang zusammenzubleiben, und haben große Schuldgefühle, wenn sie sich nach einigen Jahren wieder scheiden lassen, weil sie mit diesem Partner so nicht mehr zusammenleben möchten. »Bis dass der Tod euch scheidet« bezieht sich aus unserer Sicht aber auch auf den Tod der Partnerschaft selbst, und der hat oft etwas damit zu tun, dass aus den falschen Gründen geheiratet wurde, was später zu emotionalen und spirituellen Konflikten führt. Wenn ein Paar in jungen Jahren geheiratet hat und sich diese Heirat später als Fehler herausstellt, sollten die beiden nicht dazu verdammt werden, bis ans Ende ihrer Tage in einer unglücklichen Partnerschaft zu leiden. Viele Menschen quälen sich beispielsweise der Kinder wegen durch eine unerfüllte Ehe. Sie versuchen durchzuhalten, bis die Kinder erwachsen sind, und reden sich oft ein: »Mir geht's ja gar nicht so schlecht.« Doch die negative Energie, die sie unter solchen Umständen täglich ausstrahlen, ist schädlich für die Kinder und für den Partner. Sie belastet alle Familienmitglieder und macht auf Dauer sogar krank.

Im Gegensatz zum physischen Körper kann man eine Partnerschaft nicht künstlich am Leben halten. Wenn sie energielos, also klinisch tot ist, sollte es keine Verpflichtung für die Ehepartner sein, bis zum Ende ihres physischen Lebens unter einem Dach zu wohnen.

Die unterschiedliche persönliche Entwicklung der Partner und die damit verbundene Veränderung der Bedürfnisse ist ein Hauptgrund für das allmähliche Sterben der Partnerschaft. Doch es ist normal, dass sich Menschen im Laufe der Zeit von einer Stufe ihrer Bedürfnispyramide zur nächsten bewegen. (Wir haben die Bedürfnispyramide in Kapitel 6 ausführlich erklärt.) Wenn der Partner nun auf einer anderen Stufe ist und auch da bleiben möchte, verändern sich die Energien in der Partnerschaft und es gibt Konflikte. Dies ist beispielsweise zu beobachten, wenn ein Partner an sich arbeitet und Wert auf seine spirituelle Weiterentwicklung legt, während der andere Partner dies nicht nachvollziehen kann und weiterhin alles so belassen möchte, wie es war. Es ist sehr wahrscheinlich, dass diese Partner irgendwann an einen Punkt kommen, wo sich ihre Lebenswege trennen. Das ist dann eben so und bedeutet keineswegs, dass die vorangegangene gemeinsame Wegstrecke ein Fehler war oder dass irgendjemand versagt hat. Jeder Mensch hat ein Recht darauf, nach seinen eigenen Vorstellungen glücklich zu werden. Und es ist auf jeden Fall besser, sich in Liebe zu trennen, als sich gegenseitig das Leben schwer zu machen.

Bevor Sie sich trennen, sollten Sie jedoch genau prüfen, ob es sich nicht doch nur um eine vorübergehende Krise handelt. In vielen Fällen ist die Partnerschaft nämlich noch zu retten, obwohl die Situation kritisch wirkt. Natürlich hilft es, die in den vorangegangenen Kapiteln vorgestellten Meditationen und Übungen mit den Engeln durchzuführen und bewusst Zeit miteinander zu verbringen. Vergessen Sie aber bitte nicht, dass Ihr Partner auch dazu da ist, Ihre roten Knöpfe möglichst sanft zu drücken, damit die Muster heilen können, die auf diese Weise zum Vorschein kommen. Das soll jedoch auf keinen Fall heißen, dass er Ihnen immer wieder Kummer bereiten und Schmerzen zufügen darf.

Jede Partnerschaft ist einzigartig, aber es gibt bestimmte Standardsituationen, Fragen und Themen, die in unserer Arbeit mit Klienten immer wieder vorkommen. Die nachfolgenden Beispiele aus der Praxis sollen Sie inspirieren und Ihnen helfen, mögliche Krisen mit Hilfe der Engel zu meistern.

Mein Partner versteht mich nicht

Die wenigsten Menschen haben gelernt, ihre Gefühle zu kommunizieren, wenn sie sich unverstanden oder ungerecht behandelt fühlen. Stattdessen »schnappen sie ein«, schweigen, verriegeln ihr Herz wie eine Festung aus Angst, noch einmal verletzt zu werden, und gehen in der Folge immer häufiger davon aus, dass sie sowieso nicht verstanden werden. Aus ihrer Sicht lohnt es sich gar nicht, dem Partner etwas mitzuteilen. Es ist also vermeintlich besser, sich hinter den Schutzmauern der inneren Festung zu verschanzen, als sich noch einmal einen Angriff auf die eigene Gefühlswelt zu erlauben. Kennen Sie Paare, die sich im Restaurant anschweigen, auf ihre Teller starren und danach ins Kino gehen, damit sie nicht miteinander reden müssen? Sie haben verlernt, miteinander zu kommunizieren. Wenn man verstanden werden möchte, muss man zum Ausdruck bringen, was man denkt und fühlt, auch wenn man es nicht immer richtig in Worte fassen kann.

Anna und Joachim waren schon fünf Jahre zusammen. Das erste Jahr war ihr glücklichstes, doch dann wurde Joachims Mutter krank und starb schließlich an den Folgen einer Krebsoperation. Nach dem Tod seiner Mutter war Jochim sehr nach innen gekehrt. Oft saß er einfach teilnahmslos am Tisch und starrte aus dem Fenster. Er litt nicht nur unter dem Verlust, sondern machte sich auch Vorwürfe, dass er seiner Mutter zu dieser Operation geraten hatte (Richterprogramm). Anna versuchte ihn aufzumuntern, aber ohne Erfolg. Sie fühlte sich in der Beziehung immer mehr allein gelassen. Oft weinte sie. Als sie schließlich die Engel um Hilfe bat, bekam sie folgende Antwort:

Bitte lass deinem Mann noch etwas Zeit. Er trauert wie ein kleiner Junge und fühlt sich sehr verlassen. Da du mit seiner Energie eng verbunden bist, fühlst auch du dich verlassen. Du kannst ihm den Vorschlag machen, zwei weiße Kerzen anzuzünden und symbolisch alles zu verbrennen, was euch belastet und dem Fluss eurer Liebe im Weg steht. Teile ihm mit, dass auch du dich verlassen fühlst, denn obwohl er jeden Abend neben dir einschläft, ist er doch nicht für dich da. Du kannst dir dann jeden Abend vor dem Einschlafen eine Regenbogenbrücke vorstellen, die dich und deinen Mann verbindet. Wir werden euch dabei helfen, dass eure Seelen miteinander kommunizieren und ihr euch auf dieser Ebene austauschen könnt. Du kannst deinem Mann gedanklich alles sagen. Es wird über die Regenbogenbrücke weitergeleitet und bei ihm ankommen. Dadurch wird es euch leichter fallen, am Morgen aufzustehen und den Tag fröhlich und harmonisch zu beginnen.

Diese Übung kann man durchführen, so oft man möchte. Sie hilft bei allen Kommunikationsproblemen, egal, wie weit die andere Person entfernt ist. Anna machte sie drei Wochen lang jeden Abend. Eines Sonntagmorgens legte Joachim plötzlich die Zeitung weg und fing an zu reden. Alle angestauten Gefühle und Gedanken sprudelten aus ihm heraus. Anna konnte nur staunen, wie Joachim plötzlich über seine ganze Kindheit sprach und Situationen schilderte, in denen er seiner Mutter nicht hatte mitteilen können, was er empfand. Er fing an zu weinen und Anna nahm ihn in den Arm. Es war ein sehr versöhnlicher Sonntagmorgen. Anna erzählte ihm schließlich von den Engeln und der Regenbogenbrücke. Sie erklärte ihm, dass er auch seine Mutter über diese Brücke erreichen und ihr alles sagen könne, was er mochte. Joachim war dankbar für diesen Vorschlag. Er schickte seiner Mutter jeden Abend Liebe über die Regenbogenbrücke und baute in Gedanken eine zweite Regenbogenbrücke zu Anna, die sich nun wieder geliebt und verstanden fühlte. Im Frühjahr erwartet das Paar sein erstes Baby.

Wir streiten uns oft

Während einige Partner kaum noch miteinander reden, tun andere genau das Gegenteil: Sie streiten heftig, schreien sich an, knallen die Türen und werfen manchmal sogar mit Gegenständen um sich.

Das war auch bei René und Robert der Fall. Beide sind sehr temperamentvoll und trinken regelmäßig Alkohol. Ihnen ist nicht bewusst, dass sie durch den starken Alkoholkonsum viele Wesenheiten aus der Astralwelt anziehen, die es lieben, wenn Menschen sich streiten und sich möglichst tief gegenseitig verletzen. Diese Wesenheiten sind wie energetische Vampire, die sich in der Energie des Streits und des Schmerzes wohlfühlen. Manchmal begann der Streit zwischen René und Robert wie aus dem Nichts. Zum Beispiel warf Robert aus Versehen sein Glas um, woraufhin René ihn anschrie wie eine Furie. Ihre Worte wirkten wie Giftpfeile. Robert erwiderte das Wortgefecht und wurde dabei so laut, dass ihn selbst die Nachbarn auf der gegenüberliegenden Straßenseite hören konnten. Meistens endete der Streit damit, dass sich die heulende René in ihr Zimmer einschloss und der betrunkene Robert im Chaos des unaufgeräumten Wohnzimmers vor dem laufenden Fernseher einschlief.

Eines Tages beschloss René ihr Leben zu ändern und kam in unsere Praxis. Zunächst erklärten wir ihr, dass es nicht immer Robert war, der sie attackierte. Staunend lauschte sie unseren Erklärungen über negative Wesenheiten und nahm sich unsere Empfehlungen zu Herzen, sich, ihr Haus und ihr Auto energetisch zu reinigen. Denn auch der Autounfall, den sie erst kürzlich gehabt hatte, war kein Zufall gewesen, sondern das Resultat negativer Einflüsse. Wir erklärten ihr, dass sie dennoch keine Angst zu haben brauchte, denn das Licht in ihr ist stärker als alle Dunkelheit. René lernte, energetische Reinigungen durchzuführen und verstand nun auch, dass sie nicht von Robert angegriffen wurde, sondern von einer Energieform, die durch ihn arbeitete. Wir haben ihr auch empfohlen, Erzengel Michael um Hilfe zu bitten, denn er ist der Retter/Ritter-Engel und seine Hauptaufgabe es ist, die Erde und ihre Bewohner von Angst und negativen Energien zu befreien. Seine Botschaft für René lautete:

Auch wenn du dich im Streit mit Robert oft verletzt gefühlt hast, möchten wir dir heute helfen, deine und seine Wunden zu heilen. Dein Mann wurde als kleiner Junge geschlagen und missbraucht. Deshalb trinkt er seit seinem 16. Lebensjahr Alkohol. Auch du trägst diesen Schmerz in dir. Es ist also eure Aufgabe, euch gegenseitig bei der Heilung zu unterstützen. Wir möchten dich bitten, dir einen großen Topf mit Körperlotion zu kaufen und ihn zwischen deinen Händen zu halten. Wenn du meinen Namen rufst, werde ich ihn mit meinen Energien aufladen. Creme dich dann liebevoll von Kopf bis Fuß ein und bitte um energeti-

schen Schutz mit blauem Licht. Es wird dir helfen, dich sicherer zu fühlen. Ersetze den Alkohol durch Gemüsesaft. Wir werden dir helfen, deine Energie so zu verändern, dass du von nun an nur die Dinge und Menschen wählst, die gut für dich sind. Nimm bitte einmal pro Woche ein Bad mit Salz vom Toten Meer. Damit spülst du die restlichen Gifte aus deiner Aura und deinem Körper. Erkläre deinem Mann, dass wir auch mit ihm arbeiten werden, wenn er diesen Wunsch zum Ausdruck bringt. Eure Zukunft wird davon abhängen, ob ihr die Vergangenheit heilen könnt. Es ist uns eine große Ehre, euch dabei zu helfen. Jeder Tag beginnt mit einem Sonnenaufgang, und die Sonne denkt dabei nicht an die Nacht. Haltet auch ihr immer den Fokus auf dem Licht, geliebte Menschenkinder.

René konnte die Anwesenheit des Erzengels deutlich spüren. Sie fühlte sich innerlich so ruhig wie seit Jahren nicht mehr. Sie war dankbar und hoffte wieder, ihre Beziehung mit Robert retten zu können. Auf dem Nachhauseweg kaufte sie sich mehrere Packungen Kaugummi. Das Kaugummi half ihr, sich abzulenken und ihre Gelüste auf Alkohol zu unterdrücken. Sie bat Robert um einen Waffenstillstand. Er fragte sich zwar, was das Ganze wohl sollte, willigte aber ein. Dann erklärte sie ihm alles, was sie über negative Energien gelernt hatte, und fragte ihn, ob er bereit sei, mit ihr die Vergangenheit zu heilen und das Angebot der Engel anzunehmen. Robert verstand und war bereit, es zu versuchen. René und Robert führten gemeinsam eine energetische Reinigung durch (der brennende Topf; diese Reinigungsmethode wird im

Buch *Quantum-Engel-Heilung* genau erklärt) und spürten anschließend eine deutliche Veränderung in ihrem Haus. Dann räumten sie gemeinsam den Keller, die Garage und alle Schränke auf, in denen sich unnötiger Kram aus der Vergangenheit angesammelt hatte. Dieses Projekt nahm fast einen ganzen Monat in Anspruch. Sie arbeiteten gut zusammen und stritten sich immer weniger. Das Motto lautete nicht mehr »René gegen Robert«. Vielmehr waren sie jetzt Verbündete und arbeiteten gemeinsam, um ihre Ehe vor allen Bedrohungen von außen und aus der Vergangenheit zu schützen. Auch Robert benutzte die Engel-Creme, las Bücher über Engelheilungen und fing an zu meditieren. Nach drei Monaten hatte sich ihre Beziehung total verändert. Der Waffenstillstand wurde dauerhaft, und sie rauften sich zusammen wie Kriegskameraden, die gemeinsam in eine Schlacht gezogen waren. Schritt für Schritt heilten die alten Verletzungen und viel Neues und Schönes hielt Einzug in ihr Leben.

Mein Partner misshandelt mich

In einigen traurigen Fällen kommt es sogar zur Gewaltanwendung in Partnerschaften, Familienbeziehungen oder am Arbeitsplatz. Dazu gehört emotionaler Missbrauch genauso wie physischer und sexueller. Die Dunkelziffer ist groß, und oft dauert es Jahre oder gar Jahrzehnte, bis sich die Opfer um Hilfe bemühen.

Wie sehr unsere Klientin Renate im Opferprogramm gefangen war, fiel auch erst auf, als sie an einem unserer Workshops teilnahm. Die Engel zeigten uns auf geistigem Wege Bilder von wiederholtem Missbrauch in ihrer Jugend und Ehe. Als wir in der Pause ein vertrauliches Gespräch mit Renate führten, erzählte sie, dass sie von ihrem Mann regelmäßig geschlagen und vergewaltigt wurde. Schon einige Male war sie mit Knochenbrüchen und inneren Verletzungen ins Krankenhaus gebracht worden. Dennoch versicherte sie uns immer wieder, sie liebe ihren Mann und hinterher täte es ihm ja auch immer leid. Aus Angst ihn zu verlieren, litt sie seit mehr als zwanzig Jahren vor sich hin. Sie kannte einfach keine andere Form von Partnerschaft und glaubte, mit Geduld und Verständnis könne sie ihrem Mann helfen, wirklich lieben zu lernen. Doch dieser Mann liebte sich selbst nicht und konnte daher auch niemand anderen wirklich lieben. Renate hingegen glaubte an die bedingungslose Liebe, doch leider hatte sie dieses Konzept völlig falsch verstanden. Bedingungslose Liebe heißt vor allem, sich selbst bedingungslos zu lieben. Es ist wichtig, in einer Partnerschaft klare Grenzen zu setzen und darüber zu sprechen, unter welchen Bedingungen man zusammen ist und zusammenbleiben kann. Auch wenn man einen Menschen bedingungslos liebt, gibt es für jede Partnerschaft – seien sie privater oder geschäftlicher Natur – gewisse Regeln, die sicherstellen, dass sich alle Beteiligten wohlfühlen. Die Engel raten in keinem Fall, irgendeine Form von Misshandlung zuzulassen. Es ist nicht der Wille Gottes, dass Menschen oder andere Lebewesen misshandelt werden.

Wir gaben Renate den Rat, sich von einer Quantum-Engel-Heilerin vor Ort helfen zu lassen.

Am nächsten Tag erschien sie nicht zum Workshop. Wir konnten nur ahnen, was bei ihr zu Hause vorgefallen war, und beschlossen für sie zu beten. Die Engel mischen sich nicht in den freien Willen der Menschen ein, aber sie helfen sofort, wenn sie darum gebeten werden. Wir waren erleichtert, als Renate sich eine Woche später in unserem Büro meldete und um die Adresse einer Quantum-Engel-Heilerin in ihrer Nähe bat. Ein Jahr später trafen wir Renate bei einem Vortragsabend wieder. Sie sah gut aus, ihre Aura war klar, und es war deutlich zu erkennen, dass viel Heilung geschehen war. Sie erzählte, dass sie im vergangenen Jahr einige Behandlungen mit den Engeln gehabt hatte. Die Transformation war bemerkenswert. Es war ihr auch gelungen, einen Schlussstrich unter ihre Ehe zu ziehen. Die Engel haben ihr geholfen, in ihre eigene Kraft zu finden. Wir waren tief bewegt, als sie uns von ihrer neuen Aufgabe in einem Tierheim berichtete, wo sie Energieheilungen für misshandelte Tiere durchführt.

Wenn Sie in einer ähnlichen Situation wie Renate sein sollten, bitten Sie Gott und die Engel, Ihnen einen Weg zu wahrer Liebe und Heilung für alle Beteiligten zu zeigen. Auch wenn die Situation schwierig oder ausweglos erscheint, vergessen Sie nicht: Ihre Engel sind immer bei Ihnen. Sie sind nie allein. »Immer wenn du meinst, es geht nicht mehr, kommt von irgendwo ein Lichtlein her …«

Ich bin eifersüchtig

Eifersucht ist eine äußerst kraftvolle Energie, die schon viele Partnerschaften und Familien zerstört hat. Manche Menschen sind »rasend« oder »kochend« vor Eifersucht und sogenannte Eifersuchtsdramen enden oft sogar mit Mord. Woher kommt diese zerstörerische Energie?

Eifersüchtige Menschen haben Angst davor, einen geliebten Menschen zu verlieren beziehungsweise verlassen, allein gelassen oder betrogen zu werden. Sie sind unsicher und empfinden sich oft selbst nicht als liebenswert. Ihre emotionalen Muster und Glaubenssätze haben immer etwas mit Mangel zu tun. »Es gibt nicht genug« ist ihr Motto – nicht genug Liebe, nicht genug Geld, nicht genug Besitz … Sie halten fest und klammern. Eifersüchtige Menschen versuchen in der Regel, ihren Partner zu kontrollieren, was bis zum Nachspionieren gehen kann.

Sabrina hatte schlechte Erfahrung mit Männern gemacht. Ihr Ex-Ehemann hatte sie und ihre kleine Tochter verlassen und mit einer anderen Frau eine neue Familie gegründet. Sabrina konnte diese Trennung nicht verarbeiten, der Schmerz nagte an ihrem Selbstwertgefühl und ihr Misstrauen gegenüber möglichen neuen Partnern war groß. Die Episoden mit Männern, die unmittelbar auf ihre Ehe folgten, schlugen alle schnell fehl und auch als der gutmütige Bernd in ihr Leben kam, suchte Sabrina regelrecht nach Beweisen dafür, dass auch er sie betrog. Jede Nacht spielte sich dasselbe Szenario ab: Sobald Bernd eingeschlafen war, schlich sich Sabrina aus dem Zimmer, um sein Handy nach möglichen »Beweisen« zu durchforsten. Sie hörte seine gespeicherten Nachrichten ab und kontrollierte alle Anrufe, die Bernd während seines Arbeitstages getätigt hatte. Natürlich wurde sie eines Nachts fündig. Seine Ex-Freundin Rita hatte sich bei Bernd gemeldet und wollte nur mal hören, wie es ihm gehe. Sabrina wurde es heiß und kalt, als sie diese Nachricht abhörte. Sie ging zurück ins Schlafzimmer, konnte aber nicht mehr einschlafen, weil sie Bernd nun als gemeinen Verräter betrachtete, der offenbar immer noch ein Verhältnis mit seiner angeblichen Ex-Freundin hatte. Beim Frühstück behandelte sie ihn wie einen Verbrecher. »Hast du mir eigentlich nichts zu erzählen?«, fragte sie schnippisch, doch der noch schläfrige Bernd wusste wirklich nicht, was er verbrochen haben könnte. An den auf seinem Handy gespeicherten Anruf dachte er keinen Moment. Längst hatte er Rita zurückgerufen und von ihr erfahren, dass sie und Holger ein Baby erwarteten und bald heiraten würden. Bei Sabrina aber läuteten sämtliche Alarmglocken. Für sie war klar, dass Rita eine ernst zu nehmende Nebenbuhlerin sein musste, mit der Bernd sie vermutlich betrog. Vor ihrem geistigen Auge lief der alte Film ab: wie ihr Mann sie verließ, wie Axel sie betrog, als Klaus auszog … Ihrer Tochter Sarah hatte sie bereits beigebracht, dass man Männern auf keinen Fall vertrauen dürfe. Als Bernd zur Arbeit fuhr, folgte ihm Sabrina heimlich mit ihrem Auto. Sie wollte ihn auf frischer Tat ertappen und zur Rede stellen. Das mit »auf frischer Tat ertappen« klappte zwar nicht, aber dennoch machte sie ihm vor seinen Arbeitskollegen eine dramatische Szene …

Natürlich kam es in dieser Beziehung bald zu noch mehr Streit und immer neuen Auseinandersetzungen. Bernd konnte Sabrinas krankhafte Eifersucht nicht lange ertragen und beschloss nach einigen Wochen, wieder zurück in seine Junggesellenwohnung zu ziehen. Nun konnte Sabrina zwar sagen, dass sie recht behalten hatte, weil es auch mit Bernd nicht gut gegangen war, aber glücklich machte sie das nicht.

Ihr Körper reagierte mit einer Gallenkolik, und als sie die überstanden hatte, kam Sabrina zu einer Beratungssitzung, in der ihr die Engel an einem Beispiel erklärten, wie wir mit unserer Emotionen und Gedanken unsere eigene Realität kreieren. Sie sagten:

Stell dir zwei Mütter mit ihren Kindern auf einem Spielplatz vor. Die Kinder spielen im Sand neben einer Schaukel. Alles ist friedlich und harmonisch an diesem schönen Nachmittag im Park. Die Mütter unterhalten sich, aber die eine ist etwas nervös. Immer wieder ruft sie ihrem Kind zu: »Pass auf, Florian, sonst kriegst du noch die Schaukel an den Kopf.« Die Mütter unterhalten sich weiter. Während die eine immer wieder »Pass auf, Florian« ruft, winkt die andere ihrem Sohn Moritz nur ab und zu lächelnd zu. Die Kinder spielen weiter im Sand. Plötzlich werden die Mütter vom lauten Weinen eines Kindes unterbrochen. Zunächst wissen sie nicht, welches Kind weint. Weißt du es? Was ist passiert?

Sabrina schaute nur fragend. Sie verstand nicht, was ihr die Geschichte sagen sollte und welches Kind jetzt weinte. Es war natürlich Florian, denn er hatte die Schaukel an den Kopf bekommen. Er heulte, weil es wehtat und er Nasenbluten hatte. Obendrein schimpfte ihn seine Mutter aus: »Ich habe dir doch gesagt, du sollst aufpassen.«

Die Engel erklärten Sabrina, dass sie wie die eine Mutter in der Geschichte aus Angst (Grundform der Eifersucht) immer wieder ähnliche Erlebnisse kreierte. Die Energie der Eifersucht beziehungsweise die Angst kann man aber erst transformieren, wenn die eigentliche Ursache (emotionale Verletzung) geheilt ist. Für Sabrina war es also wichtig, sowohl mit dem »Liebe tut weh«- als auch mit dem »Nicht verzeihen können«-Programm zu arbeiten und sich selbst und ihren Ex-Partnern zu verzeihen. Sie arbeitete intensiv mit der Lösungsformel der Engel und transformierte ihre Angst, verlassen oder betrogen zu werden. Zwei Monate später waren ihre Gallenbeschwerden völlig verschwunden, ihr Übergewicht regulierte sich und sie lernte bald darauf einen Mann kennen, der anders war als alle anderen zuvor. Sabrina liebte sich selbst, war selbstsicher und fand schließlich auch die Liebe, nach der sie immer gesucht hatte.

Mein Partner ist eifersüchtig

Wenn Sie einen eifersüchtigen Partner haben, der Sie kontrolliert und am liebsten nur für sich hat, fühlen Sie sich verständlicherweise eingeengt und denken vielleicht sogar über Trennung nach. Wie wir bereits gesehen haben, gibt es für Eifersucht und Verlustangst immer tiefer liegende Gründe und es ist daher wichtig, alte Verletzungen zu heilen. Arbeiten Sie mit den vorgestellten Methoden und bitten Sie die Engel um Unterstützung. Erklären Sie Ihrem Partner, dass Sie nicht sein Eigentum sind und dass wir alle diese Welt eines Tages genau so verlassen, wie wir gekommen sind – ohne jeden Besitz. Ihre Liebe ist ein wertvolles Geschenk, das Sie aus freiem Herzen geben und auch nicht zurückfordern. Erzählen Sie Ihrem Partner die Geschichte von dem kleinen Vogel, der so schön singen konnte:

Ein Mann hörte den wunderschönen Gesang eines kleinen Vogels und verliebte sich so in den Vogel, dass er ihn ganz für sich haben wollte. Also kaufte er einen goldenen Käfig und sperrte ihn dort hinein. Doch seitdem der kleine Vogel in diesem Käfig saß, gab er jedoch keinen Ton mehr von sich. Er war traurig und fühlte sich eingeengt. Dabei wollte er doch nur tun, was er am liebsten tat: singen. Der Mann ärgerte sich über den kleinen Vogel und rüttelte am Käfig, weil er ihn zum Singen bringen wollte, aber ohne Erfolg. Schließlich öffnete er den Käfig, der Vogel flog hinaus und fing sofort wieder an zu singen. Da versuchte der Mann, den Vogel wieder einzufangen – griff nach ihm und als er ihn schließlich erwischte, drückte er so fest zu, dass der kleine Vogel keine Luft mehr bekam und starb.

Erklären Sie Ihrem Partner, dass Sie sich fühlen wie dieser kleine Vogel und dass Sie gern für ihn singen beziehungsweise ihn lieben würden, wenn er Ihnen nur den nötigen Raum dafür gäbe. Es ist wichtig, dass Sie genau beschreiben, wie viel Zeit Sie für sich brauchen und wann Sie Zeit mit Ihrem Partner verbringen möchten. Arbeiten sie hierzu mit der persönlichen Bedürfnispyramide.

Die Energie in einer Partnerschaft ändert sich mit den Energien, die wir aussenden. Wenn Ihr Partner die Erfahrung gemacht hat, dass Liebe wehtut, können Sie ihm helfen, dies zu heilen. Die Engel ermutigen uns immer wieder, unsere Liebe zum Ausdruck zu bringen – mit Worten, kleinen Gesten und liebevoller Energie, die wir unserem Partner senden.

Übung: Dem Partner Liebe schicken

Erinnern Sie sich, wie Sie als Kind Seifenblasen gemacht haben, indem Sie Luft durch einen Pustefix-Ring mit Seifenlauge bliesen? Dann schließen Sie jetzt die Augen und konzentrieren Sie sich ganz auf Ihr Herz. Atmen Sie tief ein und aus und fühlen Sie, wie Sie ganz ruhig und entspannt werden. Ihr Herz ist von Liebe erfüllt. Atmen Sie weiter tief ein und aus und senden Sie mit dem nächsten Ausatmen ganz viel Liebe durch einen herzförmigen Pustefix-Ring. Schauen Sie, wie schillernde Energieblasen in Herzform durch den ganzen Raum schweben. Sie freuen sich und wissen, dass Sie diese mit Liebe gefüllten Energieblasen durch die Kraft Ihrer Gedanken zu Ihrem Partner schicken können.

Atmen Sie weiter tief ein und aus und pusten Sie Ihre Liebe durch den herzförmigen Pustefix-Ring. Sie sehen nun, wie diese schillernden Energieherzen zu Ihrem Partner fliegen. Bitten Sie die Engel, Ihren Partner darauf aufmerksam zu machen, dass die herzförmigen, mit Liebe gefüllten Energieblasen ein Geschenk für ihn sind. Bitten Sie die Engel auch, alle möglichen Blockaden bei Ihrem Partner zu lösen, damit er dieses Geschenk auch freudig annehmen kann. Einige Energieblasen zerplatzen an seinem Körper und die Energie Ihrer Liebe wird über ihn ausgeschüttet. Ihre Liebe weicht alle möglichen Widerstände auf und hilft ihm, sich selbst zu lieben und zu heilen. Sehen Sie, wie er Ihnen zulächelt und sich bei Ihnen für dieses Geschenk bedankt.

Wenn Sie mögen, können Sie nun auf Ihren Partner zugehen und ihn umarmen. Spüren Sie die Liebe zwischen Ihnen und ihm und genießen Sie sie. Verabschieden Sie sich dann von Ihrem Partner und versprechen Sie, ihm jeden Tag Liebe zu senden. Bedanken Sie sich auch bei den Engeln und kommen Sie dann langsam wieder zurück ins Wachbewusstsein. Fühlen Sie die Freude in Ihrem Herzen und spüren Sie, wie sich die Energie zwischen Ihnen und Ihrem Partner positiv verändert hat. Sie ist harmonisch, leicht, spielerisch und voller Liebe.

Mein Partner betrügt mich

Wenn Sie feststellen, dass Ihr Partner Sie betrügt, ist Ihre Partnerschaft wirklich in einer großen Krise, und um noch einmal auf »Bis dass der Tod euch scheidet« zurückzukommen: In diesem Fall liegt die Partnerschaft bereits auf der Intensivstation. Es ist zwar möglich, dass sie sich mithilfe der

»himmlischen Ärzte« wieder erholt, allerdings nur unter der Voraussetzung, dass sich beide Partner bewusst sind, wie ernst die Situation ist und was auf dem Spiel steht. Ansonsten sind sämtliche Reanimationsversuche zwecklos. Oft ist die Situation sehr kompliziert und hat Auswirkungen auf alle Lebensbereiche (Kinder, Wohnort, Arbeit etc.). Und der Schmerz, den ein betrogener Partner empfindet, ist in der Regel durchaus vergleichbar mit dem Schmerz, den so mancher Schwerverletzte empfindet. Studien haben erwiesen, dass ein durch Liebeskummer gebrochenes Herz durchaus zum Tod des physischen Körpers führen kann.

Das, was salopp gern als »Seitensprung« bezeichnet wird, ist also sicherlich kein Kavaliersdelikt und kann auch nicht damit entschuldigt werden, dass so etwas »in den besten Familien vorkommt« (vom Thema AIDS mal ganz abgesehen). Für eine Partnerschaft kommt es eher einem Erdbeben der Stufe 9 auf der Richterskala gleich, und zwar in dem Sinne, dass es die Beziehung und manchmal sogar das ganze Leben des anderen Partners und auch der Familienmitglieder (Kinder) zerstören kann. Uns geht es hier nicht darum zu urteilen, uns in den freien Willen anderer einzumischen oder Schuldgefühle zu erzeugen. Manchmal geht eine Partnerschaft eben wirklich auf diese Weise zu Ende und ein anderer Partner tritt aus einem wichtigen Grund in unser Leben.

In jedem Fall sollte ernsthaft geprüft werden, ob sich die Partner wirklich noch lieben, ob ihre Bedürfnisse in der Partnerschaft noch erfüllt werden und was die Beweggründe für einen oder gar mehrere Seitensprünge sind. Nehmen Sie Ihre persönliche Bedürfnispyramide zur Hilfe und werden Sie sich Ihrer gesamten Lebenssituation bewusst. Wir könnten zu diesem Thema viele Beispiele aus unserer Praxis anführen, aber wir verzichten an dieser Stelle ganz bewusst auf die Schilderung von Einzelschicksalen. Ihre Situation wird gegebenenfalls immer anders sein, und nur die sollte Sie hier wirklich interessieren. Stattdessen erklären wir die sieben Phasen, die in solchen Situationen fast immer durchlaufen werden:

1. Nicht wahrhaben wollen, was passiert ist
2. Schmerz und Zwiespalt
3. Ärger und Wut
4. Scham und Depression
5. Soziale Unterstützung
6. Auseinandersetzung, Akzeptanz oder Trennung
7. Trauern, verarbeiten und lernen

Unabhängig von der Länge der Partnerschaft und der jeweiligen Lebenssituation kommt die Gewissheit, dass man von seinem Partner betrogen wurde, immer unerwartet. Oft fühlt es sich an, als hätte man einen harten Keulenschlag, eine Kugel oder ein Messer mitten ins Herz bekommen. Die erste Reaktion ist meistens ungläubig, nach dem Motto: »Das kann doch nicht wahr sein!«(1) Das ganze Körpersystem erleidet einen Schock, der den betreffenden Menschen völlig lähmt und unfähig macht, seine normalen Alltagsfunktionen auszuüben. Manche fangen regelrecht an zu zittern und haben Kreislaufprobleme. Es dauert eine Weile, bis der Schock überwunden ist und das Geschehene wirklich ins Bewusstsein dringt. Möglicherweise macht sich zunächst ein Taubheitsgefühl breit, bevor die nächste Phase beginnt: die Phase des Schmerzes und des Zwiespalts. (2) Der tiefe Schmerz ist oft so präsent, dass die Betroffenen nicht mehr fähig sind zu arbeiten, zu essen oder an etwas anderes zu denken. Der Zwiespalt entsteht einerseits durch den Wunsch, mit dem Partner zusammen zu sein, und andererseits dadurch, dass dieser Wunsch nun mit der Gefahr assoziiert wird, noch mehr Schmerzen erleiden zu müssen. Also geht man aus Selbstschutz zur nächsten Phase über, in der oft unaufhaltsam geweint wird – vor Wut und weil die Schmerzen so groß sind. (3) Die Wut bezieht sich übrigens nicht nur auf den Partner, sondern auch auf die betroffene Person. Fragen nach dem Warum mischen sich mit Selbstzweifeln und der Angst, nicht mehr geliebt zu werden. Sobald diese Phase durchlaufen ist, kommt ein instinktiver Überlebenswille zum Vorschein. Ärger, Wut, Angriff und Verteidigung sind typische Begleiterscheinungen der oft heftigen Konfrontationen mit dem Partner. Je nachdem, wie diese Kämpfe ausfallen, empfinden die Betrogenen Scham und Hilflosigkeit, die unter Umständen in eine ernste Depression münden können. (4) Sie versuchen, in Freunden und Familienmitgliedern Verbündete zu finden, die ihnen in dieser Situation mit Rat und Tat zur Seite stehen sollen. (5) Wir empfehlen Ihnen, an diesem Punkt lieber die Engel um Hilfe zu bitten und sich bei einem erfahrenen Heiler Unterstützung zu holen. Wenn Ihr physischer Körper schwer verletzt wäre, würden Sie sich ja auch nicht unbedingt von Freunden und Familienmitgliedern behandeln lassen. Diese sind mit einer solchen Situation nämlich häufig überfordert, und falls Sie sich am Ende doch wieder mit Ihrem Partner versöhnen, fällt es Freunden und Angehörigen meist schwer, ebenfalls zu vergeben und zu vergessen. In der Phase der Auseinandersetzung mit Ihrem Partner (6) kann Ihnen ohnehin niemand etwas abnehmen. Lassen Sie sich Zeit, wieder heil zu werden, bevor Sie wichtige Gespräche führen oder Entscheidungen von großer Tragweite treffen. Es ist wichtig, dass Sie Ihre Balance wiederfinden und sich Klarheit verschaffen – darüber, was passiert ist, über Ihre jetzige Situation und über eine mögliche Zukunft mit oder ohne Ihren Partner. Wenn Sie übereilte Schlüsse ziehen, könnten Sie es möglicherweise bereuen. Denken Sie nicht an Rache, sondern bemühen Sie sich in ihrem eigenen Interesse zurück in die Energie der Liebe zu finden. Egal, welche Entscheidung Sie treffen oder welche Entscheidung Ihr Partner für Sie trifft – seien Sie sich bewusst, dass Sie noch eine Weile trauern (7) werden, weil anschließend nichts mehr so ist, wie es vorher war. Sie und Ihr Partner können aus der Situation lernen. Und im Idealfall können Sie Ihre unverarbeiteten Emotionen heilen.

Soforthilfe durch Erzengel Uriel

Wenn Sie sich in einer solchen, einem Erdbeben gleichkommenden Krise befinden, hilft Ihnen Erzengel Uriel, den wir auch den Nothelfer-Engel nennen. Er bringt Licht in die Situation und kann dazu beitragen, dass Sie die Gründe für das Verhalten Ihres Partners verstehen. Uriel kann Ihnen auch helfen, einen Ausweg aus dieser schwierigen Situation zu finden. Wenn Sie verbittert sind und nicht verzeihen können, kann er Ihnen mit seinem Licht und seiner Liebe helfen, diese Energien aufzulösen und neuen Mut zu schöpfen.

Nehmen Sie sich Zeit, ruhen Sie sich aus und schließen Sie die Augen. Atmen Sie tief ein und aus und entspannen Sie Ihren ganzen Körper. Wenn Sie einen tiefen Entspannungszustand erreicht haben, bitten Sie Ihre Schutzengel und Erzengel Uriel zu sich. Bitten Sie nun die Engel, Sie an einen Ort zu bringen, wo Ihnen geholfen werden kann. Es ist ein Ort der Heilung, außerhalb von Raum und Zeit. Uriel legt nun vorsichtig eine Maske auf Ihr Gesicht, die wie eine Sauerstoffmaske aussieht. Sie atmen tief ein und spüren, wie Sie nach jedem Atemzug noch mehr entspannen können. Die Energie, die Sie jetzt einatmen, hat eine schmerzlindernde und heilsame Wirkung. Langsam spüren Sie, wie Sie schwerelos werden und schweben. Ihr ganzes Körpersystem hat sich nun beruhigt und der Schock des Erlebten löst sich mehr und mehr auf. Uriel und sein himmlisches Ärzteteam behandeln Sie und heilen alle Verletzungen, die Ihnen in dieser Situation zugefügt wurden. Sie tragen eine Heilpaste aus violetter Energie auf all Ihre Wunden auf und trennen nun die energetische Verbindung zu Ihrem Partner, durch die Sie Kummer und Schmerzen erfahren haben. Lassen Sie Ihren Partner für diesen Moment los und vertrauen Sie dem Prozess. Die Engel transformieren nun alle anderen Energien, die Sie in ähnlichen Situationen in diesem oder in anderen Leben angesammelt haben. Lassen Sie all diese Situationen und Menschen los und spüren Sie, wie Sie von Gott getragen werden. Visualisieren Sie, wie Sie zurückgeführt werden zur göttlichen Quelle aller Liebe. Spüren Sie die Kraft Gottes und werden Sie eins mit ihr.

Lassen Sie sich Zeit für diesen Prozess. Sie werden merken, dass Sie geliebt werden und selbst Liebe sind, die nie verloren gehen kann. Atmen Sie weiter tief ein und aus und erinnern Sie sich an Ihre eigene Göttlichkeit. Sehen Sie, dass Sie ganz und geheilt sind.

Bitten Sie nun die Engel, auch Ihren Partner zu behandeln und ihn ebenfalls mit der göttlichen Quelle in Verbindung zu bringen, denn auch er hat nach Liebe gesucht und ist dabei einen Umweg gegangen. Visualisieren Sie, dass Ihr Partner genau wie Sie eins ist – mit Gott. Fühlen Sie die Liebe. Es gibt keine Trennung.

Wenn es Ihr Wunsch ist, bitten Sie die Engel nun, Ihre Partnerschaft auf allen Ebenen zu heilen.

Bitten Sie die Engel anschließend, Ihnen klar und deutlich zu zeigen, wie der Weg der Liebe für Sie weitergehen wird.

Ruhen Sie sich nun noch eine Weile aus. Lassen Sie sich anschließend von Ihren Engeln zurückbringen und bedanken Sie sich bei ihnen, besonders bei Erzengel Uriel, der immer für Sie da ist.

Wiederholen Sie diese Übung so lange, bis Sie sich wieder gut und stabil fühlen. Nehmen Sie sich Zeit und bedenken Sie, dass es auch nach einem tatsächlichen Erdbeben nicht gleich wieder so weitergeht wie zuvor. Es besteht jedoch auch die Chance für einen Neuanfang. Gehen Sie zurück zu den Anfangskapiteln dieses Buches und wählen Sie Ihren Partner (oder einen anderen) diesmal bewusst aus. Es ist durchaus möglich, nach einer Krise gemeinsam ein neues, starkes Fundament für eine liebevolle Partnerschaft aufzubauen, sofern beide Partner dies von ganzem Herzen wünschen.

Trennung in Freundschaft – Ist das möglich?

In den seltensten Fällen findet eine Trennung harmonisch, einvernehmlich und auf allen Ebenen statt. Eine räumliche Trennung allein bedeutet nicht, dass jemand wirklich von seinem Partner getrennt ist. Wie schon mehrfach erwähnt, sind Menschen energetische Wesen, die im Prinzip untrennbar miteinander verbunden sind, wenn man von der These ausgeht, dass alles eins ist. Und selbst wenn ein Lebenspartner verstorben ist, ist seine energetische Essenz nicht einfach verschwunden. Aus unserer Sicht gibt es daher auch keinen Tod, sondern lediglich eine Transformation von Energie.

In den meisten Trennungsfällen ist es so, dass ein Partner nicht loslassen kann oder will. Wir Menschen sind auch durch emotionale Energien miteinander verbunden. Solange Sie einen Menschen hassen, wütend auf ihn sind und ihm nicht verzeihen können, bleiben Sie mit ihm verbunden. Wir haben dies an anderer Stelle bereits erwähnt und auch erklärt, dass die energetische Trennung von einem Ex-Partner eine wichtige Voraussetzung für eine neue Beziehung ist (siehe Seite 87 f.).

Die Energie der Liebe verbindet, lässt den geliebten Menschen aber gleichzeitig los. Das heißt, sie ist frei von den Anhaftungen des Egos. In ihrer Reinform vergeht sie nie. Wenn Sie einen Menschen wirklich geliebt haben, werden Sie ihn auch weiterlieben, egal, was passiert. In diesem Sinn sind Sie also nie von ihm getrennt. Eine Trennung in Freundschaft ist durchaus möglich, aber sie ist nie der Schritt, der unmittelbar auf das Ende einer Ehe oder einer anderen Partnerschaft folgt. »Ich verlasse dich, aber lass uns Freunde bleiben.« Das funktioniert nicht auf Knopfdruck. Je nachdem, wie tief die gegenseitigen Verletzungen während der Partnerschaft oder in der Trennungsphase waren, ist zunächst eine Heilungs- und Stabilisierungsphase erforderlich, bevor das Fundament für eine mögliche Freundschaft gelegt werden kann. Man kann eine langjährige Ehe nicht von heute auf morgen in eine lockere Freundschaft umwandeln. Unserer Erfahrung nach sind auch innere Größe und ein weiterentwickeltes Bewusstsein der Ex-Partner erforderlich, damit die beiden in der Energie der Liebe und Freundschaft verbunden bleiben können.

An der Art und Weise, wie Ex-Partner miteinander umgehen, können Sie erkennen, auf welcher emotionalen und spirituellen Entwicklungsstufe sie sich befinden. Hier die Klassiker:

1. Der Rosenkrieg ist gekennzeichnet von Schuldzuweisungen und Angriffen auf Person und Besitztum. Es wird alles versucht, um dem Ex-Partner das Leben zur Hölle zu machen, ihn öffentlich zu diffamieren, zu verletzen, zu erpressen und zu ruinieren. Scheidungsanwälte schüren das Feuer oft noch. Gemeinsame Kinder werden traurigerweise gern als Druckmittel eingesetzt und leiden am meisten.

2. Stiller Krieg: Die Ex-Partner kommunizieren nicht miteinander (und wenn, dann nur über Anwälte oder Dritte). Oft wird eine möglichst große räumliche Trennung vom Ex-Partner angestrebt. Die bindenden Energien sind Schmerz, Schuld und Wut. Äußerungen über den Ex-Partner fallen noch nach Jahren negativ und kritisierend aus. Wenn die gemeinsamen Kinder bei einem Elternteil leben, versucht dieser in der Regel, den Kontakt zum anderen Elternteil zu verhindern oder zu erschweren.

3. Fegefeuer: Im Fegefeuer befinden sich die Partner, wenn sie zwischen romantischen Erinnerungen an bessere Zeiten und dem nicht funktionierenden Alltag hin und her gerissen sind wie zwischen Himmel und Hölle. Sie lieben sich und hassen sich, sie streiten und versöhnen sich, sie trennen sich und fangen wieder von vorn an. Häufig sind sie durch starke destruktive und sexuelle Energien miteinander verbunden. Keiner von beiden kann wirklich einen Schlussstrich ziehen und neu anfangen.

4. *Der gebrochene Flügel:* Ein Partner hat sich weiterentwickelt, ist in eine neue Lebensphase »geflogen« und hat keine intensive energetische Bindung an den Ex-Partner mehr. Der wiederum hat nicht akzeptiert, dass die Partnerschaft zu Ende ist, fühlt sich als unverstandenes Opfer und bleibt mit einem »gebrochenen Flügel« zurück. Der verlassene Partner lebt nun in der Vergangenheit beziehungsweise in einer Fantasiewelt und ist überzeugt, dass der Ex-Partner wieder zurückkehrt. Er sieht sich nicht als Ganzes, sondern als Teil einer Partnerschaft, ohne die er vermeintlich nicht weiterleben kann.

5. *Schweigen ist Gold:* Beide Partner sind in einer neuen Lebensphase angekommen und haben die Vergangenheit hinter sich gelassen. Dies kommt häufiger vor, wenn keine gemeinsamen Kinder oder Besitztümer vorhanden sind oder wenn die Partnerschaft nicht von langer Dauer war.

6. *Schöne Erinnerungen* hat man oft an die erste große Liebe. Obwohl sie oft kaum noch Kontakt zueinander haben, denken die ehemaligen Partner gern an die gemeinsame Zeit zurück und verstehen im Nachhinein, dass die Trennung für das persönliche Wachstum und die eigene spirituelle Entwicklung förderlich war.

7. *Versöhnte Freunde:* Ein freundschaftliches Verhältnis der Ex-Partner ist wünschenswert, besonders wenn sie gemeinsame Kinder haben. Nach einiger Zeit ist es auch durchaus

möglich, wieder freundschaftlich miteinander umzugehen, gemeinsam an Familienfeiern, Schulfeiern etc. teilzunehmen und die neue Lebensform des Ex-Partners zu akzeptieren.

8. *Gegenseitige Unterstützung:* Beide Partner haben Interesse am Wohlergehen des anderen. Sie schätzen sich gegenseitig und sprechen liebevoll voneinander. Sie kommunizieren regelmäßig und sind bei Bedarf füreinander da. Sie akzeptieren und respektieren ihre Nachfolger, fahren möglicherweise sogar gemeinsam in den Urlaub, helfen beim Umzug etc. Dies ist besonders hilfreich, wenn gemeinsame Kinder vorhanden sind, also die ideale Umgangsform für sogenannte »Patchwork-Familien«.

9. *Spirituell reife Liebe* setzt voraus, dass beide Partner ein entwickeltes Bewusstsein haben und sowohl die eigene Göttlichkeit als auch die Göttlichkeit des Ex-Partners erkennen. Dann sind sie dankbar für die gemeinsam gemachten Erfahrungen, inklusive der Trennung, und können das Geschenk der Liebe und Heilung zu jeder Zeit annehmen.

Übung: Den Partner loslassen

Machen Sie diese Übung, wenn Ihre Gefühle verletzt wurden und Sie noch Groll gegen Ihren Ex-Partner hegen.

Nehmen Sie einen Stift und ein Blatt Papier zur Hand und notieren Sie alle Anklagepunkte und sämtliche »Verbrechen«, die Ihr Partner begangen hat. Es ist, als würden Sie einen seelischen Mülleimer ausschütten, um den ganzen Dreck aus Ihrem Energiesystem zu entfernen. Schreiben Sie genau auf, was Ihr Partner Ihrer Meinung nach getan hat, hätte tun sollen oder besser nicht getan hätte. Schreiben Sie so lange, bis Sie sich völlig leer fühlen und bis jede kleinste Spur von Negativität aus Ihnen heraus aufs Papier geflossen ist. (Falls Sie nicht gern schreiben, können Sie auch eine Kassette besprechen.)

Wenn Sie damit fertig sind, fragen Sie sich: »Was wollte ich eigentlich wirklich von meinem Partner?« War es Zuneigung? War es Liebe? Was war es, das Sie am Anfang der Beziehung offenbar bekamen und das Ihnen jetzt nicht mehr zur Verfügung steht? Sind Sie in Wirklichkeit nicht deswegen wütend, verletzt, traurig und enttäuscht? Haben Sie vielleicht Angst, nun allein zu sein und nie mehr Liebe erfahren zu können?

Wenn Sie jetzt ehrlich mit sich selbst sind, finden Sie genau heraus, warum es so wehtut. Es geht gar nicht darum, wer Schuld hat beziehungsweise im Recht ist, sondern lediglich darum, den Ursprungsschmerz zu finden und zu heilen. Lassen Sie sich dabei von den Engeln helfen. Bitten Sie die Engel, alle negativen Energien bezüglich Ihres Ex-Partners aus Ihrem Energiesystem zu entfernen. Sagen Sie laut: »Ich lasse alle negativen Energien los, die mich jemals an dich gebunden haben, sei es in diesem Leben oder in vergangenen. Ich bitte um die Hilfe der Engel, diese Energien jetzt zu transformieren.« Atmen Sie dabei tief ein und aus. Parallel dazu können Sie Ihre soeben erstellte Liste symbolisch verbrennen.

Setzen Sie sich nun still auf einen Stuhl und ruhen Sie sich aus. Werden Sie sich darüber bewusst, was Sie von Ihrem Ex-Partner nicht bekommen haben, obwohl Sie es haben wollten. Aus irgendeinem Grund konnte oder wollte er es Ihnen nicht geben. Was machen Sie, wenn Sie in einem Geschäft etwas Bestimmtes kaufen wollten und vielleicht eine größere Anzahlung geleistet haben, doch nun ist dieses Geschäft für immer geschlossen? Natürlich ist es ungerecht und vielleicht fühlen Sie sich einen Moment besser, wenn Sie Ihre Wut rauslassen, aber Sie werden trotzdem nicht bekommen, was Sie haben möchten, jedenfalls nicht in diesem Geschäft. Mit einem Ex-Partner ist es nicht viel anders. Solange Sie versuchen, etwas von ihm zu bekommen, was er Ihnen nicht geben kann oder will, sind Sie energetisch beziehungsweise emotional gebunden. Krieg zu führen und den »Schuldigen« bestrafen zu wollen ändert nichts an Ihrem unbefriedigten Bedürfnis. Wäre es nicht besser, es in einem anderen Geschäft beziehungsweise mit einem anderen Partner zu versuchen? Warum glauben Sie überhaupt, das zu brauchen, was Sie haben wollten?

Ideal wäre wohl zu erkennen, dass man eigentlich nichts braucht beziehungsweise schon alles hat und in sich trägt. Wenn Sie täglich etwa zwanzig Minuten meditieren und in diesem Zustand alles loslassen können, was Sie glauben zu brauchen, werden Sie merken, dass Sie in Wirklichkeit nichts verlieren können, weil Sie die Liebe und alles, was wirklich wichtig ist, in sich tragen.

Wenn Sie an diesen Punkt angelangt sind, erkennen Sie die Gottesenergie – in sich selbst, in Ihrem Ex-Partner und in allem, was ist.

Der Schlüssel zum Glück besteht nicht darin, den Partner auszutauschen, nach dem Motto: »Beim nächsten Mann wird alles anders.« Es wird in jeder Partnerschaft Probleme geben, solange die Partner noch stark mit ihrem Ego verhaftet sind. Mit Ego ist nicht Egoismus gemeint, sondern zum Beispiel sämtliche Formen der Angst, mangelndes Selbstwertgefühl, unverarbeitete Emotionen und Schmerzen aller Art.

Was würden Sie antworten, wenn Sie gefragt werden: »Möchten Sie lieber einen Gebrauchtwagen oder ein neues Auto?« Natürlich hätten wir alle lieber ein neues Auto, weil wir ahnen, dass ein Gebrauchtwagen früher oder später Schwierigkeiten macht, weil er »Macken« hat, die wir als Laie vorher nicht erkennen konnten. Mit Secondhand-Partnerschaften ist es im Prinzip ähnlich. Ein Partner, der gerade eine Beziehung beendet hat, mag auf uns »wie neu« wirken, aber er hat auf jeden Fall ein paar Schrammen oder Beulen abbekommen. Manche Partner sind nach einem »Totalschaden«, zum Beispiel durch einen Rosenkrieg, sogar völlig beziehungsuntauglich, auch wenn es auf den ersten Blick nicht so aussieht.

Sabine lernte Tobias bei einem Elternabend in der Schule kennen. Er fiel ihr sofort auf, denn er sah gut aus und setzte sich sehr für die Interessen der Kinder ein. Tobias war geschieden und hatte zwei Töchter, eine in der dritten, die andere in der fünften Klasse. Sabine hatte nur ihren Sohn Martin, mit dem sie seit sieben Jahren allein lebte – seit Frank ausgezogen war. Sabine wünschte sich wieder einen Partner. Jemand, der gut mit Kindern umgehen kann, stand ganz oben auf ihrer Wunschliste, da Frank aus ihrer Sicht ein Rabenvater war und nur ans Geldverdienen dachte. Sabine hatte Frank durch die Scheidung finanziell fast ruiniert. Sie hatten sich vor Gericht eine regelrechte Schlammschlacht geliefert und Franks Firma hatte fast Konkurs anmelden müssen, denn Sabine wollte das alleinige Sorgerecht für Martin und bekam es auch.

Bei Tobias war es anders. Tobias und Angelina hatten einfach wenige Gemeinsamkeiten. Ihre Ehe war eintönig gewesen, und Angelina hatte sich als Frau unverstanden und ungeliebt gefühlt. Als sie dann im Skiurlaub einen leidenschaftlichen Italiener kennenlernte, war das Ende ihrer Ehe nicht mehr fern. Sie beschlossen jedoch den Kindern zuliebe, weiterhin freundschaftlich miteinander umzugehen. Tobias liebte seine Töchter so sehr, dass er seinen eigenen Trennungsschmerz nach innen kehrte und nie etwas Böses über »Mama« sagte.

Als Sabine und Tobias ein Paar wurden, waren beide zunächst im siebten Himmel. Sie glaubten, in dem jeweils anderen alles gefunden zu haben, was sie schon immer gesucht hatten. An den Wochenenden, die sie gemeinsam verbrachten, wurde aus den beiden Restfamilien eine große Patchwork-Familie mit zwei Erwachsenen und drei Kindern. Doch immer, wenn Tobias auch nur einen Hauch von Kritik an Martins Verhalten äußerte, griff Sabine ihn sofort an und verteidigte ihren Sohn. Es stellte sich auch bald heraus, dass Sabine eifersüchtig auf Tobias' Töchter war und die beiden Mädchen oft sehr barsch behandelte. Tobias zeigte sich am liebsten von seiner coolen Seite, denn er hatte gelernt, seine Emotionen besser nicht zu zeigen. Kurz: Sabine und Tobias haben sich trotz anfänglichen Glücks wieder getrennt und sind mit noch mehr Beziehungsgepäck zurück auf START gegangen, um in der nächsten Runde des Beziehungsspiels hoffentlich mehr Glück zu haben.

Auch in diesem Fall wurden die alten Verletzungen aus früheren Partnerschaften nicht geheilt, und genau aus diesem Grund sind neue dazugekommen. Wenn Sie sich also von Ihrem Partner trennen möchten, so tun Sie das bitte richtig: Lassen Sie alle Erwartungen und negativen Emotionen los, die Sie sonst für immer an Ihren Ex-Partner binden und in der Ego-Illusion gefangen halten würden.

Mein Partner hat mich verlassen

Menschen, die von ihrem Partner verlassen wurden, fühlen sich oft, als hätten sie einen gebrochenen Flügel, als könnten sie ohne ihren Partner nicht mehr fliegen, sprich: nicht mehr leben. Häufig sind diese Menschen sehr stark im Opferprogramm gefangen und erleben sich nach der schmerzhaften Trennung in zahlreichen weiteren Situationen als Opfer. Leider gibt es genügend »Aasgeier«, die sich am Leid solcher Menschen bereichern.

Vor einiger Zeit haben wir von einer Leserin folgenden Brief bekommen, der uns dazu bewegt hat, hier etwas näher auf dieses Problem einzugehen. Wir nennen sie Annie, um ihre Anonymität zu wahren, und möchten ihr versichern, dass sie durch ihr Beispiel vielen Menschen helfen wird.

»Ich habe ein großes Problem und bitte Sie um Hilfe. Ich hatte drei Jahre lang ein Verhältnis mit meiner großen Liebe. Er ist verheiratet, aber wir trafen uns, wann immer es unsere Zeit zugelassen hat. Da ich bereits eine gescheiterte Ehe hinter mir habe, hatte ich weder die Kraft für eine neue Beziehung, noch wollte ich ihm meine Liebe wirklich gestehen, weil ich Angst hatte, ihn damit zu erschrecken. Wir haben also nie wirklich darüber gesprochen, wie wir zueinander stehen, aber ich wollte ihn irgendwie doch ganz für mich haben.

Also schaute ich mich im Internet um und entdeckte eine Seite, auf der Hilfe bei Liebesproblemen angeboten wurde. Ich meldete mich dort und bezahlte sehr viel Geld für das Versprechen, dass dieser Mann nun für immer an mich gebunden werde – mit Magie.

Unsere Beziehung wurde zunächst auch deutlich besser, doch nach einiger Zeit brach der Kontakt fast ganz ab, weil mein Freund immer irgendwelche Ausreden hatte, wenn ich mich mit ihm treffen wollte. Nachdem ich nochmals Geld an den Internet-Magier bezahlt hatte, wurde mir versprochen, es werde jetzt noch intensiver daran gearbeitet, meinen Geliebten zu mir zurückzubringen.

Kurz darauf hatte ich einen Unfall, wurde an der Wirbelsäule operiert und bekam danach einen Lungeninfarkt, der wohl mein Tod gewesen wäre, wenn man ihn nicht rechtzeitig entdeckt hätte. Ich war länger als einen Monat im Krankenhaus und ging im wahrsten Sinne des Wortes durch die Hölle. Und doch war ich ganz fest davon überzeugt, dass meine Liebe zu mir zurückkommen würde. Wieder nahm ich Kontakt zu dem Magier auf und er versicherte mir, er werde alles tun, um meinen Geliebten zu mir zurückzubringen. Er wollte im Traum mit ihm in Kontakt treten und sagte mir sogar genau voraus, wann wir wieder zusammen sein würden. Ich musste ihn immer wieder anrufen, und er erzählte mir jedes Mal, dass mein Geliebter nur an mich denke und meinetwegen sogar in Depressionen verfallen sei. Am Ende eines jeden Gesprächs versprach er mir, im Traum wieder mit meinem Geliebten in Kontakt zu treten, und das nächste Mal wisse er sicher mehr.

Ich war so von ihm gefangen, dass ich völlig übersah, was diese Telefongespräche eigentlich kosteten. Er hatte eine 0190er Nummer, und meine Telefonrechnungen waren so hoch, dass ich sie irgendwann nicht mehr bezahlen konnte. Mein Telefon wurde abgestellt. Neulich rief ich ihn ein letztes Mal von einer Telefonzelle aus an, weil ich wissen wollte, wie sich unsere Liebe entwickelt. Doch ich glaube, ich bin einem Scharlatan zum Opfer gefallen!«

Viele sogenannte Magier und Berater leben sehr gut vom Schmerz anderer Menschen. Wenn Sie gehofft haben, in diesem Buch Zauberformeln und Beschreibungen von Ritualen zu finden, mit denen Sie Ihren Ex ganz bestimmt zurückbekommen, müssen wir Sie leider enttäuschen.

Sie können keinen Menschen durch Magie zwingen, mit Ihnen zusammen zu sein und Sie wahrhaft zu lieben.

Auch die Engel mischen sich nicht in den freien Willen Ihres Ex-Partners ein. Daher ist es müßig darauf zu warten, dass er mit dem »himmlischen Paketdienst« irgendwie zu Ihnen zurückgebracht wird. Es ist auch nicht möglich, die Zukunft ganz genau vorauszusagen – mit welchen Hilfsmitteln auch immer. Denn zu jedem Zeitpunkt gibt es eine Fülle von Möglichkeiten, wie sich eine Situation entwickeln kann. Die Quantenphysik geht von einem feinen Energiefeld aus (Gregg Braden nennt es »Divine Matrix«), das eine Brücke zwischen unserer inneren und der äußeren Welt bildet und unsere Gedanken, Emotionen und Glaubensmuster spiegelt. Wenn Sie also eine Situation, sprich, das Energiefeld der Möglichkeiten beeinflussen wollen, können Sie das nur tun, indem Sie an Ihren Gedanken, Emotionen und Glaubensmustern arbeiten. Hier sind wir also wieder an dem Punkt angelangt, an dem Sie das Gesetz der Anziehungskraft positiv nutzen und das, was sich in Ihrem Leben manifestiert, durch Ihr Bewusstsein selbst beeinflussen können.

Wenn Ihr Partner Sie verlassen hat, weil er sich für einen anderen Menschen oder eine andere Lebensform entschieden hat, können Sie ihn nur loslassen und ihm Liebe senden, wie es unsere Klientin Sonja getan hat. Denn das, was Sie aussenden, kommt ganz gewiss zu Ihnen zurück – nicht immer als Ihr Ex-Partner, aber vielleicht in einer Form, die noch besser für Sie ist.

Sonja war in einer verzweifelten Situation. Ihr Seelenpartner Joshua hatte die Beziehung nach nur sechs traumhaften Monaten plötzlich beendet. Sonja fiel aus allen Wolken. Nie war sie mit jemandem glücklicher gewesen. Alles hatte gepasst, inklusive Sexualität und Spiritualität, und nun sollte es vorbei sein? Doch Joshua hatte Angst, noch einmal von der Liebe verletzt zu werden. Es war für ihn vermeintlich besser, rechtzeitig die Notbremse zu ziehen, denn Sonja war seine absolute Traumfrau und er konnte ihr aus seiner Sicht nichts bieten.

Sonja weinte bitterlich. Seit zehn Tagen hatte sich Joshua nicht mehr gemeldet. Sie war kraftlos und ohnmächtig vor Schmerz. Da betete sie zu Gott und bat auch die Engel um Hilfe. Sie sagte: »Mein Schmerz ist unerträglich. Ich habe so große Angst, diesen Mann für immer zu verlieren. Ich fühle, er ist mein Seelenpartner. Doch in Demut und Vertrauen lasse ich ihn jetzt los. Gott, ich gebe ihn dir. Wenn es dein Wille ist, dann heile mich und ihn und führe uns wieder zusammen.« In diesem Moment hörte Sonja, wie draußen die Kirchenglocken läuteten. Sie wertete dies als Zeichen, dass ihr Gebet erhört worden war. Von nun an meditierte sie jeden Tag und bat die Engel, ihr Herz zu heilen. Es fiel ihr oft schwer zu glauben und zu vertrauen, doch immer wieder schickte sie liebevolle Energien zu Joshua, ohne ihn jedoch an sich binden zu wollen. Nach einem Monat meldete er sich bei ihr. Er wollte sie treffen. Sonja willigte ein. Sie trafen sich am See und führten ein langes Gespräch. Joshua, der einige Jahre in einem Kloster gelebt hatte, hatte keinen festen Job und keine weltlichen Besitztümer. Er erklärte ihr, er habe die Beziehung beendet, weil er Angst hatte, nicht gut genug für sie zu sein und nicht richtig für sie sorgen zu können. Sonja schüttelte den Kopf und erklärte ihm, dass die Liebe, die sie füreinander empfanden, wertvoller sei als alles Geld der Welt. Es dauerte nicht lange, bis sich Sonja und Joshua weinend in den Armen lagen. Beide vertrauten nun darauf, dass sie mit Hilfe der Engel und der göttlichen Führung eine Möglichkeit finden würden, ihre Liebe zu leben. Ein Jahr später haben sie geheiratet. Heute verdienen sie ihren Lebensunterhalt mit der Organisation von spirituellen Reisen zu Kraftorten auf der ganzen Welt.

Wenn der Tod uns scheidet …

Wenn Sie Ihren Partner durch Tod verloren haben, ergibt sich ein ganz anderes Bild, das mit dem Opferprogramm nichts zu tun hat: Sie gehen durch eine Phase des extremen Schmerzes und der Trauer, in der Ihnen die Engel eine große Hilfe sein können. Erzengel Azrael, den wir als Trauerengel bezeichnen, hilft Sterbenden beim Übergang auf die andere Seite und lindert ihre Leiden. Mit seiner Heilenergie und seiner Liebe unterstützt er aber auch die Hinterbliebenen und hilft ihnen, ihre Trauer zu bewältigen. Wenn Sie also Ihren geliebten Partner verloren haben und keinen Sinn in dessen Tod sehen, wenn Sie nicht zur Ruhe kommen und nicht mehr weiterwissen, sollten Sie Erzengel Azrael um Hilfe bitten. Er wird Ihnen weitere Engel zur Seite stellen, damit Sie auf allen Ebenen Trost und Heilung erfahren.

Angesichts der meisten Todesfälle quält die Frage nach dem Warum. Auch wenn es manchmal schwer zu akzeptieren ist: Es gibt einen göttlichen Plan, nach dem es nicht möglich ist, zu früh oder praktisch »zufällig« beziehungsweise durch das Verschulden anderer zu sterben. Die Engel möchten den Hinterbliebenen helfen, alle Gedanken an Schuld oder Reue loszulassen. In keinem Fall hätten Sie diesen Verlust verhindern können. Selbstvorwürfe und Selbstbestrafung helfen niemandem, aber Sie können etwas für sich und den geliebten Verstorbenen tun, indem Sie ihm nach wie vor Liebe senden und ihn um Unterstützung und Hilfe bitten. Seine Energie ist nicht einfach verschwunden. Wir konnten schon in Hunderten von Behandlungen Botschaften aus der geistigen Welt übermitteln, die es den Angehörigen des Toten erleichtert haben, ihre Trauer zu bewältigen und tiefe Heilung zu erfahren. Auch Sie können mit Hilfe der Engel Kontakt zu Ihrem verstorbenen Partner herstellen.

Zünden Sie, wenn Sie mögen, eine weiße Kerze an. Schauen Sie in die Kerzenflamme und geben Sie alle störenden Gedanken dort hinein, bis Sie sich ganz ruhig und entspannt fühlen. Dann schließen Sie bitte die Augen. (Sie können sich auch auf jede andere Weise entspannen, die Sie gelernt haben.) Atmen Sie mehrmals tief ein und aus. Rufen Sie dann Erzenengel Azrael und bitten Sie ihn um Heilung und Unterstützung. Nun bitten Sie darum, dass der Schutzengel Ihres verstorbenen Partners zu Ihnen geführt wird. Spüren Sie seine Anwesenheit. Bitten Sie diesen Schutzengel, über eine Lichtbrücke ganz viel Liebe an Ihren Partner weiterzuleiten. Wenn Sie mögen, können Sie ihm auch eine Frage stellen oder um eine Botschaft von Ihrem Partner bitten. Bitten Sie Erzengel Azrael, mögliche Blockaden, Zweifel und Ängste aufzulösen. Sie werden immer durch Liebe mit Ihrem Partner verbunden sein. Spüren Sie nun, wie die Liebe zu Ihnen zurückfließt. Bedanken Sie sich bei den Engeln für ihre Hilfe und kehren Sie langsam aus der Entspannung zurück.

Sie können diese Übung machen, so oft Sie möchten – mit dem Resultat, dass Sie immer sensibler für die feinstofflichen Energien werden. Mit Hilfe der Engel können Sie auch Zeichen vereinbaren, an denen Sie erkennen können, dass Ihr Partner Sie unendlich und auf ewig liebt (zum Beispiel wiederkehrende Zahlenkombinationen, Schmetterlinge, Lieder im Radio, bestimmte Düfte, Cent-Stücke oder Federn auf dem Boden etc.)

Mathilde kam einige Wochen nach der Beerdigung ihres Mannes in unsere Praxis. Christian war ganz plötzlich durch einen Verkehrsunfall aus dem Leben gerissen worden. Mathilde hatte durch seinen Tod einen solchen Schock erlitten, dass sie wochenlang weder schlafen noch richtig essen konnte. Sie wusste einfach nicht weiter und dachte immer wieder an jenen Sonntagmorgen, an dem Christian trotz Glatteiswarnung losgefahren war, um Brötchen zu holen. Er war nicht mehr lebend zurückgekommen. Kurz davor hatten sie noch gestritten, weil Christian nach dem Duschen immer vergaß, das Fenster zu öffnen und Mathilde sich vor dem beschlagenen Spiegel nicht schminken konnte. All dies kam ihr nun so unwichtig vor und sie wünschte sich nichts sehnlicher, als sich wieder mit Christian versöhnen und von ihm verabschieden zu können. Erzengel Azrael half Mathilde, sich selbst zu verzeihen. Er gab ihr Trost und leitete eine Botschaft von Christian an sie weiter: *Geliebte Mathilde, es tut mir leid, dass ich so plötzlich aus deinem Leben gegangen bin, doch ich wollte dir ersparen, mich leiden zu sehen. Bitte kontaktiere Dr. Bergmann. Er wird dir alles erklären. Ich werde immer für dich da sein und dir Zeichen meiner Liebe senden.*

Mathilde hatte zunächst Zweifel, ob diese Botschaft wirklich von Christian kam. Doch andererseits, woher sollten wir den Namen ihres Hausarztes Dr. Bergmann kennen? Sie wollte der Sache auf den Grund gehen und kontaktierte den Arzt, zu dem sie seit Jahren ein gutes Verhältnis hatte. Er informierte sie, dass Christian in letzter Zeit mehrfach bei ihm gewesen sei, weil ein inoperabler Gehirntumor bei ihm diagnostiziert worden war. Christian hätte – so Dr. Bergmann – nur noch wenige Monate zu leben gehabt. Mathilde war zunächst fassungslos, hatte aber nun keine Zweifel mehr, dass die Botschaft, die über die Engel an sie weitergeleitet worden war, wirklich von Christian kam. Am nächsten Morgen betrat sie das Badezimmer, nachdem ihr Sohn Freddie geduscht hatte. Auch er vergaß regelmäßig, das Fenster zu öffnen, damit der Wasserdampf abziehen konnte. Als Mathilde in den Badezimmerspiegel blickte, sah sie, dass der Wasserdampf auf dem Spiegel ein großes Herz gebildet hatte. In dem Moment wusste sie, das Christian bei ihr war und ihr ein Zeichen gesandt hatte.

Unsere Klientin Jane hat eine eher amüsante Geschichte mit ihrem verstorbenen Mann Bernie erlebt. Sie waren über dreißig Jahre verheiratet gewesen und hatten sich häufig gestritten, weil Bernie ein leidenschaftlicher Spieler und Trinker war. In ihrer langen Ehe war es häufiger vorgekommen, dass er sein Monatseinkommen verspielte und Jane mit allen möglichen Nebenjobs beide über Wasser halten musste. Bernie war vor drei Monaten verstorben, und Jane war einerseits erleichtert, andererseits vermisste sie ihn sehr. Jane beschäftigte sich seit vielen Jahren mit Kartenlegen und Pendeln und hatte Kontakt zur geistigen Welt. Als sie eines Morgens erwachte, kam es ihr vor, als ob Bernie sie besucht habe. Als sie den Fernseher anstellte, sah sie einen Sonderbericht über Las Vegas und deutete dies als ein Zeichen von ihm. Sie fühlte, dass Bernie ihr helfen wollte, an mehr Geld zu kommen und vertraute auf seine geistige Führung. In Las Vegas spielte sie Roulette. Bevor sie auf eine Zahl setzte, hörte sie deutlich Bernies Stimme in ihrem Kopf und setzte auf die Zahlen, die ihr von ihm durchgegeben wurden. Und was passierte? Jane verlor 5 000 Dollar und fuhr frustriert wieder nach Hause. Als sie nun in unsere Praxis kam, beschwerte sie sich und wollte von den Engeln wissen, ob sie wirklich Kontakt zu Bernie gehabt und warum sie ihr Geld verloren hatte. Die Engel trösteten sie und bestätigten ihren Kontakt zu Bernie. Allerdings war Bernie nach seinem Tod kein bisschen weiser geworden. Er war immer noch der Alte – ein leichtsinniger Spieler, der Jane schlecht beraten hatte. Die Engel erklärten Jane, wie sie mit Hilfe der Lösungsformel ihre Angst, nicht genug Geld zu haben, transformieren konnte und versprachen, ihr dabei zu helfen. Etwa vier Monate später erhielt sie einen Brief von einer Versicherungsgesellschaft, bei der Bernie vor langer Zeit, noch während seiner ersten Ehe eine Lebensversicherung abgeschlossen hatte. Da Bernies erste Frau ebenfalls verstorben war, hatte die Versicherung Jane ausfindig gemacht und kontaktiert. Sie erhielt 30 000 Dollar und war Bernie und den Engeln sehr dankbar.

VISION

Sensibilität, Spiritualität und die Partnerschaft der Zukunft

Alle großen Probleme und Krisen haben ihren Ursprung in kleinen Missverständnissen, gefolgt von emotionalen Verletzungen. Wenn wir nicht vermeiden können, dass in unserer Partnerschaft Wunden entstehen und wenn diese Wunden dann noch nicht einmal heilen können, weil unser Partner uns im Tanz des Lebens immer wieder auf die Füße tritt, verlieren wir schnell den Spaß und womöglich auch das Interesse an der Partnerschaft. Natürlich sollten wir unserem Partner verzeihen, wenn er uns ab und zu einfach nicht versteht, aber müssen wir uns damit abfinden, dass er uns angeblich gar nicht verstehen kann? Was ist dran an all den flotten Buchtiteln, die uns weismachen wollen, dass Frauen nicht einparken und Männer nicht zuhören können oder dass Frauen auf der Suche sind und Männer auf der Flucht? Sind Frauen wirklich so anders als Männer, vom anderen Stern sozusagen? Und ist eine Verständigung zwischen den Geschlechtern deshalb nicht möglich?

Es gibt in der Tat grundlegende Unterschiede zwischen

Männern und Frauen, über die bisher nur wenig bekannt ist. In wissenschaftlichen Untersuchungen wurde festgestellt, dass Frauen insgesamt sensibler auf ihre Umwelt und ihre eigenen Emotionen reagieren als Männer. In einem Versuch wurden elektrische Sonden auf der Hautoberfläche von weiblichen und männlichen Probanden angebracht, durch die man eine schwache elektrische Spannung leitete. Die Stromspannung wurde langsam erhöht, bis die Versuchspersonen ein leichtes Kribbeln auf der Haut spürten. Die weiblichen Versuchspersonen spürten dieses Kribbeln doppelt so schnell wie die männlichen oder, anders ausgedrückt, die Spannung musste um das Doppelte erhöht werden, damit auch die männlichen Versuchspersonen etwas spüren konnten. Dieses Experiment zeigt zwei deutliche Unterschiede zwischen Frauen und Männern: 1. Frauen reagieren sensibler auf elektromagnetische Felder beziehungsweise auf Energie als der durchschnittliche männliche Versuchskandidat. 2. Frauen werden sich dieser Energien schneller bewusst als Männer; denn selbst wenn Männer elektromagnetischen Feldern mit der gleichen Spannungsstärke ausgesetzt sind, spüren sie wahrscheinlich überhaupt nichts, sind sich der Existenz dieser Energien also nicht bewusst.

Wenn wir dieses Phänomen auf emotionale Energien übertragen, können wir erklären, warum Frauen aus männlicher Sicht so übertrieben »auf Kleinigkeiten« reagieren. Wie wir gesehen haben, bedarf es einer ganz anderen Intensität von Energie, um starke emotionale Reaktionen bei Männern hervorzurufen und beispielsweise zu bewirken, dass sie in Tränen ausbrechen oder sich in den Armen liegen, wie das etwa bei der Fußball-WM geschehen ist.

In den ersten Kapiteln dieses Buches haben wir bereits darauf hingewiesen, dass Menschen Energiewellen aussenden und empfangen. Unser elektromagnetisches Feld (Aura) kann andere elektromagnetische Felder beeinflussen, und wir können ebenfalls von anderen elektromagnetischen Feldern beeinflusst werden.

Wie wir auf unseren Ausflügen in die Quantenphysik erfahren haben, besteht im Prinzip alles aus Energieteilchen. Auch Pflanzen, Tiere, Engel und Geistführer sind nichts anderes als elektromagnetische Felder, die Energiewellen aussenden. Wie kommt es nun, dass die meisten von uns diese Energiewellen nicht sehr deutlich wahrnehmen, obwohl sie doch permanent ausgesendet werden?

Aus der Perspektive der menschlichen Wahrnehmung betrachtet, sind diese Energieimpulse sehr schwach. Das heißt, wenn wir sie bewusst sehen, fühlen, riechen oder hören wollen, müssen wir ein sehr sensibler Empfänger sein. Deshalb ist es so wichtig, dass wir unsere eigene Frequenz erhöhen, uns entspannen und unseren Energiekörper regelmäßig reinigen, wenn wir beispielsweise mit Engeln kommunizieren wollen. In unseren Workshops lernen die Teilnehmer ganz bewusst, ihren Empfang zu verstärken, indem sie zum klaren Kanal für Engel- und Heilenergien werden. Je mehr sie die gelernten Techniken anwenden, umso sensibler werden sie und umso leichter fällt es ihnen, unterschiedliche elektromagnetische Felder wahrzunehmen. Sie lernen aber auch, dass der menschliche Empfänger regelbar ist und man sich vor zu intensiver Wahrnehmung durchaus schützen kann.

Das deutliche Wahrnehmen elektromagnetischer Felder wird von Menschen, die diese Fähigkeit nicht haben, oftmals als Humbug oder Spinnerei abgetan. Wenn Frauen, die schon von Natur aus sensibler sind, auch noch meditieren und energetische Heilarbeit praktizieren, reagieren sie oft in einer Weise, die ihr durch beruflichen Stress desensibilisierter Partner häufig überhaupt nicht mehr nachvollziehen kann. Beispielsweise kann ein Einkaufsbummel in der überfüllten Innenstadt für eine sensible Person zum regelrechten Horrortrip werden, da in einer solchen Situation Unmengen von Energiewellen gleichzeitig über sie herfallen: nicht nur alle von Menschen ausgesendeten Signale und technische Einflüsse, wie beispielsweise Elektrosmog, sondern auch die Energiewellen negativer Wesenheiten. Auf solche Energien reagieren Frauen und Kinder unter Umständen so stark, dass sie sogar Angstzustände oder Panikattacken bekommen können.

Die gestressten Eltern eines dreijährigen Kindes wollten in den Urlaub fahren, aber der Sohn brauchte noch eine Sonnenbrille. Also fuhren sie in ein großes Einkaufszentrum. Doch kaum waren sie dort angekommen, fühlte sich die Mutter unwohl und das Kind brach ganz plötzlich in Tränen aus. Die Mutter war völlig hilflos, zumal der Kleine mit nichts zu beruhigen war. Er schrie wie am Spieß und auch das vom Papa schnell gekaufte Eis änderte nichts. Der Sonnenbrillenkauf fiel ins Wasser und erst im Auto wurde das

Kind allmählich wieder ruhiger. Weil der Mutter das Verhalten ihres Sohnes recht außergewöhnlich vorkam, sprach sie nach dem Abendessen ganz in Ruhe mit ihm. »Warum hast du in dem Geschäft bloß so ein Theater gemacht?«, fragte sie ihn. »Was war denn los mit dir?« Der Sohn antwortete schüchtern und ängstlich: »Mama in dem Geschäft waren so dunkle Gestalten, die wollten dich angreifen.« Die Mutter, die sich bereits mit Energien und geistigen Welten beschäftigt hatte, verstand sofort: Ihr kleiner Sohn hatte negative Energiewesen gesehen, die seine Eltern nicht bewusst wahrnehmen konnten, aber dem Kind hatten sie große Angst gemacht.

In Zusammenhang mit den unterschiedlichen Wahrnehmungsfähigkeiten der Menschen macht es Sinn, kurz auf die vier Bewusstseinszustände einzugehen. Sie zeichnen sich jeweils durch die Frequenz der elektromagnetischen Gehirnaktivität aus, die man mit Hilfe eines Elektroenzephalogramms (EEG) messen kann. Man unterscheidet je nach Aktivitätsstufe in Delta- (0,5–4 Hz), Theta- (4–8 Hz), Alpha- (8–12 Hz) und Beta-Wellen (12–35 Hz). Delta-Wellen weisen darauf hin, dass sich ein Mensch in einem unbewussten (schlafähnlichen) Zustand befindet. Kinder sind zwischen ihrer Geburt und dem zweiten Lebensjahr fast immer in diesem Zustand. Bei Kindern zwischen zwei und sechs Jahren sind mehr Gehirnaktivitäten auf der etwas höheren Theta-Ebene (4–8 Hz) messbar. Sie befinden sich fast immer in diesem offenen Zustand, den Erwachsene nur kurz nach dem Aufwachen beziehungsweise kurz vor dem Einschlafen erleben oder wenn sie meditieren. In diesem Bewusstseinszustand fällt es am leichtesten, feinstoffliche Energien wahrzunehmen. Sechs- bis etwa zwölfjährige Kinder befinden sich vorwiegend auf der Alpha-Ebene (8–12 Hz), also in einem Zustand des ruhigen Bewusstseins. Wer regelmäßig meditiert, verändert seinen Bewusstseinszustand entsprechend und kann daher leichter elektromagnetische Energien wahrnehmen als jemand, dessen Gehirn ausschließlich im Beta-Wellen-Bereich (12–35 Hz) arbeitet, im Bereich des konzentrierten oder aktiven Bewusstseins. Kinder erleben erst nach dem zwölften Lebensjahr längere Beta-Phasen.

Kinder befinden sich also während der ersten fünf Lebensjahre überwiegend im Delta- oder Theta-, also in einem tranceähnlichen Zustand. Die meistens Kinder sind in dieser Zeit hellsichtig. Das heißt, sie nehmen elektromagnetische Energien sehr viel bewusster wahr als Erwachsene. Menschen, die beispielsweise mit Engeln kommunizieren, tun dies ebenfalls in einem anderen Bewusstseinszustand. Dadurch können sie feinstoffliche Energien leichter wahrnehmen, ohne in eine Volltrance fallen zu müssen. Geübte Engel-Medien können sehr leicht von einem Bewusstseinzustand auf den anderen umschalten, ähnlich wie bei einem Fernseher auf einen anderen Kanal umgeschaltet werden kann. Durch regelmäßige Energie- und Engelarbeit wird, wie bereits erwähnt, der Empfänger gestärkt und die Sensibilität erhöht. Wenn unsere Konzentration nicht zu hundert Prozent erforderlich ist, schaltet das Gehirn automatisch in einen anderen

Bewusstseinszustand um. Manchmal befinden wir uns sogar bei langen Fahrten auf der leeren Autobahn im Alpha- oder Delta-Zustand, was natürlich nicht wirklich empfehlenswert ist.

An folgendem Beispiel möchten wir Ihnen deutlich machen, wie es durch erhöhte Sensibilität der Frau zu Stress in der Partnerschaft kommen kann:

Jerry und Angelina waren auf der Hochzeitsreise. Er war charmant und witzig, sie schön und sensibel. Jerry schätzte Angelinas Arbeit als Engel-Medium und Heilerin. Er verstand zwar nicht ganz genau, was sie tat, war aber fasziniert von den strahlenden Gesichtern ihrer Klienten, die er manchmal vom Küchenfenster aus beobachtete, wenn sie nach einem Behandlungstermin das Haus verließen.

Jerry und Angelina hatten sich schon lange auf diese Reise gefreut und eine Suite in einem sehr guten Hotel gemietet. Im Zimmer angekommen, packten sie die Koffer aus und Jerry machte den Fernseher an, weil er ein Football-Spiel sehen wollte. Nach ein paar Minuten fragte Angelina leicht zerknirscht, ob er den Fernseher wieder abschalten könne. Jerry wusste, dass sie manchmal ziemlich empfindlich auf die elektromagnetischen Felder von Fernsehapparaten und Computern reagierte, weil sie so sensibel war. Obwohl er diese Empfindungen nicht teilte, akzeptierte er, dass seine Frau in dieser Beziehung anders war als er. Doch auch als der Fernsehapparat abgeschaltet war und beide weiter die Koffer auspackten, besserte sich Angelinas »Laune« nicht. Im Gegenteil, sie wurde von Minute zu Minute schlechter. Jerry wollte einen Streit vermeiden und fragte, was los sei. Angelina sagte, sie habe immer noch das Gefühl, einem sehr starken elektromagnetischen Feld ausgesetzt zu sein. Die von ihm eigens reservierte Hochzeitssuite sei wunderschön, versicherte sie ihm, aber in diesem Raum könne sie auf keinen Fall schlafen.

Natürlich schossen Jerry sofort alle möglichen Gedanken durch den Kopf: »Ich weiß nicht, ob ich wirklich die Richtige geheiratet habe. Sie ist ganz schön verrückt. Die Suite ist extra ruhig gelegen und kostet 500 Dollar pro Nacht …« Und als Angelina ihn nun auch noch bat, doch bitte ein anderes Zimmer zu besorgen, war es auch mit seiner guten Laune vorbei. Er ging zur Rezeption und verlangte ein neues Zimmer. Der Hotelmanager fragte natürlich sofort, ob etwas mit der Suite nicht in Ordnung sei. Jerry stammelte etwas von falscher Himmelsrichtung. Der freundliche Mitarbeiter an der Rezeption bot ihnen ein anderes Zimmer an und war auch gleich bereit, ihnen mit dem Gepäck behilflich zu sein. Angelina hatte in der Zwischenzeit die Koffer wieder gepackt und wartete schon an der Tür. Jerry und der Hotelmitarbeiter kamen aus derselben Richtung, aus der auch Jerry und Angelina vorher gekommen waren, nämlich von rechts, aus Richtung Fahrstuhl. Nun zeigte der Hotelmitarbeiter nach links zur Treppe, die auf den Hof führte, von dem aus man auf die andere Seite des Hotels gelangte. Sie gingen also nach links und kamen an einem Raum vorbei, der quasi Rücken an Rücken mit ihrer Suite lag und den sie vorher nicht gesehen hatten. Auf der Tür zu diesem Raum klebte ein gelbes Hinweisschild: »Achtung Hochspannung«. Es war der Raum, in dem sämtliche Stromleitungen des Hotelkomplexes zusammenliefen. Angelina schossen die Tränen in die Augen, und ihre Anspannung löste sich. Jerry schüttelte nur lachend den Kopf. Seine Frau war keineswegs verrückt, sie hatte einfach nur den Starkstrom durch die dünne Wand gespürt. Seitdem verreisen die beiden oft miteinander, und in jedem neuen Hotel lassen sie sich mehrere Zimmer zeigen, damit Angelina die Energie des jeweiligen Raumes prüfen und sichergehen kann, dass ihr Schlaf hier nicht gestört wird.

Die stark ausgeprägte Intuition und Sensibilität von Frauen führt übrigens keineswegs nur zu Unstimmigkeiten in Partnerschaften. Einige Männer haben diese Fähigkeiten ihrer Partnerinnen durchaus zu schätzen gelernt.

Unsere ehemalige Schülerin Linda ist seit 30 Jahren mit Tom verheiratet. Er ist ein sehr erfolgreicher Geschäftsmann, sie leitet ein Yoga-Studio. Linda hat gelernt, ihrer Intuition und den Engeln zu vertrauen und wurde dafür oft von ihrem Ehemann belächelt. Das hat sich mittlerweile geändert, denn seit etwa sechs Jahren hat sich Tom ein zweites geschäftliches Standbein aufgebaut: die Zucht von Rennpferden. Am Anfang kam Linda immer nur zum Spaß mit, wenn neue Zuchtstuten gekauft wurden. Sie amüsierte sich, wenn Tom darüber spekulierte, von welcher Stute und welchem Hengst wohl der beste Nachwuchs zu erwarten sei.

Linda liebt Tiere, kann sich gedanklich mit ihnen verständigen und gut in sie einfühlen. Und so kam es, dass sie ihren Mann immer häufiger informierte, wenn sie spürte, dass ein Pferd gute Aussichten hatte, einen »Sieger« zur Welt zu bringen oder auch nicht. Zunächst stand Tom Lindas »Bauchgefühl« recht kritisch gegenüber, doch nachdem sie immer recht behalten und Tom dank ihrer Hilfe Zehntausende von Dollar Gewinn gemacht hat, trifft er keine Kaufentscheidungen mehr ohne sie.

Ein anderes Beispiel dafür, dass es sich lohnt, die Intuition einer Frau ernst zu nehmen, ist die Geschichte von Michael und Kerstin. Sie waren jung verheiratet und hatten nicht viel Geld. Umso ärgerlicher war der Blechschaden an ihrem Kleinwagen, der durch einen Auffahrunfall entstanden war. Die Reparatur in der Werkstatt sollte drei Tage dauern, da nicht alle Ersatzteile vorrätig waren. Als Michael den Wagen am dritten Tag abholen wollte, hatte Kerstin das, was sie eine »Eingebung« nennt. Sie bat Michael, sich das Auto beim Abholen ganz genau anzusehen, denn sie fühlte, dass irgendetwas nicht in Ordnung war. Michael war noch nicht so gut mit den Eingebungen seiner Frau vertraut und sagte zunächst nichts dazu. Er fuhr mit dem Taxi in die Werkstatt und nahm den reparierten Wagen entgegen. Alles sah so weit gut aus. Er dachte: »Ich weiß gar nicht, was für verrückte Einfälle Kerstin wieder hat.« Da er aber genau wusste, dass sie ihn nerven und genau nachfragen würde, ob er auch alles geprüft habe, legte er sich widerwillig auf die Erde, um den Wagen von unten zu inspizieren. Was er da sah, versetzte ihn aber doch in Erstaunen. Die Werkstatt hatte lediglich ein paar optische Korrekturen vorgenommen, die Schäden an der Radaufhängung und an der Ölwanne aber waren überhaupt nicht repariert worden. Die alten, vom Unfall beschädigten Teile waren immer noch da, obwohl man ihm in der Werkstatt versichert hatte, dass alles in Ordnung sei. Sofort rief Michael Kerstin an. Er erzählte ihr, dass sie recht gehabt hatte, und meinte, es würde noch ein wenig dauern, da er nicht eher nach Hause käme, bevor die Werkstatt die schadhaften Teile ersetzt hatte. Kerstins Eingebung und die Tatsache, dass Michael darauf hörte, hat beiden viel Ärger mit der Werkstatt oder gar Schlimmeres erspart.

Wäre es nicht hilfreich, wenn Frauen und Männer in diesem Sinne als Team zusammenarbeiten würden? Wenn Männer die besonderen weiblichen Fähigkeiten respektieren und schätzen würden, auch – aber nicht nur – in ihrem eigenen Interesse und zum Wohl der Familie?

Wir würden Ihnen gern gesellschaftlich relevante Beispiele aus unserem immer noch männlich dominierten Kulturkreis geben; Beispiele dafür, dass Männer die Fähigkeiten ihrer Frauen respektieren und schätzen – doch die sind mehr als rar. Anders war es bei unseren Vorfahren, den Germanen und Kelten. Sie verehrten die seherischen Fähigkeiten ihrer Frauen und fragten sie um Rat, bevor sie beispielsweise auf die Jagd gingen oder in den Krieg zogen. In der Literatur findet man Hinweise auf Veleda, eine Seherin oder Priesterin vom Stamm der Brukterer. Sie förderte 69 n. Chr. durch ihre Voraussagen den Aufstand der Bataver unter ihrem Anführer Iulius Civilis und sagte ihren Sieg richtig voraus.

Unsere Recherchen haben jedoch ergeben, dass es mehr als eine Veleda gab und dass Veleda weniger ein Name ist als eine Art Titel oder Berufsbezeichnung für Frauen mit seherischen Fähigkeiten (abgeleitet von dem keltischen Wort *Veleta* für »Seherin« beziehungsweise »sie, die sieht«.)

Auch Tacitus lässt uns wissen, wie sehr die Germanen ihre hellsichtigen und feinfühligen Frauen respektierten:

»Die Germanen glauben sogar, den Frauen wohne etwas Heiliges und Seherisches inne; deshalb achten sie auf ihren Rat und hören auf ihren Bescheid.« (Tacitus, *Germania,* Kapitel 8)

Wir weisen darauf hin, dass die beschriebene Feinfühligkeit sowie die intuitiven und seherischen Fähigkeiten für Frauen etwas ganz Natürliches sind. Auch wollen wir nicht behaupten, dass Männer keine solchen Fähigkeiten haben. Wir gehen im Gegenteil davon aus, dass jeder Mensch darüber verfügt und sie unter bestimmten Voraussetzungen trainieren und ausbauen kann. Besonders wichtig ist uns jedoch, dass all dies nichts mit Zauberei oder Magie zu tun hat, sondern eher mit Quantenphysik. Von Quantenphysik wussten die Germanen zwar noch nichts, aber auch Rudolf Simek (Professor für mittelalterliche deutsche und skandinavische Literatur an der Universität Bonn) ist überzeugt: »Mit Magie im engeren Sinne hatten diese altgermanischen Seherinnen wohl ursprünglich nichts zu tun. Erst das Mittelalter hat die Verbindung zwischen Prophezeiungen und magischen Weissagepraktiken hergestellt.« (Simek: *Götter und Kulte der Germanen,* Seite 107/108) Das Mittelalter war auch die Zeit der Inquisition und der Hexenverbrennungen – Phänomene, die ganz deutlich zeigen, was passieren kann, wenn Männer Angst vor den Fähigkeiten der Frauen bekommen. Und das geschieht vor allem, wenn sie nicht lieben, sondern kontrollieren wollen. Dieser Wunsch nach Kontrolle führt leider oft auch zu Machtkämpfen in der Partnerschaft, mit denen der vermeintlich schwächere Mann seine Stärke unter allen Umständen beweisen muss, manchmal sogar unter Anwendung von Gewalt.

Die Apachen, die der amerikanische General George Cook als »Tiger der menschlichen Rasse« bezeichnete, fühlten sich offenbar männlich und stark genug, um ebenso starke und inspirierende Kriegerinnen an ihrer Seite zu haben. Den Winnetou-Fans unter Ihnen möchten wir nicht zu nahe treten, wenn wir Ihnen nun einen etwas anderen Einblick in das Leben der Apachen geben.

Einer der bekanntesten und besten Guerilla-Kämpfer der Apachen war der Warm Springs Häuptling Victorio. Er hatte eine jüngere Schwester namens Lozen, die er mit folgenden Worten beschrieb:

»Lozen ist meine rechte Hand. Stark wie ein Mann, tapferer als die meisten, eine geschickte und schlaue Strategin. Sie ist ein Schutzschild für mein Volk.« (Kimberly Moore Buchanan: *Apache Women Warriors,* Seite 27)

Die Apachen verehrten und respektierten intuitive und seherische Fähigkeiten. Sie bezeichneten sie als eine Kraft (*a power*), die sowohl Männern als auch Frauen innewohnen kann. Die Kriegerin Lozen hatte die Fähigkeit zu heilen und den Feind zu lokalisieren. Dies tat sie, indem sie sich aufrecht mit ausgestreckten Armen hinstellte und die Handflächen geöffnet gen Himmel hielt. Dabei sang und betete sie. Währenddessen drehte sie sich ganz langsam um die eigene Achse. Ihre Handflächen begannen zu kribbeln und änderten ihre Farbe, wenn sie den Feind in der entsprechenden Himmelsrichtung fühlte. (Diese Empfindungen in den Handflächen werden häufig auch von unseren Schülern bei Energieheilungen mit den Engeln beschrieben. Es handelt sich um ein Ertasten und Erspüren von ausgesendeten Energiewellen, im Volksmund spricht man oft vom »Fingerspitzengefühl«.) Je näher der Feind rückte, umso intensiver waren die Empfindungen in Lozens Händen. Victorio nahm Lozen zu allen Kriegszügen mit und ging stets als Sieger aus den Kämpfen hervor. Wie es das Schicksal wollte, erlag er seinen Verletzungen, als Lozen bei einem Angriff nicht dabei war. Bis zum heutigen Tag sind viele Warm Springs Apachen überzeugt, dass Lozen den Feind früh genug gespürt und Victorio hätte warnen können, wenn sie dabei gewesen wäre.

Nach Victorios Tod ritt Lozen mit Geronimo, dem berühmten Anführer der Apachen. Er konnte aufgrund ihrer Hilfe nie gefasst werden. Wie Lozen ritten viele Apachenfrauen mit ihren Männern in den Kampf, führten Verhandlungen mit den amerikanischen Militärs und retteten ihren Männern dank ihrer besonderen Fähigkeiten häufig das Leben.

Für die Partnerschaft der Zukunft ist es wichtig, dass wir die Auswirkungen von Energien verstehen und die unterschiedlichen Sensibilitätsgrade einzelner Menschen respektieren lernen. Das ist ein Prozess, vergleichbar mit dem Erlernen einer neuen Sprache (wir nennen sie »Energiesisch«): Wir werden uns der Bedeutung der einzelnen Energiewellen bewusst, die ähnlich wie Zahlen, Buchstaben und Worte eine bestimmte Botschaft aussenden. Sowohl bei der Wahl eines neuen Partners als auch in bestehenden Beziehungen ist es wichtig zu erkennen, welche Signale wir selbst aussenden und was die Signale, die unser Partner aussendet, wirklich bedeuten. Es sind oft gerade die unbewussten Signale aus den Tiefen der Emotionen, die Probleme bereiten und zu Missverständnissen führen. Durch die Verbindung zu den Engeln bekommen wir die Möglichkeit, in die Energiefrequenz der Heilung und der Liebe zurückzukehren.

ANHANG

Basismeditation

Beginnen Sie jede Übung oder Meditation mit dieser vorbereitenden Basismeditation. Wählen Sie dafür einen Ort, an dem Sie nicht gestört oder unterbrochen werden können. Bringen Sie ein Schild an Ihrer Tür an – Bitte Ruhe, Meditation – und stellen Sie das Telefon ab. Der Ort, an dem Sie meditieren, sollte für Sie angenehm sein. Ideal ist ein heller, aufgeräumter Raum mit wenig Möbeln und vielleicht ein paar Engelbildern. Wenn Sie mögen, können Sie frische Blumen aufstellen, leise Meditationsmusik spielen und Räucherstäbchen oder Duftkerzen anzünden. Finden Sie Ihr eigenes Wohlfühlritual und die für Sie beste Tageszeit, zum Beispiel direkt nach dem Aufwachen oder unmittelbar vor dem Schlafengehen. Wenn Ihnen kein ganzer Raum zur Verfügung steht, reicht auch eine Ecke Ihres Schlafzimmers aus oder Sie suchen sich einen schönen Ort in der Natur, der dann allerdings nur bei passendem Wetter nutzbar wäre. Wichtig ist, dass der von Ihnen gewählte Ort hauptsächlich zum Meditieren genutzt wird. Mit der Zeit bildet sich dort ein Energiefeld mit immer höheren und feineren Schwingungen, die Ihre Meditation positiv unterstützen.

Machen Sie es sich an Ihrem besonderen Ort bequem. Sie können entweder aufrecht sitzen, wenn Sie beispielsweise dazu neigen, während der Meditation einzuschlafen, oder sich einfach hinlegen. Lassen Sie Ihre Arme entspannt zu beiden Seiten Ihres Körpers ruhen und stellen Sie sicher, dass kein Kleidungsstück Sie stört oder einengt. Schließen Sie die Augen und atmen Sie zunächst mehrmals tief ein und aus. Beim Einatmen durch die Nase spüren Sie, wie frische Luft in Ihre Lungen eindringt. Dabei können Sie sich auch vorstellen, dass die eingeatmete Luft wie weißes Licht aussieht und Ihren Körper nach und nach völlig ausfüllt und reinigt. Halten Sie den Atem etwa drei Sekunden oder länger an.

Beim Ausatmen durch den Mund blasen Sie alle Anspannungen aus Ihrem Körper. Entspannen Sie Ihre Arme und Beine, jeden einzelnen Finger sowie alle Muskeln und lassen Sie sämtliche Alltagssorgen los. Stellen Sie sich vor, dass Ihr ganzer Kopf geleert wird, indem Sie einfach den Stöpsel ziehen, wie aus einer Badewanne. Und schon fließt das alte Badewasser (Ihre ganzen sorgenvollen Gedanken) aus Ihrem Kopf hinaus. Spüren Sie, wie Sie beim tiefen Ausatmen immer mehr entspannen und angestaute Emotionen (Sorgen und Ängste) Ihren Körper verlassen.

Beginnen Sie nun mit der Hauptmeditation.

Literatur

Ball, Eve and Kawaykla, James: *In the Days of Victorio: Recollections of a Warm Springs Apache*. University of Arizona Press, Tucson 1970

Braden, Gregg: *The Divine Matrix*. Hay House, Santa Monica 2007

Braden, Gregg: *The God Code*. Koha, Burgrain 2004

Grattan, Brian: *Mahatma I & II. The I Am Presence*. Light Technology Publishing, Flagstaff, AZ, 1994

Klingler, Sharon A.: *Intuition & Beyond*. Random House UK, London 2002

Lipton, Bruce: *Intelligente Zellen: Wie Erfahrungen unsere Gene steuern*. Koha, Burgrain 2006

Long, Barry: *Sexuelle Liebe auf göttliche Weise*. Neue Erde, Saarbrücken 2001

Maslow, A. and Lowery R. (Ed.): *Toward a Psychology of being*. Wiley & Sons, New York 1998 (3rd ed)

Moore Buchanan, Kimberly: *Apache Women Warriors*. Texas Western Press, El Paso 1986

Mora, Eva-Maria: *Quantum-Engel-Heilung.* Ansata, München 2006
Pert, Candace B.: *Moleküle der Gefühle.* Rowohlt TB, Reinbeck 2001
Dr. Ross, A. C.: *Mitakuye Oyasin. We are all related.* Wicóni Wasté, Denver, Colorado, 1989
Simek, Rudolf: *Götter und Kulte der Germanen.* C. H. Beck, München 2004
Tacitus: *Germania.* Philipp Reclam jun., Stuttgart 2000
Talbot, Michael: *Beyond the Quantum.* Bantam, New York 1988
Talbot, Michael: *The Holographic Universe.* HarperCollins, New York 1991
Wolf, Fred Alan: *Taking the Quantum Leap.* Harper & Row, New York 1989
Zohar, Danah: *The Quantum Self, Quill.* New York 1990

Über die Autoren

Eva-Maria Mora ist gebürtige Deutsche und lebt seit 2001 in Phoenix, Arizona, USA. Schon sehr früh begann sie sich für Spiritualität und Esoterik zu interessieren, doch nach dem Studium der Wirtschaftswissenschaften und Anglistik arbeitete sie zunächst zehn Jahre lang als Top-Management-Beraterin in Europa. Eine lebensbedrohliche Krankheit und die Begegnung mit einem Engel veranlassten sie, ihr Leben zu ändern. Seitdem hat sie sich intensiv mit alternativen Heilweisen beschäftigt (Engelheilung, Geistheilung, Geophatologie, Ayurveda, Feng Shui, Chinesische Medizin, Tibetische Medizin, Channeling, Schamanismus, Quantum-Touch) und eine Ausbildung zur Heilpraktikerin gemacht. Eva-Maria Mora ist Begründerin der Quantum-Engel-Heilung ®, einer neuen Heilmethode, die auf den Grundlagen der Quantenphysik basiert. Durch Kommunikation mit Engeln und anschließende Energieheilung werden limitierende Emotionen transformiert und Energieblockaden, die beispielsweise durch Glaubensmuster und Programme entstanden sind, gelöscht. Dank ihrer gut ausgebildeten Hellsichtigkeit, Hellfühligkeit und Hellhörigkeit ist Eva-Maria Mora in der Lage, mit den Engeln ihrer Klienten zu kommunizieren. In sogenannten Quantum-Engel-Readings und -Coachings arbeiten die Engel durch sie, um den Menschen mit Rat, Hilfe und Heilung zu Diensten zu sein.

Michael Mora ist in Los Angeles, USA, geboren. Er wurde von einem Hopi-Apachen in den »Old Ways« des Schamanismus und traditionellem indianischem Tanz ausgebildet. Michael Mora kann auf fundiertes Wissen über Heilmethoden aus aller Welt (inklusive Lemurien, Atlantis, Ägypten) zurückgreifen. Er leitet Vision Quests (Visionssuchen) und Healing Retreats und arbeitet als Coach und Ausbilder für Quantum-Engel-Heilung. In den Workshops erklärt er die wissenschaftlichen Hintergründe der Heilarbeit (zum Beispiel die Quantenphysik) auf leicht verständliche und höchst unterhaltsame Weise. Er ist außerdem Künstler, Performer und Designer, entwirft spirituellen Schmuck, Power-Pendants und arbeitet mit Kristallen. Seine handgearbeiteten Aqua-Aura- und Engel-Aura-Kristalle sind über die unten angegebene Website erhältlich.

Eva-Maria und Michael Mora sind weltweit tätig. Sie halten Vorträge und geben Workshops, stehen aber auch für Einzelsitzungen zur Verfügung.

Kontakt: www.quantumengel.com

Von Eva-Maria Mora im Ansata-Verlag erschienen:

Quantum-Engel-Heilung
Energietherapie und Kommunikation mit Engeln
304 Seiten, gebunden
ISBN 978-3-7787-7309-3

Quantum-Engel-Heilung CD
Meditationen und Übungen
1 CD, Laufzeit 61 Minuten
ISBN 978-3-7787-7310-9